Die Abschaffung der Rechtsmittelbeschränkung im Jugendstrafrecht

Europäische Hochschulschriften Recht

European University Studies in Law

Publications Universitaires Européennes de Droit

Band/Volume **6215**

Fabian Sindl

Die Abschaffung der Rechtsmittelbeschränkung im Jugendstrafrecht

PETER LANG

Bibliografische Information der Deutschen Nationalbibliothek
Die Deutsche Nationalbibliothek verzeichnet diese Publikation in der Deutschen Nationalbibliografie; detaillierte bibliografische Daten sind im Internet über http://dnb.d-nb.de abrufbar.

Zugl.: Passau, Univ., Diss., 2020

D 739
ISSN 0531-7312
ISBN 978-3-631-83708-5 (Print)
E-ISBN 978-3-631-84171-6 (E-PDF)
E-ISBN 978-3-631-84172-3 (EPUB)
E-ISBN 978-3-631-84173-0 (MOBI)
DOI 10.3726/b17837

Peter Lang – Berlin · Bern · Bruxelles · New York · Oxford · Warszawa · Wien

Diese Publikation wurde begutachtet.

www.peterlang.com

Meinen Eltern

Vorwort

Die vorliegende Arbeit ist die geringfügig überarbeitete und aktualisierte Fassung meiner Dissertation, die im Wesentlichen in den Jahren 2016 bis 2018 entstanden ist und im Wintersemester 2019/2020 von der Juristischen Fakultät der Universität Passau angenommen wurde. Am Zustandekommen dieser Arbeit waren viele Personen beteiligt, denen ich an dieser Stelle meinen Dank aussprechen möchte.

An erster Stelle gilt mein Dank meinem Doktorvater Herrn Professor *Dr. Holm Putzke*. Ohne Zögern hat er die Betreuung der Arbeit übernommen und insbesondere auch den Anstoß zu der Fragestellung gegeben, als ich mein zunächst gewähltes Thema wegen einer zwischenzeitlichen erschienenen Monographie wieder verwerfen musste. Danken möchte ich außerdem Herrn Professor *Dr. Robert Esser* für die rasche Erstellung des Zweitgutachtens sowie für wertvolle Hinweise, die noch in die vorliegende Fassung eingeflossen sind.

Mein besonderer Dank gilt Herrn Rechtsanwalt *Helmut Mörtl*, der mir nicht nur die nötigen Freiräume zur Anfertigung der Dissertation im beruflichen Alltag verschafft hat, sondern der mir auch stets ein Vorbild als herausragender Strafverteidiger war.

Herrn Rechtsanwalt *Dr. Karl-Christoph Bode* („*Das Wahlrechtsmittel im Strafverfahren*") möchte ich für hilfreiche Impulse danken, die dazu beigetragen haben, die Arbeit noch stärker auf die geforderte Abschaffung der Rechtsmittelbeschränkung zu fokussieren.

Von meinen Regensburger Freunden danke ich besonders herzlich Frau Staatsanwältin *Anna Kreiter*, deren Gesellschaft die langen Wochenenden in der Bibliothek oft erträglicher gemacht hat, und Herrn Rechtsanwalt *Stephan Hendel*, der mir nicht zuletzt bei der Formatierung der Arbeit eine große Hilfe war.

Meine Frau *Ann-Kathrin* hat die Arbeit nicht nur korrekturgelesen, sie hat mich vor allem auch von Anfang an – und trotz aller Entbehrungen, die mit einer nebenberuflichen Dissertation einhergehen – bei meinem Vorhaben vorbehaltslos unterstützt. Ohne sie wäre dieses Projekt nicht möglich gewesen. Dafür danke ich ihr sehr.

Wohl unwissentlich hat schließlich auch meine Tochter *Lina* einen Teil zu der vorliegenden Arbeit beigetragen. Sie hat mit ihrer Ankunft geduldig abgewartet, so dass meine Disputation noch am 21. Juli 2020, kurz vor ihrem Geburtstermin, stattfinden konnte wie geplant.

Der größte Dank aber gilt meinen Eltern, Frau *Karin* und Herrn *Johannes Sindl.* Sie haben mich während meines gesamten Studiums unterstützt und schon früh mein Interesse an psychologischen und pädagogischen Fragestellungen geweckt, das sich auch in der vorliegenden Arbeit niedergeschlagen hat. Ihnen widme ich dieses Buch.

München, im August 2020
Fabian Sindl

Abkürzungsverzeichnis

a.A.	andere(r) Ansicht
a.E.	am Ende
Abs.	Absatz
AG	Amtsgericht
AktG	Aktiengesetz
Anm.	Anmerkung
Art.	Artikel
AsylG	Asylgesetz
Aufl.	Auflage
Bay.	Bayerische/r/s
BayObLG	Bayerisches Oberstes Landesgericht
BayObLGSt	Sammlung des BayObLG in Strafsachen
BayVbl.	Bayerische Verwaltungsblätter
Bd.	Band
BeckOGK	Beck-online Großkommentar
BeckOK	Beck'scher Online-Kommentar
BeckRS	Beck online Rechtsprechung
Begr.	Begründung
Beschl.	Beschluss
BGB	Bürgerliches Gesetzbuch
BGBl.	Bundesgesetzblatt
BGH	Bundesgerichtshof
BMJ	Bundesministerium für Justiz (und für Verbraucherschutz)
BR-Drs.	Bundesrat-Drucksache
BT-Drs.	Bundestag-Drucksache
BRAK	Bundesrechtsanwaltskammer
BRD	Bundesrepublik Deutschland
BtMG	Betäubungsmittelgesetz
BVerfG	Bundesverfassungsgericht
BVerfGG	Bundesverfassungsgerichtsgesetz
BZRG	Bundeszentralregistergesetz
CBT	Cognitive Behavioral Therapy
d.	der/die/das
d.h.	das heißt
D/S/S	Diemer/Schatz/Sonnen

ders.	derselbe
dies.	dieselbe(n)
DJ	Deutsche Justiz. Rechtspflege und Rechtspolitik
DJT	Deutscher Juristentag
DJZ	Deutsche Juristen-Zeitung
DRB	Deutscher Richterbund
DRiZ	Deutsche Richterzeitung
DS	Deutsches Strafrecht
DVJJ	Deutsche Vereinigung für Jugendgerichte und Jugendgerichtshilfen e.V.
EGMR	Europäischer Gerichtshof für Menschenrechte
Einl.	Einleitung
(E)MRK	Europäische Menschenrechtskonvention
ERJOSSM	Europäischen Grundsätze für die von Sanktionen und Maßnahmen betroffenen jugendlichen Straftätern und Straftäterinnen
EU	Europäische Union
EuGH	Europäischer Gerichtshof
EuZW	Europäische Zeitschrift für Wirtschaftsrecht
evtl.	eventuell(e/n)
f.	folgende
FA Strafrecht	Handbuch des Fachanwalts Strafrecht
ff.	folgenden
Fn.	Fußnote(n)
FPR	Familie Partnerschaft Recht
FS	Festschrift
GA	Goldtdammer's Archiv für Strafrecht
GG	Grundgesetz
GOBT	Geschäftsordnung des Bundestages
Grdl.	Grundlagen
GS	Der Gerichtssaal. Zeitschrift für Zivil- und Militiär-Strafrecht und Strafprozeßrecht sowie die ergänzenden Disziplinen
GVG	Gerichtsverfassungsgesetz
h.M.	herrschende Meinung
HK	Handkommentar
HRRS	Höchstrichterliche Rechtsprechung im Strafrecht
HStR	Handbuch des Staatsrechts der Bundesrepublik Deutschland
i.d.R.	in der Regel

IPBPR	Internationaler Pakt über bürgerliche und politische Rechte
i.R.d.	im Rahmen der/des
JGG	Jugendgerichtsgesetz
JGGÄndG	Gesetz zur Änderung des Jugendgerichtsgesetzes und anderer Gesetze
Jgl.	Jugendliche(r)
JR	Juristische Rundschau
JStG	Jugendstrafgesetz
JuMiKo	Justizministerkonferenz
JuS	Juristische Schulung. Zeitschrift für Studium und Ausbildung
JuSchG	Jugendschutzgesetz
JVA	Justizvollzugsanstalt
JW	Juristische Wochenschrift
JZ	JuristenZeitung
Kap.	Kapitel
KG	Kammergericht
KK	Karlsruher Kommentar
KRK	UN-Kinderrechtskonvention
LG	Landgericht
lit.	littera
LR	Löwe-Rosenberg
Ls.	Leitsatz
LZ	Leipziger Zeitschrift für Deutsches Recht
m.	mit
m.w.N.	mit weiteren Nachweisen
MDR	Monatsschrift des Rechts
MilRegGes	Gesetz der Militärregierung-Deutschland
Mitt.	Mitteilung
MKrimBiol	Monatsschrift für Kriminalbiologie und Strafrechtsreform
MKrimPsych	Monatsschrift für Kriminalpsychologie und Strafrechtsreform
MLJJ	Model Law on Juvenile Justice
MSchrKrim	Monatsschrift für Kriminologie und Strafrechtsrefrom
MüKo	Münchener Kommentar
n.F.	neue Fassung
NdsRpfl	Niedersächsische Rechtspflege
NJ	Neue Justiz
NJW	Neue Juristische Wochenschrift
NJW-Beil.	NJW Beilage
NK	Nomos Kommentar

NS	Nationalsozialismus
NStZ	Neue Zeitschrift für Strafrecht
NStZ-RR	NStZ-Rechtsprechungsreport
NSU	Nationalsozialistischer Untergrund
NVwZ	Neue Zeitschrift für Verwaltungsrecht
o.	oder
OLG	Oberlandesgericht
Rn.	Randnummer(n)
RdJB	Recht der Jugend und des Bildungswesens
RGBl.	Reichsgesetzblatt
RGSt	Sammlung des RG in Strafsachen
RiStBV	Richtlinien für das Strafverfahren und das Bußgeldverfahren
RM	Reichsmark
RStGB	Reichsstrafgesetzbuch
RJGG	Reichsjugendgerichtsgesetz
RStPO	Reichsstrafprozessordnung
s.	siehe
s.o.	siehe oben
s.u.	Siehe unten
S.	Seite(n)
SGB	Sozialgesetzbuch
SJZ	Süddeutsche Juristen-Zeitung
SK-StPO	Systematischer Kommentar zur StPO
sog.	sogenannte(r/n)
st. Rspr.	ständige Rechtsprechung
Std.	Stunde(n)
StGB	Strafgesetzbuch
StPO	Strafprozessordnung
StraFo	StrafverteidigerForum
STRAUDA	Strafrechtsausschuss der Bundesrechtsanwaltskammer
StRR	StrafRechtsReport
StV	Strafverteidiger
StVRG	Gesetz zur Reform des Strafverfahrensrechts
SZ	Süddeutsche Zeitung
u.	und
u.a.	unter anderem
UN	United Nations
USA	United States of America
v.	von/vom

v.a.	vor allem
v.H.	vom Hundert
vgl.	vergleiche
VO	Verordnung
Vorb.	Vorbemerkunge(n)
VwGO	Verwaltungsgerichtsordnung
z.	zu
z.B.	zum Beispiel
Zbl	Zentralblatt für Vormundschaftswesen, Jugendgerichte und Fürsorgeerziehung/ Zentralblatt für Jugendrecht und Jugendwohlfahrt: Organ des Deutschen Instituts für Vormundschaftswesen/ Zentralblatt für Jugendrecht
Ziff.	Ziffer
zit.	zitiert
ZJJ	Zeitschrift für Jugendkriminalrecht und Jugendhilfe
ZJS	Zeitschrift für das Juristische Studium
ZPO	Zivilprozessordnung
ZRP	Zeitschrift für Rechtspolitik
ZSS	Zeitschrift für soziale Strafrechtspflege
ZStW	Zeitschrift für die gesamte Strafrechtswissenschaft

Gliederung

A) Einleitung

Die Gesetzgebung steht im politischen Diskurs in einem ständigen Spannungsverhältnis zwischen Ideal und Umsetzbarkeit, zwischen Fürsorgepflicht und Kosteneffizienz.[1] Für das Strafverfahren lautet ihr inoffizieller Leitspruch: *„So viel Rechtstaat wie möglich, aber nur so viel Rechtsstaat wie (gerade noch) nötig.“* Allenthalben wird das teure Justizsystem moniert, das im Übrigen auch viel zu langsam arbeite. Beschleunigung und Justizentlastung erscheinen dabei auf natürliche Art und Weise eng verquickt und werden in der öffentlichen Debatte daher in der Regel gleichgesetzt.[2] Angeheizt wird die kritische öffentliche Wahrnehmung noch durch medienwirksame Verlautbarungen, wie den hilferufenden „Brandbrief“[3] , den der Vizepräsident des Landgerichts Berlin erst am 28. September 2017 an die Justizverwaltung schickte, in dem er darüber klagt, wie heillos überlastet die Strafkammern an seinem Gericht seien.

Als Ursache und besonderes Ärgernis für die Überlastung zugleich gilt vielen Angehörigen der Justiz freilich weniger die personelle Besetzung der Gerichte[4] als vielmehr das Verhalten der Verteidiger.[5] Letzere könnten nicht nur durch ihre (Stör-)Manöver in der Hauptverhandlung, sondern insbesondere auch durch überflüssige Rechtsmittel das Verfahren unnötig in die Länge ziehen – obgleich ihre Anwesenheit für das Verfahrensergebnis ohnehin kaum eine Rolle spiele.[6] Zu allem Überfluss gibt eine schleppende Strafverfolgung im Lichte

---

1 Ähnlich auch schon *Prütting*, S. 7.

2 Kritisch hierzu bereits *Rieß*, NStZ 1994, 409 [410].

3 So titelte *Keilani* im Tagesspiegel, http://www.tagesspiegel.de/berlin/brandbrief-aus-dem-berliner-landgericht-wir-sind-am-ende-wir-koennen-nicht-mehr/20482300.html (zuletzt abgerufen am 27.4.2018).

4 Vgl. LR/*Kühne*, Einl. F, Rn. 219.

5 Zur „missbräuchlichen Inanspruchnahme verfahrensrechtlicher Gestaltungsmöglichkeiten“ siehe *Senge*, NStZ 2002, 225. Deutlich auch BGH NStZ-RR 2007, 21 [22]. Vgl. hierzu ferner *Meyer-Goßner/Ströber*, ZRP 1996, 354 [356], die ausführen, dass es zunehmend um den Kampf gegen Staatsanwaltschaft und Richter gehe, statt nur um Wahrheit, Recht und Gerechtigkeit. Vgl. auch *Günter*, DRiZ 1994, 303 [304]; *Wohlers*, NJW 2010, 2470.

6 Aus Justizsicht *Meyer-Goßner*, in: FS Welp, S. 80 ff.: Verteidiger als „notwendiges Übel“. Ausführlich zu diesem Blickwinkel, insbesondere zum „Strafverteidiger als Auslöser von Revisionsgründen“, auch *Ventzke*, StV 1997, 543 ff. Im Jugendstrafrecht wird der Nutzen von Strafverteidigern traditionell sogar noch stärker angezweifelt, vgl. *Barton*, in: Walter, Strafverteidigung, S. 134; *Jung*, ZRP 1981, 36 [38].

der Generalprävention auch noch ein schlechtes Beispiel für die Allgemeinheit ab.[7] Konsequenterweise forderten die Mitglieder der Arbeitsgruppe „Zukunft des Strafprozesses“ (bestehend aus Präsidentinnen und Präsidenten des Kammergerichts und der Oberlandesgerichte Brandenburg, Braunschweig, Köln, Oldenburg, Schleswig, Stuttgart und Bamberg) in ihrer gemeinsamen Pressemitteilung, die nur zwei Tage vor dem Hilferuf des Landgerichtsvizepräsidenten veröffentlicht wurde, eine weitere Beschränkung der Rechtsmittel: Ganz im Interesse zügiger Strafprozesse empfehlen sie eine erweiterte Begründungspflicht für Revisionen, desgleichen ein Zulassungserfordernis für Revisionen gegen Urteile der Berufungsgerichte und sogar die Abschaffung der Sprungrevision.[8] Die AfD-Bundestagsfraktion geht noch weiter und will die Revision sogar insgesamt beseitigen und die Berufung grundsätzlich nur noch als Annahmeberufung ausgestalten.[9]

Die Diskussion darüber, ob Rechtsmittel aus Kosten- und Beschleunigungsgründen abgeschafft oder eingeschränkt werden sollten, ist freilich nicht neu.[10] Ebenso wenig allerdings die Erkenntnis, dass isolierte Eingriffe in das ausdifferenzierte System der Strafprozessordnung aufgrund ihrer Wechselwirkungen gefährlich sein können.[11] Beinahe neidisch blicken politische Reformer deshalb auf die bereits etablierten Rechtsmittelbeschränkungen im Jugendstrafrecht[12] : § 55 Abs. 1 JGG verwehrt dem nach Jugendstrafrecht Verurteilten die Anfechtungsmöglichkeit schon jetzt völlig, sofern nur Art und Umfang der verhängten Rechtsfolgen (mit Ausnahme der Jugendstrafe) angegriffen werden sollen. § 55 Abs. 2 JGG statuiert demgegenüber ein sogenanntes Wahlrechtsmittel, wonach amtsgerichtliche Verurteilungen nicht mehr kumulativ, sondern nur noch alternativ mit der Berufung *oder* der Revision angefochten werden können.

Zwar wurde bis heute eine geforderte Übernahme dieser Regelungen – insbesondere des Wahlrechtsmittels – in das Erwachsenenstrafrecht vom Gesetzgeber noch jeweils mit der Begründung abgelehnt, im Jugendstrafrecht bestehe

---

7 *Scheffler*, GA 1995, 449 [452]; *Liebhart*, NStZ 2017, 254 [255].

8 *Arbeitsgruppe „Zukunft des Strafprozesses“*, https://www.justiz.bayern.de/media/images/behoerden-und-gerichte/oberlandesgerichte/bamberg/pressemitteilung_15_2017_-_strafkammertag_am_26._september_2017_in_wuerzburg.pdf (zuletzt abgerufen am 27.4.2018).

9 Vgl. *Reusch*, ZRP 2018, 65.

10 So auch *Kudlich*, ZRP 2018, 9 [11].

11 Vgl. etwa *Meyer-Goßner*, DRiZ 1996, 180; *Dahs*, NStZ 1999, 321 [325]; *Bernsmann*, ZRP 1994, 329 [333]. *Gössel*, 60. DJT, Bd. I, C 7.

12 *Momsen*, ZJJ 2004, 49.

aufgrund des Erziehungsgedankens ein *besonderes* Beschleunigungsbedürfnis. Diese Sichtweise erscheint indes nicht mehr unumstößlich. So hat etwa die Justizministerkonferenz im Jahre 2006 im Rahmen des Projekts „Große Justizreform" die Einführung eines Wahlrechtsmittels im allgemeinen Strafverfahrensrecht ausdrücklich empfohlen, was zur Folge hatte, dass zuletzt Schleswig-Holstein 2007 einen entsprechenden Gesetzesantrag in den Bundesrat einbrachte.[13] In der dazugehörigen Antragsbegründung heißt es, das Wahlrechtsmittel habe sich im Jugendstrafrecht einerseits seit langem *„bewährt"*, wobei es mit dem Erziehungsgedanken andererseits nicht so eng verknüpft sei, dass dieser Gesichtspunkt einer Übernahme entgegenstünde.[14] Auch wenn das Gesetzesvorhaben zunächst gescheitert ist, wird das Wahlrechtsmittel nach wie vor auch für das Erwachsenenstrafrecht gefordert.[15] Schließlich lehrt auch der Blick in die Vergangenheit, dass jugendstrafrechtliche Sondervorschriften schon immer bereitwillig als Einfallstor für allgemeine Reformen verwandt wurden.[16]

Die vorliegende Arbeit bewegt sich demgemäß in unpopulärem Fahrwasser, weil sie einen Schritt zurücktreten möchte und dabei nicht nur die mögliche Übernahme von § 55 JGG in das allgemeine Strafverfahrensrecht, sondern gar die Vorschrift als solche kritisch beleuchtet. Letztlich will die Arbeit also der Kernfrage nachgehen, ob es nicht angezeigt erscheint, die Rechtsmittelbeschränkung im Jugendstrafrecht abzuschaffen, bevor man doch noch dem Gedanken verfällt, sie ins allgemeine Strafverfahrensrecht auszudehnen,[17] und mit dieser Ausnahmeregelung einer allgemeinen Rechtsmittelbeschränkung Tür und Tor öffnet. Weitgehend ausgeklammert werden soll bei dieser Betrachtung lediglich die weitere Rechtsmittelbeschränkung in § 59 JGG, die für bestimmte Fälle die sofortige Beschwerde statt Berufung oder Revision gewährt, die in der Praxis

---

13 BR-Drs. 438/07.

14 Zustimmend *Röhling*, ZRP 2009, 17 [19].

15 So etwa *Ring*, ZRP 2017, 24 [25].

16 Dies wünschte sich schon im Jahr 1926 *Francke*, Einl, S. 15: „Die Bedeutung des JGG liegt weniger darin, daß es das Jugendstrafrecht der Eigenart des jugendlichen Geistes anpaßt, als darin, daß es Rechtsgedanken zum Durchbruch kommen läßt, die sich auch zur entsprechenden Anwendung auf das Strafrecht eignen." S. auch *Meyer-Goßner*, in: FS Eisenberg I, S. 409 [Fn. 38].

17 So wünschen sich etwa *Böhm/Feuerhelm*, S. 96, die Rechtsmittelbeschränkung in § 55 Abs. 2 JGG als „Vorreiter für eine allgemeine Reform". Vgl. auch *Scheffler*, StV 1995, 599 [601]: „Einstiegsdroge".

aber kaum eine Rolle spielt,[18] und deren Übernahme ins Erwachsenenrecht bislang auch nicht diskutiert wird.

Soweit ersichtlich, hat sich bislang lediglich *Schaumann* in ihrer im Jahre 2001 erschienen Monographie intensiv mit § 55 JGG auseinandergesetzt.[19] Sie gelangt in ihrer Analyse allerdings zu dem Ergebnis, dass sich § 55 JGG tatsächlich „*bewährt*" habe.[20] *Bode*, der sich in seiner im Jahr 2000 veröffentlichten, wegweisenden Arbeit allgemein mit dem Wahlrechtsmittel im Strafverfahren beschäftigt hat, hält § 55 Abs. 2 JGG dagegen zumindest für „verfassungsrechtlich bedenklich",[21] breitet diesen Gedanken indes nicht weiter aus. Seit dieser Zeit haben sich die kritischen Stimmen in der Literatur jedoch beständig gemehrt.[22] Die Vorwürfe reichen inzwischen bis zur Rechtstaatswidrigkeit.[23] Unterdessen erachtet die wohl herrschende Meinung die jugendstrafrechtliche Sonderregelung nach wie vor für zulässig und sinnvoll, ohne diese Ansicht freilich überzeugend zu begründen. Meist beschränkt man sich lediglich auf eine formelhafte Wiederholung der gesetzgeberischen Begründung oder bemüht Theorien aus dem eigenen (Erziehungs-)Alltag zur Wirksamkeit einer raschen Bestrafung. Zudem werfen Erkenntnisse aus anderen Fachdisziplinen inzwischen ein zweifelhaftes Licht auf den besonderen Beschleunigungsgrundsatz im Jugendstrafrecht. Folglich lohnt nunmehr eine gründliche Betrachtung der Materie.

---

18 *Eisenberg*, § 59 Rn. 3.

19 *Schaumann*, Die Rechtsmittelbeschränkung des § 55 JGG.

20 *Schaumann*, S. 109; so auch *Gössel*, GA 1979, 241 [249]; *Kaiser*, ZRP 1972, 275 [276]; *Schäfer*, NStZ 1988, 330 [335]. Dagegen etwa *Frister*, StV 1997, 150 [156].

21 *Bode*, S. 123; anders allerdings *Schaumann*, S. 61.

22 Vgl. *Meyer-Goßner*, in: FS-Eisenberg I, S. 408, 410; *Penkuhn*, ZJJ 2014, 371 ff.; *Dünkel*, ZJJ 2015, 19 [25]; *Eisenberg*, § 55, Rn. 33, 35; *Bartsch*, ZJJ 2016, 112 [115 ff.];.

23 Vgl. etwa *Ostendorf*, ZJJ 2016, 120 [123 ff.].

B) Gang der Untersuchung

Die Einführung mit einem historischen Abriss ist bei einer Abhandlung über Rechtsmittelvorschriften nahezu obligatorisch. Die Strafprozessordnung kann mittlerweile auf eine über 140 Jahre alte Geschichte zurückblicken, so dass leserunfreundliche Einschübe oder Rückblicke innerhalb der Arbeit andernfalls kaum zu vermeiden wären. Auch das heutige Jugendgerichtsgesetz geht in weiten Teilen auf das erste Jugendgerichtsgesetz von 1923 zurück. Die nachzuzeichnende Entwicklung beider Kodifikationen schafft damit den nötigen Kontext, um spätere Reformvorschläge sinnvoll einbetten zu können. Fernerhin offenbart ein Blick in die Vergangenheit, dass viele Denkmuster und Ideen längst nicht so neu sind, wie sie scheinen.

In dem nächsten „vorgeschalteten" Abschnitt wird alsdann der besondere Beschleunigungsgrundsatz im Jugendstrafverfahren näher betrachtet und gewürdigt. Dies erfordert in einem ersten Schritt zunächst eine kurze Darstellung des allgemeinen Beschleunigungsgrundsatzes im Strafverfahren, um das „Besondere" im zweiten Schritt sinnvoll davon unterscheiden zu können. An dieser Stelle soll vor allem die alte These, wonach die Strafe der *„Tat möglichst auf dem Fuße folgen"* müsse, um wirksam zu sein, unter einem mehrdimensionalen Blickwinkel aufgearbeitet werden. Das schließt eine juristisch-systematische Ableitung genauso ein wie den Rückgriff auf psychologische Erkenntnisse im Hinblick auf Theorie und Empirie. Ergründet wird mithin die „Wurzel" der vorgenannten pädagogischen Binsenweisheit, die sich endlich auch an den Ergebnissen mehrere Studien messen lassen muss.

Im Abschnitt E interessiert nachfolgend die gelebte Praxis des § 55 JGG. Hier soll vor allem die Rechtsprechung anhand von mehreren Beispielen zu umstrittenen Fragestellungen der Rechtsmittelbeschränkungen analysiert werden, um so herauszufiltern, ob die Spruchpraxis der Gerichte die Schlechterstellung Jugendlicher[24] möglicherweise abfedert oder im Gegenteil noch verschärft.

Der nächste Teil der Arbeit widmet sich der Frage, ob und welche Gründe sich per se für die Unterscheidung von Jugendlichen und Erwachsenen hinsichtlich der Rechtsmittelvorschriften finden lassen und wie stichhaltig die

24 Sofern nicht gesondert gekennzeichnet, schließt der Begriff des „Jugendlichen" in dieser Arbeit zur leichteren Lesbarkeit auch den Heranwachsenden ein, auf den Jugendstrafrecht angewendet wird, § 109 Abs. 1 JGG.

dafür vorgebrachten Argumente letztlich sind. Dabei interessieren nicht nur die gesetzgeberische Intention, sondern vielmehr auch die dahinterstehenden erzieherischen Anschauungen, die kritisch gewürdigt werden sollen. Ein Vergleich mit den Rechtsmittelvorschriften anderer europäischer Länder rundet das Kapitel ab.

Unmittelbar daran anknüpfend, beschäftigt sich der folgende Abschnitt – im Anschluss an *Bode* – mit der Vereinbarkeit der jugendstrafrechtlichen Sondervorschrift mit höherrangigem bzw. internationalem Recht. Das betrifft zum einen das deutsche Grundgesetz, zum anderen internationale Übereinkommen, im Rahmen derer sich der bundesrepublikanische Gesetzgeber selbst verpflichtet hat.

Endlich soll erörtert werden, welche möglichen Folgen eine Abschaffung des § 55 JGG zeitigen würden. Im Fokus stehen dabei die (angeblichen) Gegenpole „Finanzen“ und „Rechtsstaatlichkeit“. Um die Überlegungen dabei in einen sinnvollen Kontext zu betten, soll diesen allerdings ein kurzer Überblick über Funktionsweise und Ausgestaltung des Instanzenzuges vorangestellt werden.

Die Arbeit endet mit einer abschließenden Stellungnahme, in der die gefundenen Erkenntnisse zusammenfassend gewürdigt werden. Um dem Leser sodann einen straffen Überblick über die wesentlichen Ergebnisse zu geben, folgt eine Auflistung der Kernthesen.

C) Historischer Überblick

Der historische Aufriss verfolgt in der vorliegenden Arbeit weder einen Selbstzweck noch soll ein weiterer Versuch unternommen werden, die komplette Entwicklung des Jugendstraf- oder des Rechtsmittelrechts von 1877 bis zur heutigen Zeit nachzuzeichnen. Andere Autoren haben insofern bereits vorzügliche Arbeit geleistet,[25] deren bloße Übernahme von keinem eigenständigen Wert wäre. Umgekehrt soll jedoch auf die Darstellung der geschichtlichen Hintergründe dort nicht verzichtet werden, wo dies für das bessere Verständnis der heutigen Debatten unentbehrlich ist. Im Folgenden werden mithin die Bestrebungen im Hinblick auf Jugendstrafrecht und Rechtsmittelbeschränkungen in Form eines Grobüberblicks aufgezeigt, wobei nur an den Stellen näher ins Detail gegangen werden soll, an denen sich ein genauerer Blick aufgrund der Fragestellung der Arbeit besonders lohnt. Von besonderem Interesse sind dabei auch die Meinungen der zeitgenössischen Befürworter und Kritiker, die zum Teil bis heute unverändert übernommen und vorgebracht werden.

Einleitend ist freilich schon mit *Rieß*[26] zu bemerken, dass sich das Rechtsmittelsystem in der nunmehr 140-jährigen Entwicklung der Strafprozessordnung nicht nur im Grundsätzlichen, sondern auch in den meisten Einzelfragen insgesamt eine bemerkenswerte Konstanz bewahrt hat.[27]

I. Das Rechtsmittelsystem in der Reichsstrafprozessordnung[28] von 1877[29]

Die ersten Entwürfe der bis heute in weiten Teilen gültigen Strafprozessordnung sahen interessanter Weise noch kein Rechtsmittel der Berufung vor.[30] Zur

---

25 Vgl. *Stumpf*, Die Berufung im deutschen Strafprozeß. Geschichte, gegenwärtiger Stand, Reformvorschläge; *Drews*, Die historische Entwicklung der Berufung im Strafverfahren; *Stolp*, Die geschichtliche Entwicklung des Jugendstrafrechts von 1923 bis heute – Eine systematische Analyse der Geschichte des Jugendstrafrechts unter besonderer Berücksichtigung des Erziehungsgedankens.

26 *Rieß*, JZ 2000, 813 [816].

27 Vgl. auch MüKoStGB/*Quentin* Vorb. zu §§ 312 ff., Rn. 2; *Fezer*, in: BMJ, S. 9.

28 RGBl. 1877, S. 253, Inkrafttreten am 1. Oktober 1879.

29 Die Entwicklung der Rechtsmittel bis zu diesem Zeitpunkt ist u.a. dargestellt bei *Behr*, S. 3 ff.

30 *Stumpf*, S. 40 ff.; der Entwurf ist abgedruckt bei *Schubert/Regge*, S. 113 ff.; *Behr*, S. 165 ff.; *Drews*, S. 84 ff.; *Tröndle*, GA 1967, 161.; *Hahn*, III 1, S. 193.

Begründung für diesen bewussten Verzicht wurde damals angeführt, ein Urteil, das in einem von den Prinzipien der Mündlichkeit, freien Beweiswürdigung und Laienrichterbeteiligung beherrschten Strafverfahren zustande gekommen sei, könne schon vom begrifflichen und theoretischen Ansatz her hinsichtlich der Tatsachenfeststellung nicht *überprüft* werden.[31] Wer an diesem Grundsatz festhalten wolle, müsse auf die Berufung verzichten.[32] Einziges Rechtsmittel war somit gemäß § 299 des Entwurfs die Revision gegen Urteile der Schöffengerichte, der Strafkammern und der Schwurgerichte.[33]

In der ersten Lesung wurden allerdings Stimmen laut, die die Berufung nun doch forderten.[34] Insofern wurde vorgebracht, dass die Angeklagten vor allem in Fällen leichter und mittlerer Kriminalität kaum Möglichkeiten der Verteidigung hätten. Folglich müsse eine Überprüfung in einer zweiten Tatsacheninstanz ermöglicht werden. Nach umfangreichen Beratungen gelangte die Reichsjustizkommission schließlich mit knapper Mehrheit zu dem Ergebnis, dass bei landgerichtlichen Strafsachen eine Berufung zwar nicht in Betracht kommen könne, aber bei Verfahren vor den Schöffengerichten – der deutschen Tradition folgend[35] – zuzulassen sei.[36] Damit wurde letztlich ein Kompromiss zwischen den beiden widerstreitenden Positionen gefunden, den die Befürworter einer Berufung wohl auch deshalb leichter akzeptieren konnten, weil die Strafkammern mit fünf Berufsrichtern entsprechend stark besetzt waren.[37] Dies bedeutete nämlich gegenüber den eher summarischen Verfahren vor den Schöffengerichten (bestehend aus einem Amtsrichter und zwei Schöffen) eine vertiefte Prüfung und damit

---

31 *Fezer*, in: BMJ, S. 17; *Stumpf*, S. 41 ff.; *Schulz*, in: FS Schwind, S. 431.

32 *Hahn*, III 1, S. 193; *Kintzi* FS Rieß, S. 226; dem ist insofern zuzustimmen, als dass eine Berufung tatsächlich vielmehr eine Rekonstruktion der Hauptverhandlung statt eine Überprüfung des erstinstanzlichen Urteils darstellt, vgl. RGSt 62, 130 [132] und auch BayObLGSt 1956, 249 [250]; ausführlich zum Wesen der Berufung SK-StPO/*Frisch* vor § 312, Rn. 1 ff.; *Doerr*, S. 36; vgl. auch *Drews*, S. 87, 93.

33 *Drews*, S. 87.

34 *Behr*, S. 166; *Drews*, S. 88; Hahn III 1, S. 537 ff.

35 Vgl. hierzu die Ausführungen bei *Doerr*, S. 43 f.: In allen deutschen Gesetzgebungen, die Schwurgerichte kannten, war die Berufung gegen Urteil derselben ausgeschlossen, obwohl vielfach in den weniger wichtigen Sachen eine zweite Tatsacheninstanz bestand, was wiederum ein Vorbild in der französischen Schwurgerichtsgesetzgebung hatte.

36 *Drews*, S. 91 ff.

37 *Fezer*, in: BMJ, S. 21; ebenso wie die Schwurgerichte mit zwölf Geschworenen, die über die Schuldfrage, und drei Berufsrichtern, die über die Straffrage entschieden, vgl. *Nobis*, S. 114.

höhere Verfahrensgarantien, die eine Überprüfung in einer weiteren Tatsacheninstanz zumindest verkraftbarer erscheinen ließen. Im Übrigen blieb weiterhin – kritiklos[38] – die Revision gegen Urteile aller Gerichte bestehen. Nachdem der Schwerpunkt der damaligen Strafrechtspflege noch bei der Strafkammer lag, war die Berufung allerdings ohnehin nur gegen einen kleinen Teil der Urteile in Verfahren wegen Übertretungen und leichteren Vergehen statthaft.[39]

Indes hielt diese befriedende Wirkung des getroffenen Kompromisses nicht lange an, und so wurde ab spätestens 1883 fortwährend versucht, die Berufung auch gegen die Urteile der Strafkammern zuzulassen.[40] Zwischen 1894 und 1922/23 wurden alsdann zahlreiche entsprechende Gesetzesentwürfe vorgelegt, denen indessen allesamt der Erfolg versagt blieb.[41]

Im Hinblick auf die Behandlung jugendlicher Straftäter gab es – mit Ausnahme der §§ 55-57 RStGB 1871[42] – freilich noch kaum Unterschiede gegenüber Erwachsenen,[43] insbesondere galt auch dasselbe Rechtsmittelsystem. Lediglich in § 340 Abs. 1 StPO wurde bestimmt, dass der gesetzliche Vertreter des Beschuldigten selbstständig Rechtsmittel einlegen konnte.

II. Das Jugendgerichtsgesetz von 1923

Was bereits im Jahre 1903 mit dem Entwurf eines „*Gesetzes betreffend Aenderungen des Gerichtsverfassungsgesetzes, einer Strafprozessordnung und eines zu beiden Gesetzen gehörenden Einführungsgesetzes*" begann, mehrfach modifiziert und durch die Wirrungen des Krieges unterbrochen wurde,[44] führte 1923 endlich zur Kodifizierung eines eigenständigen Jugendgerichtsgesetzes. Nachdem der damalige Reichsjustizminister *Schiffer* 1920 einen Entwurf eines Jugendgerichtsgesetzes vorgelegt hatte,[45] wurde dieser nach nochmaligen Verhandlungen und Abänderungen schließlich am 1. Februar 1923 vom Reichstag angenommen und trat am 1. Juli 1923 vollständig in Kraft.

38 Vgl. *Kintzi*, in: FS Rieß, S. 225 [S. 227].
39 *Nobis*, S. 115.
40 *Fischer*, S. 1; *Behr*, S. 169; vgl. ausführlich auch *Simon*, S. 12 ff. („Der Kampf um die Berufung von 1877 bis 1924"); *Stumpf*, S. 56 ff.; vgl. auch *Tröndle*, GA 1967, 161 [163].
41 *Fischer* S. 2 m.w.N.; *Bode*, S. 31; vgl. auch *Koch*, S. 15 ff.
42 RGBl. 1871, S. 137; vgl. auch *Francke*, Zbl 1922/23, 211.
43 Vgl. *Stolp*, S. 25 ff.; *Kiesow*, Einl., S. IX.
44 Vgl. zur Geschichte ausführlich *Kiesow*, Einl., S. XIX-XXXI.
45 *Radbruch*, Zbl 1922/23, 249 [250].

Neben zahlreichend weiteren Neuerungen enthielt das Jugendgerichtsgesetz von 1923 auch erstmals Besonderheiten im Hinblick auf die Rechtsmittel gegenüber Erwachsenen. So bestimmte § 35 des Jugendgerichtsgesetzes von 1923:

> *„Ein Urteil, in dem eine Erziehungsmaßregel angeordnet worden ist, kann nicht deshalb angefochten werden, weil eine andere oder eine weitere Erziehungsmaßregel hätte angeordnet werden sollen, oder weil die Auswahl und Anordnung der Erziehungsmaßregel dem Vormundschaftsgericht überlassen worden ist. Die Vorschrift gilt nicht, wenn die Fürsorgeerziehung angeordnet worden ist. […]".*

Die Einschränkung wurde damit begründet, dass die Erziehungsmaßnahme häufig an Wert verliere, wenn sie erst längere Zeit nach der Anordnung in die Tat umgesetzt werde.[46] Dies lag für die damaligen Juristen erklärtermaßen so „auf der Hand",[47] dass augenscheinlich keine weitere Problematisierung für nötig erachtet wurde und mithin gänzlich unterblieb.[48] Ein weiterer Grund für die Rechtsmittelbeschränkung mag freilich auch die allgemeine Forderung gewesen sein, die Erziehung nicht in die starren Formen des Strafprozesses zu kleiden.[49] Dafür spricht vor allem auch die explizite Beschränkung auf diejenigen Urteile, die lediglich *Erziehungsmaßregeln* anordnen.

Abgesehen davon unterlag das Rechtsmittelrecht gegenüber Erwachsenen jedoch keinen Einschränkungen. Der Jugendliche, der durch das erstinstanzliche Urteil beschwert war, konnte sich hiergegen mit der Berufung wenden und das Berufungsurteil wiederum mit der Revision anfechten. Durch die Verschiebung der Zuständigkeiten zum Schöffengericht[50] fand vielmehr sogar eine faktische *Ausweitung* der Anfechtungsmöglichkeiten gegenüber dem Erwachsenenstrafverfahrensrechts statt: § 17 Abs. 1 Satz 2 des JGG von 1923 bestimmte nämlich, dass Jugendgerichte grundsätzlich die Schöffengerichte seien, und unterschied

---

46 Verhandlungen des Reichstags vom 24.10.1922, 1. Wahlperiode 1920, Nr. 5171, Begründung S. 22, damals noch zum inhaltsgleichen § 33, aus: http://www.reichstagsprotokolle.de/Blatt2_w1_bsb00000059_00395.html (zuletzt abgerufen am 27.4.2018); vgl. auch *Kiesow*, Zbl 1922/23, 205 [208]: „Um die Wirkung einer angeordneten Erziehungsmaßnahme nicht zu beeinträchtigen, ist die Anfechtbarkeit der sie anordnenden Entscheidung stark eingeschränkt […]."

47 *Kiesow*, Einl., S. LII

48 In dem Kurzkommentar von *Radbruch*, Zbl 1922/23, 249, wird etwa mit keiner Silbe auf den Hintergrund oder die Berechtigung dieser Vorschrift eingegangen; ebenso wenig bei *Francke*, § 35, der lediglich die Regelung in Abs. 2 kritisiert.

49 Vgl. *Grünhut*, S. 16, der die Beschränkung in § 35 insofern als „charakteristisch" ansieht.

50 *Kiesow*, Zbl 1922/23, 205 [207]; *Radbruch*, Zbl 1922/23, 249 [255 f.].

insoweit in § 17 Abs. 1 Satz 3 lediglich zwischen einer „großen" und einer „kleinen" Besetzung.[51] Damit wurden in Verfahren gegen Jugendliche auch die erstinstanzlichen Strafkammersachen den Schöffengerichten zugewiesen, gegen die stets die Berufung zulässig war.

Schon vor 1933 war das Jugendstrafrecht allerdings vor allem von dem Gedanken der Verhaltensdisziplinierung beeinflusst.[52] Und auch schon damals sahen manche Stimmen den Wert des neu kodifizierten Jugendstrafrechts weniger in seiner Anpassung an den jugendlichen Geist als in der Vorbildfunktion seiner Regelungen für das künftige Erwachsenenstrafrecht.[53]

III. Der Gesetzesentwurf von Schiffer und Genossen von 1923

Die Geschehnisse im Jahr 1923[54] brachten die Weimarer Republik an den Rand einer neuen Katastrophe, was den Gesetzgeber zu Sparmaßnahmen auf allen Gebieten zwang. So wurde unter anderem am 14. November 1923 von dem Reichsjustizminister und Abgeordneten des Reichstags *Schiffer* der *„Entwurf eines ersten Gesetzes zur Vereinfachung des Rechtswesens"*[55] in den Reichstag eingebracht, der eine ganze Reihe tiefgehender Änderungen im Rahmen der Gerichtsverfassung, des Zivil- sowie des Strafprozessrechts vorsah. Die Reform des Strafverfahrensrechts interessierte *Schiffer* dabei allerdings lediglich unter fiskalischen Gesichtspunkten.[56]

---

51 Kiesow, Einl., S. XLIII f.

52 *Wolff*, S. 78.

53 *Francke*, Einl., S. 15, der in diesem Zusammenhang ausführt: „Man darf den Satz, daß der Jugendliche ein Wesen anderer Art ist als der Erwachsene, nicht übertreiben"; und auch *Grünhut*, S. 31: „Überblickt man die Tätigkeit der Jugendgerichte als Ganzes, so erkennt man daß ihre Bedeutung nicht darin zu suchen ist, daß sie auf den Gebieten der Rechtspflege ein Stück ‚Jugendkultur' geschaffen haben, sondern darin, daß sie als Vorbilder der künftigen Entwicklung des Gesamtstrafrechts paradigmatische Bedeutung haben."

54 Man denke nur an die Hyperinflation oder die Besetzung des Ruhrgebiets durch französische und belgische Besatzungsgruppen sowie die daraus resultierenden politischen Verwerfungen.

55 Verhandlungen des Reichstags vom 14.11.1923, 1. Wahlperiode 1920, Nr. 6310, aus: http://www.reichstagsprotokolle.de/Blatt2_w1_bsb00000064_00196.html (zuletzt abgerufen am 27.4.2018).

56 Vgl. *Schiffer*, S. 220 f., 231 ff.; *Kern*, S. 167.

Noch weitergehend als später die Emminger Verordnung[57] bestimmte zunächst § 36 Abs. 1 des Entwurfs, dass die Berufung in Übertretungs- und Privatklagesachen nur mehr gegen eine „offenbar unrichtige Entscheidung" stattfinde und Revision – bzw. „Rechtsrüge" – nur dann, wenn die Herbeiführung einer höchstrichterlichen Entscheidung im öffentlichen Interesse liege.

Mit der vorgeschlagenen Regelung in § 36 Abs. 2 des Entwurfs schlug schließlich die Geburtsstunde[58] des Konzepts „*Wahlrechtsmittel*": Der Gesetzesentwurf sah nämlich vor, dass gegen Urteile des Einzelrichters und des Schöffengerichts nur *wahlweise* Berufung oder Revision stattfinde.[59] Die Einlegung eines Rechtsmittels sollte das andere ausdrücklich ausschließen. Der Vorschlag fand indessen keine Mehrheit im Reichstag.[60]

Beifall fand dieser Vorstoß insbesondere von Seiten *Feisenbergers*, der in dem Wahlrechtsmittel endlich eine Möglichkeit sah, wie sich der Gesetzgeber wieder einmal als „Erzieher der Nation" beweisen könne, indem er überflüssige Rechtsmittel beseitige.[61] Die Besetzung des Berufungsgerichts wollte er entgegen dem Gesetzesentwurf sogar noch reduzieren und der Erstinstanz angleichen.[62] *Fischer* lehnte das Wahlrechtsmittel dagegen mit dem Argument ab, dass in der Berufungsinstanz leicht das Bedürfnis entstehen könne, über eine erst in dieser Instanz hervorgetretene Rechtsfrage eine obergerichtliche Entscheidung herbeizuführen.[63] Außerdem mutmaßte er, dass eine solche Regelung in der öffentlichen Meinung auf ähnlichen Widerstand stoßen werde wie die Versagung der Berufung gegen erstinstanzliche Strafkammerurteile und die Beschränkung der Revision gegen zweitinstanzliche im alten Strafprozessrecht.[64] *Klann* befürchtete durch die Einführung des Wahlrechtsmittels darüber hinaus eine Überlastung des Reichsgerichts mit Revisionen Angeklagter, die sich von dieser mehr versprächen als von einer Berufung.[65] Ferner müsse zumindest in gewissen Grenzen auch das Berufungsurteil der Obergerichte angreifbar sein – wenn nämlich ein öffentliches Interesse an der Herbeiführung einer höchstrichterlichen Entscheidung bestehe, das Obergericht mit seiner Entscheidung von einer

---

57 S.u. C) III.

58 So *Bode*, S. 51; vgl. auch *Nobis*, S. 124: „Die Idee hatte Schiffer […] geboren."

59 Vgl. *Tröndle*, GA 1967, 161 [166].

60 *Ramm*, S. 69; *Drews*, S. 110.

61 *Feisenberger*, DJZ 1924, 11.

62 *Feisenberger*, DJZ 1924, 12.

63 *Fischer*, S. 53.

64 *Fischer*, S. 53 f.

65 *Klann*, GA 1929, 327 [336].

Rechtsaufassung des Reichsgerichts abweiche oder wenn der Staatsanwalt oder der Angeklagte sonst ein berechtigtes Interesse glaubhaft machten.[66] Im Übrigen sei das Fehlen der Berufung bei Schwurgerichtsurteilen, die die schwerwiegendsten Straftaten beträfen, widersinnig, und dies könne auch nicht durch die stärkere Besetzung ausgeglichen werden.[67]

IV. Die Emminger Verordnung von 1924

Die große Not des Jahres 1923 führte schließlich dazu, dass am 8. Dezember 1923 ein Gesetz verabschiedet wurde, das die Reichsregierung grundsätzlich dazu ermächtigte, *„die Maßnahmen anzuordnen, welche sie auf finanziellem und wirtschaftlichem Gebiet für notwendig und dringend erachtet […]"*.[68] Neben 62 anderen Verordnungen[69] erließ die Reichsregierung aufgrund dieses Ermächtigungsgesetzes schließlich auch die *„Verordnung über Gerichtsverfassung und Strafrechtspflege"*[70] vom 4. Januar 1924.

Zunächst änderte die nach dem kurzzeitigen Reichsjustizminister *Erich Emminger* benannte[71] Verordnung unter Einsparungsgesichtspunkten[72] die Besetzung der Gerichte und deren Zuständigkeiten und übernahm dabei auch einige Gedanken aus dem Gesetzesentwurf *Schiffers*.[73] Auf der einen Seite wurde die Anzahl der Richter verringert: § 1 der Verordnung verkleinerte etwa die Senate der Oberlandesgerichte für die meisten Fälle von fünf auf drei Mitglieder; § 2 Satz 1 der Verordnung die Senate des Reichsgerichts von sieben auf fünf Mitglieder. Auf der anderen Seite erweiterte die Verordnung die Zuständigkeit des Einzelrichters beim Amtsgericht, der bis dahin nur in Ausnahmefällen anstelle des Schöffengerichts zuständig gewesen war,[74] und schaffte die erstinstanzliche Zuständigkeit des Landgerichts gänzlich ab.[75] Das Landgericht sollte nunmehr

---

66 *Klann*, GA 1929, 327 [337].

67 *Klann*, GA 1929, 327 [337].

68 RGBl. 1923 I, S. 1179; *Graf zu Dohna*, JW 1932, 2669; *Nagler*, GS Bd. 90 (1924), S. 398 spricht von „diktatorischer Gewalt", die das Ermächtigungsgesetz dem Koalitions-Kabinett eingeräumt habe.

69 *Vorbaum*, S. 37 m.w.N.

70 RGBl. 1924 I, S. 15.

71 Vgl. *Bode*, S. 31.

72 Vgl. *Doerr*, S. 14; *Baumbach*, DJZ 1924, 89.

73 *Schubert/Regge/Rieß/Schmid*, I, Bd. 4, S. 594; *Drews*, S. 116; *Bender*, JW 1924, 1651.

74 Vgl. §§ 7, 8, 9 d. VO; *Klann*, GA 1929, 327 [332]; *Kern*, S. 162.

75 *Vorbaum*, S. 95 f.; *Drews*, S. 115; mit Ausnahme allerdings des Schwurgerichts; *Nagler*, GS Bd. 90 (1924), S. 398 (403).

ausschließlich als Berufungsinstanz fungieren. Damit wurde zwar formell die Zahl der Richter pro Spruchkörper erheblich reduziert, allerdings faktisch auch die Berufung gegen die bisherigen erstinstanzlichen Strafkammersachen eingeführt.[76] Denn diese fielen jetzt als Einzelrichter- oder Schöffengerichtssachen in den sachlichen Zuständigkeitsbereich des Amtsgerichts, gegen dessen Urteile weiterhin zwei Instanzen offenstanden.

Um die befürchtete zusätzliche Belastung der Rechtsmittelgerichte zu minimieren, wurde die Berufung infolgedessen in zweifacher Hinsicht eingeschränkt[77] : § 33 der Verordnung schloss für Übertretungen[78] und Privatklagesachen wegen der in § 414 Nr. 1 bis 6 der StPO bezeichneten Vergehen für den Angeklagten die Berufung vollständig aus[79] , wenn dieser wegen der Tat freigesprochen oder lediglich auf Geldstrafe erkannt worden war,[80] und ließ gegen jene Urteile nur noch die Revision zum Oberlandesgericht zu. § 34 der Verordnung führte für den Rechtsmittelführer zudem die Möglichkeit der Sprungrevision ein,[81] soweit die Berufung an sich statthaft war. Durch diese beiden Modifikationen wurde einerseits verhindert, dass die Berufungsgerichte über Bagatellsachen entscheiden mussten. Andererseits war derjenige Rechtsmittelführer, der die Fehlerhaftigkeit des Urteils primär in rechtlicher Hinsicht begründet sah, nicht mehr gezwungen, zunächst Berufung einzulegen.

Zumindest die Beschränkung hinsichtlich der Privatklage wurde jedoch mit Wirkung vom 14. Januar 1926 recht schnell wieder beseitigt.[82] Doch auch die verbleibende Einschränkung des Berufungsrechts wurde noch stark kritisiert.[83] So führte etwa *Doerr* aus, Übertretungen seien nicht per se so unwichtig oder nebensächlich, wie sie dargestellt würden.[84] Die dadurch bedingte Entziehung

---

76 *Böttcher*, in: FS Rieß, S. 31; *Fischer*, S. 3.

77 *Fischer*, S. 3.

78 Jede mit Haft oder mit Geldstrafe bis zu 150 RM bedrohte Handlung, vgl. *Doerr*, S. 15.

79 Außer für den Fall, dass die Privatklage wegen einer durch die Presse begangenen Beleidigung erhoben wurde.

80 Dieser Gedanke, die Anfechtung des Schuldspruchs in geringfügigen Angelegenheiten auszuschließen, war nicht grundsätzlich neu, sondern fand ein Vorbild schon u.a. in dem französischen Code d'instruction criminelle von 1808 oder in der Hannoverschen Strafprozessordnung von 1850 und weiteren vorangegangenen Strafprozessordnungen deutscher Länder, vgl. hierzu ausführlich *Doerr*, S. 37 f.

81 LR/*Rieß* Einl. E Rn. 37, 38.

82 Gesetz vom 22. Dezember 1925 in RGBl. I S. 475; vgl. *Kern*, S. 165.

83 Vgl. *Kern*, S. 163 f.

84 Ähnlich auch *Oetker*, GS Bd. 90 (1924), 341 (359); vgl. auch *Wunderer*, LZ 1924, S. 777 (786 f.).

des Führerscheins gefährde beispielsweise häufig die wirtschaftliche Existenz des Verurteilten.[85] Desgleichen unterliefen dem erstinstanzlich zuständigen Einzelrichter häufiger Fehler als einem Kollegialgericht, die Einfachheit der Sachverhalte erlaube regelmäßig auch in der zweiten Instanz eine schnelle Urteilfindung, und die Verurteilten würden sich schon aus Kostengründen hüten, leichtfertig Berufung einzulegen.[86] Letztlich forderte *Doerr* deshalb nicht nur die Abschaffung des Berufungsausschlusses für Bagatellsachen, sondern – jedenfalls unter Beibehaltung der seines Erachtens mangelhaften Besetzung der Spruchkörper – sogar die erstmalige Einführung der Berufung gegen Schwurgerichtssachen.[87] Auch der *Deutsche Anwaltverein* verlangte einstimmig eine unbeschränkte Zulassung der Berufung.[88] *Wunderer* hielt die Verschlechterung des Rechtsschutzes bei Übertretungen und den genannten Privatklagesachen gar für den „Hauptfehler" der Verordnung.[89] *Mogt* billigte demgegenüber zwar die Beschränkung auf zwei Instanzen bei Sachen minderer Bedeutung, meinte indes, dass dem Rechtsmittelführer (nach dem Vorbild des Gesetzesentwurfs von *Schiffer*) die Wahl zwischen Berufung und Revision gelassen werden müsse, da sich die Angriffe gegen Urteile häufig auf tatsächlichem Gebiet bewegten, so dass die alleine verbleibende Möglichkeit der Revision in vielen Fällen von vornherein aussichtslos sei, und plädierte deshalb – insoweit – für die Einführung eines Wahlrechtsmittels.[90] Auch *von Hippel* übte scharfe Kritik an der Verordnung im Allgemeinen und der Rechtsmittelbeschränkung im Speziellen: Der Einzelrichter könne künftig die gröbsten Verstöße begehen, er könne die verkehrteste Strafzumessung üben – es sei nichts dagegen zu machen, falls er nur schließlich freispreche oder auf Geldstrafe erkenne.[91] Dies seien unerträgliche Ergebnisse, die überdies geradezu als Anreiz zur oberflächlichen Behandlung jener Verfahren dienen könnten.[92] Der Sprungrevision prophezeite er daneben weitgehende Bedeutungslosigkeit.[93]

---

85 *Doerr*, S. 40.

86 *Doerr*, S. 40 ff.

87 *Doerr*, S. 52.

88 *Deutscher Anwaltverein*, JW 1924, 1641.

89 *Wunderer*, LZ 1924, S. 777 (786).

90 *Mogt*, DRiZ 1928, 392 f.; ähnlich auch *Wunderer*, LZ 1924, S. 777 [787]: „In Übertretungssachen könnte wohl auf diese oder jene Weise Vorsorge getroffen werden insbes. durch Gestattung der Rechtsmittelwahl."

91 *V. Hippel*, MKrimPsych Bd. 15 (1924), S. 129 [136].

92 *V. Hippel*, MKrimPsych Bd. 15 (1924), S. 129 [136]; ähnlich auch *Nagler*, GS Bd. 90 (1924), S. 398 [431 f.]: „[D]ie V.O., die mit der einen Hand gibt, nimmt nach Art der Geizhälse mit der anderen gleich wieder."

93 *V. Hippel*, MKrimPsych Bd. 15 (1924), S. 129 [137]; vgl. auch *Nagler*, GS Bd. 90 (1924), S. 398 [434]: „Die Fälle, wo die Sprungrevision gewählt werden wird, dürften selten

Nagler argwöhnte sogar, die – ohnehin weitgehend nutzlosen – Sparmaßnahmen seien nur ein Vorwand gewesen, um unter diesem Deckmantel die angestrebte Reform des Strafprozesses voranzutreiben und den Reichstag vor vollendete Tatsachen zu stellen,[94] was *Ebermayer* allerdings bestritt.[95]

Zu spürbaren Ersparnissen hat die Emminger Verordnung tatsächlich nicht geführt, was wohl vor allem daran lag, dass die Einsparungen durch die Einführung des Einzelrichters bzw. die Verringerung der Geschworenenzahl im Wesentlichen wieder durch die gleichzeitige Schaffung einer zweiten Instanz neutralisiert wurden.[96]

V. Die Notverordnungen von 1931 und 1932

Nachdem sich die wirtschaftliche Lage in den „Goldenen zwanziger Jahren" zunächst wieder erholen konnte, begann mit der Weltwirtschaftskrise 1929 auch schon der Untergang der Weimarer Republik.[97] Erneut wurden rigide Sparmaßnahmen notwendig, die auch vor der Strafrechtspflege keinen Halt machten.[98]

Artikel 48 Abs. 2 der Weimarer Reichsverfassung erlaubte es dem Reichspräsidenten, *die zur Wiederherstellung der öffentlichen Sicherheit und Ordnung nötigen Mahnahmen [zu] treffen, wenn im Deutschen Reiche die öffentliche Sicherheit und Ordnung erheblich gestört oder gefährdet wird.* Kraft dieser Ermächtigung erließ *von Hindenburg* zahlreiche (Not-)Verordnungen, und zwar insbesondere

---

sein"; anders dagegen *Wunderer*, LZ 1924, S. 777 [790]: „Es wird nicht selten davon Gebrauch gemacht. Sie hat sich in manchen Fällen als Mittel zur Abkürzung gut bewährt."

94 *Nagler*, GS Bd. 90 (1924), S. 398 [401]; ähnlich kritisch auch *Oetker*, GS Bd. 90 (1924), S. 341 [342]: „Der kurze Zeitraum zwischen den beiden Daten [Ermächtigungsgesetz und VO-Erlass] lehrt, daß die Urheber der Neuordnung mit ihrer Arbeit schon im reinen waren, als das Ermächtigungsgesetz erging. Es fehlte für ihr Vorgehen nur noch an dieser Legitimation."

95 *Ebermayer*, LZ 1924, S. 49 [51].

96 Vgl. *Töwe*, DRiZ 1932, 198 [199]; zweifelnd bereits *v. Hippel*, MKrimPsych Bd. 15 (1924), S. 129; und auch *Oetker*, GS Bd. 90 (1924), 341 [343], der von einem „Scheingewinn" spricht; *Wunderer*, LZ 1924, S. 777; *Tröndle*, GA 1967, 161 [167], meint rückblickend indessen, die Verordnung habe sich „im großen und ganzen bewährt".

97 *Nobis*, S. 7 ff.

98 *Koffka/Schäfer*, S. 14; *Dörffler*, JW 1931, 2892; so auch schon *Nagler*, GS Bd. 90 (1924), S. 398 [400 f., 430]: „Diese weist ja neben Vereinfachungen und Verbilligungen auch Verkostpieligungen (z.B. Ausdehnung der Berufung) auf, so daß insoweit der Sparrahmen gesprengt ist."

auch die *„Dritte Verordnung des Reichspräsidenten zur Sicherung von Wirtschaft und Finanzen und zur Bekämpfung politischer Ausschreitungen“* vom 6. Oktober 1931[99] sowie die *„Verordnung über Maßnahmen auf dem Gebiete der Rechtspflege und Verwaltung“* vom 14. Juni 1932.[100]

Die *„Dritte Verordnung des Reichspräsidenten zur Sicherung von Wirtschaft und Finanzen und zur Bekämpfung politischer Ausschreitungen“* vom 6. Oktober 1931 regelte im 6. Teil „Rechtspflege“ im 1. Kapitel ausdrücklich „Vereinfachung[en] und Ersparnisse“. Dessen § 1 erklärte im ersten Absatz die Zuständigkeit der großen Strafkammer am Landgericht für gegeben, sofern eine Voruntersuchung stattgefunden und die Staatsanwaltschaft dies beantragte habe. Durch die damit bezweckte Beschränkung des Rechtsmittelzuges auf zwei Instanzen sollte in erster Linie sogenannten „Monstreprozessen“ begegnet werden[101] (Hauptverhandlung voraussichtlich länger als sechs Tage[102]), deren Abschluss durch ein anschließendes Berufungsverfahren bis ins Unerträgliche verzögert würde.[103] Teilweise wurde jedoch bereits die Rechtsgültigkeit dieser Vorschrift aufgrund verfassungsrechtlicher Bedenken angezweifelt,[104] und auch das grundlegende Problem der Riesenprozesse vermochte die Verordnung letztlich nicht zu lösen.[105]

Fernerhin sollten Übertretungen nur noch verfolgt werden, wenn das öffentliche Interesse dies erforderte (§ 2 Abs. 1), der Angeklagte konnte in Sachen minderer Bedeutung von seinem Erscheinen vor dem Amtsrichter oder Schöffengericht entbunden (§ 5), und Privatklagesachen konnten bei geringer Schuld und unbedeutenden Tatfolgen durch das Gericht eingestellt werden (§ 7 Abs. 1).

§ 8 Abs. 1 der Verordnung schuf darüber hinaus erstmals ein – freilich auf Privatklagesachen beschränktes – Wahlrechtsmittel und bestimmte:

> *„Hatte in Privatklagesachen der Angeklagte oder sein Verteidiger die Berufung eingelegt, so steht dem Angeklagten das Rechtsmittel der Revision gegen das Urteil des Landgerichts nicht zu. Dasselbe gilt für den Privatkläger, wenn er oder sein Vertreter die Berufung eingelegt hatte.“*

99 RGBl. I 1931, 537.
100 RGBl. I 1932, 285.
101 *Dörffler*, JW 1931, 2892 [2893 f.].
102 *Drews*, S. 117; ausführlich dazu *Widenmann*, S. 28 ff.; *Kern*, S. 7.
103 *Simon*, S. 36.
104 Vgl. *Böhm*, JW 1932, 3040.
105 *Widenmann*, S. 32 ff.; kritisch dazu bereits *Gerland*, DJZ 1932, 1182 [1184].

Daran anknüpfend, schlug der *Preußische Richterverein* vor, die zweite Tatsacheninstanz gänzlich abzuschaffen, und zwar zumindest in der Weise, dass in jeder Sache der Angeklagte oder die Staatsanwaltschaft Verhandlung sogleich vor der Strafkammer fordern können sollte.[106] Dadurch hätte es also insbesondere die Staatsanwaltschaft in der Hand gehabt, dem Angeklagten die Möglichkeit der Berufung mit einem bloßen Antrag zu nehmen. Die *Vereinigung der Preußischen Staatsanwälte* forderte ebenfalls nur mehr eine Tatsacheninstanz und darüber hinaus die Einführung des Wahlrechtsmittels gegen jedes Urteil.[107]

Dagegen wandte sich entschieden der *Deutsche Anwaltverein* in seiner Stellungnahme. Er erklärt, jeder Verkümmerung des Instanzenzuges müsse widersprochen werden, eine Statistik würde dartun, in wie vielen Fällen der Angeklagte erst in der höheren Instanz Freisprechung und vice versa die Staatsanwaltschaft eine Verurteilung erreichen habe können.[108] Der Vorschlag des Richtervereins, die erstinstanzliche Zuständigkeit der Strafkammer durch bloße Forderung eines Verfahrensbeteiligten zu begründen, erscheine nur annehmbar für den Fall, dass der Angeklagte und die Staatsanwaltschaft gemeinsam den Antrag stellten, die Sache sogleich vor der Strafkammer verhandeln zu lassen.[109] Von anderen Stimmen wurde darüber hinaus vorgebracht, dass die Einschränkung der Rechtsmittel praktisch den Fortfall der Revisionsinstanz zur Folge habe[110] und dass (dadurch auch) die Fortbildung des Rechts unterbunden werde.[111]

Kein Jahr später verschob die *„Verordnung über Maßnahmen auf dem Gebiete der Rechtspflege und der Verwaltung"* vom 14. Juni 1932 in Artikel 1 tatsächlich erneut die erstinstanzliche Zuständigkeit in Richtung des Landgerichts: Die erstinstanzliche Zuständigkeit der Strafkammern wurde – unter Einschränkungen für bestimmte Delikte – wieder umfassend eingeführt (§ 1 Nr. 1), was letztlich den Wegfall der Berufung in diesen Angelegenheiten zur Folge hatte.[112] Umgekehrt wurde das erweiterte Schöffengericht komplett abgeschafft (§ 1 Nr. 3). Für die Straftatbestände, für die im Erwachsenenstrafrecht weiterhin der Einzelrichter am Amtsgericht zuständig war, sollte dies gemäß Artikel 9 der Verordnung ab

---

106 Vgl. *Preußischer Richterverein*, JW 1932, 916 [917].
107 Vgl. *Vereinigung der Preußischen Staatsanwälte*, JW 1932, 917.
108 Vgl. *Deutscher Anwaltverein*, JW 1932, 918 [920].
109 Vgl. *Deutscher Anwaltverein*, JW 1932, 918 [920].
110 *Wilhelmi*, DJZ 1932, 330 [332]; *Simon* DJZ 1932, 288.
111 *Held*, JW 1931, 3053 [3055]; dagegen *Widenmann*, S. 38: Die Befürchtungen für die Fortbildung des Rechts hätten sich nicht erfüllt.
112 *Böttcher*, in: FS Rieß, S. 33.

sofort auch für den Jugendrichter gelten.[113] Darüber hinaus wurde die Beweisaufnahme wesentlich verschlankt und von den Formalitäten der StPO weitestgehend befreit, was die Möglichkeit einer weiteren Tatsachenüberprüfung stark einschränkte.[114] Artikel 3 § 1 überließ es nunmehr dem Amtsrichter, dem Schöffengericht und dem Landgericht in Berufungssachen, den Umfang der Beweisaufnahme selbst nach freiem Ermessen (!) zu bestimmen, ohne hierbei durch Anträge, Verzichte oder frühere Beschlüsse gebunden zu sein.[115]

Noch weitergehender als in der Verordnung von 1931 wurde in Artikel 2 § 1 Nr. 1 der Verordnung auch das Wahlrechtsmittel geregelt: Gegen die Urteile des Amtsrichters und des Schöffengerichts sollte – vorbehaltlich der Bestimmung des § 313 der Strafprozessordnung, die weiter galt[116] – *nach Wahl des Berechtigten* die Berufung an das Landgericht oder die Revision an das Oberlandesgericht stattfinden.[117] Wer bereits Berufung eingelegt hatte, durfte demnach das Berufungsurteil nicht mehr mit der Revision anfechten. Gemäß Artikel 2 § 1 Nr. 4 der Verordnung hatte der Beschwerdeführer binnen einer Woche nach Ablauf der Frist für die Anfechtung oder, wenn zu dieser Zeit das Urteil noch nicht zugestellt war, nach dessen Zustellung zu erklären, ob seine Anfechtung als Berufung oder als Revision behandelt werden sollte. Gab der Rechtsmittelführer innerhalb dieser Frist keine Erklärung ab oder entsprach die Erklärung nicht den §§ 334, 345 der Strafprozessordnung, so wurde die Anfechtung als Berufung behandelt (Nr. 4, Abs. 3).[118]

Die Beschränkung des Wahlrechtsmittels auf Privatklagesachen fiel damit weg, und die in § 335 der Strafprozessordnung geschaffene Option der Sprungrevision wurde durch die sogenannte Wahlrevision ersetzt.[119] Erstinstanzlich war demnach in den meisten Fällen das Landgericht zuständig, was dem Angeklagten die Berufung von vornherein verwehrte, und in den übrigen Sachen,

---

113 *Baumbach*, DJZ 1932, 829 [831].

114 *Drews*, S. 118.

115 Vgl. zustimmend *Klee*, GA 1933, 81 [97], der fordert, dass auch die erstinstanzlichen Strafkammern, das Schwurgericht, die Oberlandesgerichte und das Reichsgericht durch die Gesetzgebung in die Lage versetzt werden müssten, den Umfang der Beweisaufnahme souverän zu bestimmen; ablehnend *Gerland*, DJZ 1932, 1182 [1183]: „Rückkehr zum Polizeistaat"; und *Kohlrausch*, JW 1932, 2672.

116 *Koffka/Schäfer*, S. 35.

117 *Drews*, S. 118; *Gerland*, DJZ 1932, 1182 [1184] bezeichnet dies als das Auftauchen der „sonderbare[n] Einrichtung alternativ zugelassener Rechtsmittel".

118 *Kahn*, GA 1933, 187.

119 *Schaumann*, S. 21.

die nach wie vor beim Amtsgericht verblieben, wurden die Anfechtungsmöglichkeiten durch das Wahlrechtsmittel, das praktisch freilich nur die Revision einschränkte,[120] beschnitten. Die Regelung des Wahlrechtsmittels galt ab diesem Zeitpunkt auch im Jugendstrafverfahrensrecht.[121]

Schlegelberger erkannte die Notwendigkeit dieser Regelungen unter der Prämisse der „Diktatur der Armut“[122] an und befand, angesichts der angespannten finanziellen Lage hätte man die Notverordnung eher *„Verordnung zum Erhalt der Rechtspflege“* nennen sollen.[123] Zustimmend äußerte sich ebenfalls *Koffka*, der bemerkte, dass man seit der Emminger Verordnung an einem Übermaß an Rechtsmitteln leide.[124] Auch die vereinfachte Beweisaufnahme begrüßte er ausdrücklich, da sich die starren Regelungen des Strafprozesses häufig als Hindernis einer raschen Justiz erwiesen hätten.[125] Die Einführung der Einzelrichterzuständigkeit in Jugendsachen beseitige überdies einen innerlich nicht begründeten Zwiespalt zwischen Jugend- und Erwachsenenstrafverfahrensrecht.[126] *Widenmann* meinte, der Wegfall der Berufung habe sich (auch) finanziell gelohnt, was man an der Statistik über den Rückgang der Rechtsmitteleinlegungen ablesen könne.[127] Obwohl das Ausmaß der Ersparnisse durch das Wahlrechtsmittel erheblich dahinter zurückbleibe, weil meist die (teurere) Berufung gewählt werde, habe sich die Regelung „bewährt“.[128] *Klann* formulierte etwas vorsichtiger und erblickte, trotz Zustimmung zur Beschränkung des Rechtsmittelzuges, einen Widersinn darin, dass kleinere und mittlere Strafsachen theoretisch noch immer durch drei Rechtsmittelinstanzen gehen könnten,[129] während große und größte Sachen nur einmal tatsächlich verhandelt würden, weshalb er den Ausschluss der Berufung für die kleinen und mittleren und umgekehrt die Einführung der Berufung für die großen Sachen forderte.[130]

---

120 Vgl. *Tröndle*, GA 1967, 161 [167].
121 *Koffka/Schäfer*, S. 35; *Graf zu Dohna*, JW 1932, 2669 [2672, Fn. 3].
122 So auch *Kohlrausch*, JW 1932, 2672; *Koffka/Schäfer*, S. 15. und *Sachs*, S. 4.
123 *Schlegelberger*, JW 1929, 1929.
124 *Koffka*, JW 1932, 1930.
125 *Koffka*, JW 1932, 1930 [1932]; *Widenmann*, S. 71, spricht in diesem Zusammenhang von einem „Instanzenwahn“.
126 *Koffka*, JW 1932, 1930 [1933].
127 *Widenmann*, S. 76 [Fn. 1].
128 *Widenmann*, S. 87 f.
129 Wenn mehrere Beteiligte in den verschiedenen Instanzen Rechtsmittel einlegen, also etwa zunächst der Angeklagte Berufung und sodann die Staatsanwaltschaft Revision gegen das Berufungsurteil, vgl. auch *Töwe*, DRiZ 1932, 198 [200].
130 *Klann*, DJZ 1932, 1117 [1119 f.].

Kritik erfuhr die freie Beweisaufnahme dagegen von *Graf zu Dohna*,[131] der sie vorsichtig für „nicht unbedenklich" befand.[132] Deutlich negativer äußerte er sich freilich zum Wahlrechtsmittel: Es sei schlechthin unerfindlich, wie ein Verurteilter ohne Beistand eines Rechtsberaters zu den Alternativen (Berufung oder Revision) Stellung nehmen solle, und auch für seinen Anwalt bedeute der von ihm erforderte Rat eine arge Gewissensbelastung.[133] *Kohlrausch* erklärte resümierend, dass die Notverordnung die meisten Neuerungen der Emminger Verordnung wieder rückgängig mache,[134] und jetzt heiße es plötzlich „Hypertrophie der Rechtsmittel"[135].[136] Die Ermessenfreiheit des Gerichts gegenüber Beweismittelanträgen nannte er nur ein „trauriges Kapitel mit gleichem Leitmotiv".[137] *Gerland* sah darin sogar eine Rückkehr des Gesetzgebers zu den Gedanken des alten Polizeistaates.[138] Ausführlicher äußerte sich *Hellwig*, der bereits bezweifelte, dass die Notverordnung tatsächlich zu Ersparnissen führen werde.[139] Seiner Meinung nach würden Richter, die wüssten, dass ihr Urteil nicht mehr durch eine zweite Tatsacheninstanz überprüft würde, besonders gründlich vorgehen und von sich aus alle möglichen Beweismittel erheben. Gleiches gelte für den Angeklagten bzw. seinen Verteidiger, so dass die erstinstanzliche Verhandlung vor der Strafkammer erheblich länger dauern werde.[140] Im Übrigen würden die Oberlandesgerichte durch das Wahlrechtsmittel als Revisionsinstanz nahezu ausgeschaltet, obgleich auch dem Berufungsgericht Rechtsirrtümer unterlaufen könnten.[141] Dadurch gehe letztlich die Einheitlichkeit der Rechtsprechung verloren.[142] Gerade in der Strafrechtspflege sei zudem eine gründliche Behandlung noch nötiger als eine schnelle.[143] Besonders skeptisch wurde außerdem

---

131 Ausführlich zur gesamten Kritik an der Not-VO *Nobis*, S. 64 ff.

132 *Graf zu Dohna*, JW 1932, 2669 [2671]; *Baumbach*, DJZ 1932, 829 [830], liest die Verordnung ebenfalls nur mit „geringem Vergnügen" und beklagt deren Verschlechterungen.

133 *Graf zu Dohna*, JW 1932, 2669 [2671]; so auch *Schlosky*, DRiZ 1933, 42: „Wer die Wahl hat, hat die Qual!"

134 So auch *Koffka*, DJZ 1932, 1255 [1256].

135 So etwa *Koffka/Schäfer*, S. 17.

136 *Kohlrausch*, JW 1932, 2672.

137 *Kohlrausch*, JW 1932, 2672; ähnlich auch *Graf von Pestalozza*, JW 1932, 2675 [2676].

138 *Gerland*, DJZ 1932, 1182 [1183].

139 Ähnlich auch *Sachs*, S. 4 f.

140 *Hellwig*, JW 1932, 2672 [2674].

141 *Hellwig*, JW 1932, 2672 [2674].

142 *Hellwig*, JW 1932, 2672 [2674].

143 *Hellwig*, JW 1932, 2672 [2675].

die neugewonnene Macht der Staatsanwaltschaft gesehen, durch die Anklage zum Landgericht die Möglichkeit einer zweiten Tatsacheninstanz nach ihrem Ermessen auszuschließen.[144] *Sachs* mutmaßte darüber hinaus, dass Gerichte durch das Wahlrechtsmittel mit Wiederaufnahmeverfahren überflutet werden könnten und dass die Qualität der Instanzgerichte womöglich durch den Fortfall der Revisionsgerichte absinke.[145] Schließlich liege der Hauptwert der Revision in ihrer Existenz – ihr Vorhandensein wirke als Ansporn, in prozessualer und in materieller Beziehung den Anforderungen des Revisionsgerichts gerecht zu werden.[146]

VI. Das Strafverfahren im Nationalsozialismus von 1933-1945

Die Nationalsozialisten waren in Politik und Gesetzgebung bestrebt, einen „totalen Staat" zu errichten. Das schloss es ein, das gesamte Recht von Grund auf zu erneuern und zu vereinheitlichen,[147] was also auch das Strafverfahrensrecht betraf.[148] Weil die StPO und das GVG noch aus der Zeit des Liberalismus stammten und beinahe 60 Jahre alt waren, wurde ihre Abänderung gar als schlechthin unerlässlich angesehen.[149] Schließlich sollte auch die Strafverfahrensordnung das nationalsozialistische Gedankengut verkörpern.[150]

Bereits im Jahre 1933 wurde postuliert, Voruntersuchung und Eröffnungsbeschluss seien abzuschaffen, „verzögerliche Beweisanträge" zu unterbinden, Rechtsmittel einzuschränken, und es sei Sorge dafür zu tragen, dass die Vollstreckung der Rechtskraft *„auf dem Fuße"* folge.[151] Man wollte also vor allem eine schnelle, gerechte, autoritäre und volksverbundene Justiz gewährleisten.[152] Der *NS-Rechtwahrer-Bund* forderte gar die Abschaffung aller Rechtsmittel,[153] da das Strafverfahren ein einmaliger und unwiederholbarer Vorgang sei.[154]

---

144 *Töwe*, DRiZ 1932, 198 [199].
145 *Sachs*, S. 3 f.
146 *Sachs*, S. 15.
147 *Kern*, S. 197 u. 203; vgl. auch *Schaffstein*, DS 1935, 465: „Zeit grundsätzlicher Erneuerung des völkischen Lebens auf allen Gebieten".
148 *Fezer*, in: BMJ, S. 41.
149 *Kern*, S. 250; *Schubert/Regge/Rieß/Schmid*, III, Bd. 1, S. X.
150 *Fezer*, in: BMJ, S. 41; vgl. auch die Begründung zum Entwurf v. 1939, abgedruckt bei *Schubert/Regge/Rieß/Schmid*, III, Bd. 1, S. 372.
151 *Kern*, Neues GVG, S. 21.
152 Vgl. *Koch*, S. 97 ff.
153 Vgl. *Kern*, GS Bd. 110 (1938), S. 406 (408).
154 *NS-Rechtswahrerbund*, S. 64.

Trotz der umfassenden und radikalen Reformbestrebungen der Nationalsozialisten blieb die Strafprozessordnung als solche lange Zeit nahezu unverändert.[155] Die eigentlichen Neuerungen fanden vielmehr durch zahlreiche Verordnungen und Einzelgesetze statt. So wurden durch entsprechende Verordnungen etwa für bestimmte Verstöße die erst- und letztinstanzliche Zuständigkeit des Volksgerichtshofs[156] begründet, und es wurden Sondergerichte geschaffen, gegen deren Entscheidungen von vornherein kein Rechtsmittel mehr zulässig war.[157] Zudem wurde auch das Verbot der reformatio in peius aufgehoben.[158]

Angesichts des selbsterklärten Anspruchs des Nationalsozialismus und der fehlenden bleibenden Bedeutung der Reformen auf dem Gebiet des Rechtsmittelrechts[159] sollen im Folgenden allerdings nur die für die Fragestellung der Arbeit wichtigsten Neuerungen kurz skizziert werden.

Von besonderem Interesse ist dabei der 1936 vorgelegte erste Entwurf einer neuen Strafverfahrensordnung[160] , der das Wahlrechtsmittel noch grundsätzlich aufrechterhalten wollte, nachdem es für ein „volksnahes Recht nicht angängig" erschien, nur das „dem Volk ziemlich fremde Rechtsmittel der Rechtsrüge"[161] zuzulassen.[162]

Der *NS-Rechtswahrerbund* kritisierte die Beibehaltung der Berufung in Amtsgerichtssachen jedoch mit dem Argument, dass es nicht einsichtig sei, die

---

155 *Drews*, S. 139.

156 Geschaffen durch Art. III § 1 des „Gesetz[es] zur Änderung von Vorschriften des Strafrechts und des Strafverfahrens vom 24. April 1934", RGBl. I 1934, S. 341.

157 Vgl. ausführlich *Drews*, S. 125 ff.; interessanterweise besaßen sowohl der Volksgerichtshof als auch die Sondergerichte ihre Wurzeln in der Weimarer Republik, vgl. *Koch*, S. 8 ff.

158 Art. 1 Nr. 4 des Gesetzes zur Änderung von Vorschriften des Strafverfahrens und des Gerichtsverfassungsgesetzes vom 28. Juni 1935, RGBl. 1935 I S. 844; vgl. auch *Koch*, S. 234; *Schaffstein*, DS 1935, 465 [466]; *Drews*, S. 145.

159 *Stumpf*, S. 66.

160 Abgedruckt bei *Schubert/Regge/Rieß/Schmid*, III, Bd. 1, S. 3 ff.

161 Diese wurde im Vergleich zu Revision lockerer ausgestaltet.

162 *Schubert/Regge/Rieß/Schmid*, III, Bd. 1, S. 9; ähnlich auch *Dörffler*, DS 1935, 275 [277]: „Es ist, wenn man so sagen will, das ‚volkstümliche' Rechtsmittel, und muß um dieser Tatsache willen vorerst als hauptsächliches Rechtsmittel erhalten bleiben."; dagegen fordert *Schaffstein*, DS 1935, 465 [483], die Abschaffung der Berufung, da sie einen unnötigen Aufwand von Zeit, Mühe und Kosten bewirke, ohne dass eine Wahrscheinlichkeit für die größere Richtigkeit des neuen gegenüber dem angefochtenen Urteil bestehe

Berufung in Fällen von Kleinkriminalität zuzulassen, in Fällen hoher Straferwartung jedoch zu verwehren.[163] Folglich müsse man die zweite Tatsacheninstanz entweder ganz wegfallen lassen oder sie insgesamt zulassen, und da Fälle vor dem Schwurgericht oder dem Volksgerichtshof keine Wiederholung erfahren dürften, sei der ersten Alternative der Vorzug zu geben.[164] Zudem begründe das Wissen um eine weitere Instanz die Gefahr einer weniger gründlichen Prüfung des Prozessstoffes.[165] Die Revision wiederum sei ohnehin abzuschaffen, weil der „nicht juristisch gebildete Volksgenosse" niemals den Unterschied zwischen Berufungs- und Revisionsinstanz verstehen könne, weil sich die Dauer des Revisionsverfahrens nicht mit der angestrebten Beschleunigung vertrage und weil es „völlig untragbar" sei, wenn ein Urteil wegen kleiner formaler Mängel aufgehoben werden müsse.[166]

Der Entwurf wurde anschließend von einer Großen Strafprozesskommission beraten.[167] *Martin*, der dieser Kommission angehörte, bezeichnete später die Begründung des *NS-Rechtswahrerbundes*, wonach die Gewährung einer Berufungsinstanz bei kleineren Fällen unverständlich sei, dabei als verfehlt.[168] Bedeutende Sachen müssten eben gründlicher vorbereitet werden als geringfügige Vergehen, bei denen regelmäßig eine einfache und mehr summarische Vorbereitung ausreiche, sofern die Möglichkeit gegeben sei, ein höheres Gericht anzurufen.[169] Im Übrigen seien alle Lebensvorgänge einmalig, Zeugen würden aber trotzdem schon im Vorverfahren vernommen, und auch bis zur erstinstanzlichen Verhandlung vergehe eine geraume Zeitspanne zwischen Lebensvorgang und Zeugenvernehmung.[170] *Stolzenburg* sah ebenfalls nur in

---

163 *NS-Rechtswahrerbund*, S. 59 f.; fast wortgleich übrigens schon *v. Scanzoni*, JW 1924, 1642 [1645]: „Ist die Berufung überhaupt grundsätzlich zuzulassen, und zwar als echtes Rechtsmittel, nicht bloß als Ausgleich einer unzulänglichen ersten Instanz, so ist mit ihrer Zulassung doch bei den schweren Straffällen und den folgenschweren Urteilen anzufangen und nicht aufzuhören."

164 *NS-Rechtswahrerbund*, S. 60.

165 *NS-Rechtswahrerbund*, S. 61.

166 *NS-Rechtswahrerbund*, S. 61; die Aufgabe der Revision, auf eine richtige und einheitliche Auslegung des Gesetzes hinzuarbeiten, solle der Führer einem besonderen Beauftragten oder einem besonderen Ausschuss überlassen, vgl. *Kern*, GS Bd. 110 (1938), S. 406 [408].

167 *Gürtner*, in: Gürtner, S. 5.

168 *Martin*, in: Gürtner, S. 349.

169 *Martin*, in: Gürtner, S. 350.

170 *Martin*, in: Gürtner, S. 350.

den umfangreicheren und bedeutenderen Strafsachen die Wahrheit durch die Wiederholung der Hauptverhandlung so gefährdet, dass sich ein Ausschluss der Berufung noch rechtfertigen lasse.[171] Die geringe Anzahl der eingelegten Wahlrevisionen[172] gegen die Urteile der Amtsgerichte zeige, dass das Nachprüfungsbedürfnis insoweit überwiegend auf dem Gebiete des Tatsächlichen liege, und wegen der schnelleren Aufklärung und Verhandlung der kleineren Sachen wöge auch die mit der Wiederholung verbundene Gefahr geringer.[173] Insgesamt befürwortete die Große Strafprozesskommission freilich die Beibehaltung des Wahlrechtsmittels aus der Notverordnung von 1932, um der „Hypertrophie" der Rechtsmittel vorzubeugen.[174] Die Abschaffung der Wahlrevision wurde eingedenk ihrer geringen Bedeutung zwar in Erwägung gezogen, der Gedanke aus Billigkeitserwägungen aber wieder verworfen.[175]

Der nach der ersten Lesung der Großen Strafprozesskommission 1937 erschienene zweite Entwurf sollte es dem Anfechtungsberechtigten nach Einlegung und Durchführung der Berufung überdies gestatten, zusätzlich Urteilsrüge gegen das Berufungsurteil einzulegen, wenn eine Rechtsfrage von grundsätzlicher Bedeutung zu entscheiden war und wenn das Urteilsrügegericht das zweite Rechtsmittel für zulässig erklärt hatte.[176] Diese Möglichkeit wurde allerdings in dem nach der zweiten Lesung 1939 erschienen Entwurf wieder abgeschafft,[177] ebenso wie die als zu kompliziert empfundene Wahlrevision. Dagegen wurde die Sprungrevision beibehalten.[178] D.h., der Verurteilte sollte ein Urteil also weiterhin sofort

---

171 *Stolzenburg*, in: Gürtner, S. 361; ähnlich auch *Dörffler*, DS 1935, 275 [277]: „Allerdings: bei großen erstinstanzlichen Tatsachenverhandlungen, bei Verhandlungen in Monstre- und Schwurgerichtssachen, die naturgemäß bei einem höheren Gericht beginnen müssen und auf breiterer Beweisgrundlage aufgebaut sind, verbietet sich eine Wiederholung der Tatsachenverhandlung und damit die Berufung von selbst."

172 In 99,5 % der Fälle wurde die Berufung gewählt, vgl. die Wortmeldung von *Schäfer*, abgedruckt bei *Schubert/Regge/Rieß/Schmid*, III, Bd. 2.1, S. 87.

173 *Stolzenburg*, in: Gürtner, S. 362.

174 *Stolzenburg*, in: Gürtner, S. 363; vgl. auch die befürwortenden Stimmen, jeweils abgedruckt bei *Schubert/Regge/Rieß/Schmid*, III, Bd. 2.1., *von Dahm*, S. 463; *Niethammer*, S. 89 f.; *Schäfer*, S. 89; *Thierack*, S. 462 u. 466 und *Töwe*, S. 467.

175 *Stolzenburg*, in: Gürtner, S. 364.

176 Abgedruckt bei *Schubert/Regge/Rieß/Schmid*, III, Bd. 1, S. 103 [144].

177 *Bode*, S. 58.

178 Vgl. die Stellungnahme von *Gürtner*, abgedruckt bei *Schubert/Regge/Rieß/Schmid*, III, Bd. 2.3, S. 298.

mit der Urteilsrüge angreifen, sich jedoch nicht mehr binnen Wochenfrist (um-) entscheiden können, wie er sein Rechtsmittel behandelt wissen wollte.[179]

Die hierzu befragten Oberlandesgerichtspräsidenten und Generalstaatsanwälte waren sich einig, dass es künftig gegen Urteile des Amtsrichters und des Schöffengerichts allgemein nur mehr *ein* Rechtsmittel geben sollte, wobei die Meinungen von der bloße Zulassung der Berufung über die Beibehaltung des Wahlrechtsmittel bis hin zur Einführung der Rechtsrüge reichten.[180] Die Befragten wiesen unter anderem darauf hin, dass alleine die geringe praktische Bedeutung der Wahlrevision nicht gegen ihre Zweckmäßigkeit spreche.[181] Andere Stimmen meinten, die Berufung sei das eigentliche Rechtsmittel des Volkes,[182] oder aber sprachen sich in dem Bestreben nach Kostenersparnis und Schnelligkeit für die Rechtsrüge aus, die schlechthin nicht abgeschafft werden könne und der gegenüber die Berufung keine Vorteile biete.[183]

Der auf der Grundlage der Ergebnisse der Großen Strafprozesskommission alsdann vom Reichsjustizministerium formuliert Entwurf aus dem Jahre 1939[184] wurde noch in letzter Minute an entscheidenden Stellen geändert[185] und enthielt in seiner letzten Fassung vom 1. Mai 1939[186] endlich kein Wahlrechtsmittel mehr, sondern ließ in § 315 gegen die Urteile des Amtsrichters nur noch die Berufung und gegen Urteile der Schöffenkammer lediglich die Urteilsrüge zu.[187] Gegen die Urteile der Strafkammer, des Volksgerichtshofs und des Oberlandesgerichts waren überhaupt keine Rechtsmittel mehr vorgesehen.[188] In der Begründung zu dem Entwurf wird ausgeführt, die Berufung sei als umfassendes Rechtsmittel am geeignetsten für die kleinen und mittelschweren Straftaten des täglichen Lebens, was auch durch die Erfahrungen mit dem Wahlrechtsmittel in der Notverordnung von 1932 bestätigt werde.[189] Der Zweck der vormals bestehenden Wahlrevision – über eine Rechtsfrage eine obergerichtliche

179 *Bode*, S. 58; dagegen noch ausdrücklich für die Beibehaltung der Wahlrevision *Dörffler*, GA 1935, 275 [278].

180 Ergebnisse der Rundfrage bei *Gürtner*, S. 559 [574].

181 Ergebnisse der Rundfrage bei *Gürtner*, S. 559 [575].

182 Ergebnisse der Rundfrage bei *Gürtner*, S. 559 [577].

183 Ergebnisse der Rundfrage bei *Gürtner*, S. 559 [578 f.].

184 Abgedruckt bei *Schubert/Regge/Rieß/Schmid*, III, Bd. 1, S. 221 ff.

185 *Schubert/Regge/Rieß/Schmid*, III, Bd. 1, S. XV.

186 Abgedruckt bei *Schubert/Regge/Rieß/Schmid*, III, Bd. 1, S. 297 ff.

187 Vgl. *Freisler*, DJ 1939, 1537 [1541 f.].

188 *Schubert/Regge/Rieß/Schmid*, III, Bd. 1, S. XVI.

189 *Schubert/Regge/Rieß/Schmid*, III, Bd. 1, S. 518.

Entscheidung herbeizuführen – könne jetzt auch dadurch erreicht werden, dass der Staatsanwalt befugt sei, Anklage statt vor dem Amtsrichter vor der Schöffenkammer zu erheben, gegen deren Entscheidung dann die Urteilsrüge zum Reichsgericht offenstehe.[190] *Fezer* zufolge wurde dieser Entwurf zwar vordergründig mit der Vereinfachung der Strafrechtspflege (im Sinne der NS-Politik) begründet, diente aber wohl (auch) schon dem wegen des drohenden Krieges notwendig werdenden Personalabbau.[191] Insgesamt versprach man sich durch die Reduzierung der Rechtsmittel natürlich auch eine wesentliche Beschleunigung des Strafverfahrens.[192]

Mit Kriegsbeginn wurde freilich jede weitere systematische Reformarbeit eingestellt, und auch das wissenschaftliche Interesse erlahmte schlagartig.[193] Auch das Inkrafttreten des Entwurfs verhinderte der Kriegsausbruch, so dass Gedanken daraus nur noch in Einzelreformen aufgegriffen wurden.[194] So erließ man noch direkt am Tag des Beginns des 2. Weltkriegs, am 1. September 1939, die *„Verordnung über Maßnahmen auf dem Gebiete der Gerichtsverfassung und der Rechtspflege“*[195], die neben der allgemeinen Beschleunigung und Vereinfachung des Verfahrens auch die Einsparung möglichst vieler Arbeitskräfte für die „innere und äußere Front“ bezweckte.[196] Die Verordnung übertrug in § 13 die Zuständigkeit des Schöffengerichts auf den Amtsrichter und die des Schwurgerichts auf die Strafkammer und bestimmte in § 16, dass Urteile des Amtsrichters und des Schöffengerichts nur mit der Berufung angefochten werden konnten.[197] Das Wahlrechtsmittel war damit – ganz im Sinne des Entwurfs von 1939 – abgeschafft.[198] Insofern vermag auch die Kundgabe *Freislers*, die Maßnahmen der Verordnung lägen „sämtlich in der Entwicklungsrichtung unserer Strafverfahrenspolitik“,[199] nicht zu verwundern.

---

190 *Schubert/Regge/Rieß/Schmid*, III, Bd. 1, S. 518 f.

191 *Fezer*, in: BMJ, S. 41.

192 Vgl. *Koch*, S. 230; *Freisler*, DJ 1939, 1537.

193 *Koch*, S. 5 u. 234 f.

194 *Stumpf*, S. 67.

195 RGBl. I 1939, 1658.

196 Vgl. *Mumme*, MKrimBiol Bd. 31 (1940), 9 [14]; *Freisler*, DJ 1939, 1537 [1539 f.].

197 *Mumme*, MKrimBiol Bd. 31 (1940), 9 [15].

198 *Drews*, S. 145.

199 *Freisler*, DJ 1939, 1537 [1539].

VII. Das Reichsjugendgerichtsgesetz von 1943

Ab dem Jahre 1938 trieb die bereits am 3. Dezember 1934 gegründete Arbeitsgemeinschaft für Jugendstrafrecht die Reformierung des Jugendstrafrechts im Nationalsozialismus voran.[200] Bereits kurz nach Kriegsbeginn, am 4. Oktober 1939, wurde die *„Verordnung zum Schutz gegen jugendliche Schwerverbrecher"*[201] erlassen, ein Jahr später, am 4. Oktober 1940, die *„Verordnung zur Ergänzung des Jugendstrafrechts"*[202], die das umstrittene Zuchtmittel des Jugendarrestes etablierte, und endlich am 10. September 1941 die *„Verordnung über unbestimmte Verurteilung Jugendlicher"*[203], die im Hinblick auf die Rechtsmittel freilich zu keiner Neuerung führten.

Auch das Reichsjugendgerichtsgesetz vom 6. November 1943[204] befleißigte sich keiner gravierenderer Änderungen des Rechtsmittelrechts: Durch die Novelle wurde zwar die Rechtsstellung des Jugendlichen abermals verschlechtert, und das mit dem Jugendgerichtsgesetz von 1923 eingeführte Schöffensystem wurde wieder abgeschafft.[205] Die vormals in § 35 des Jugendgerichtsgesetzes von 1923 und nunmehr in § 40 geregelte Rechtsmittelbeschränkung bei Verhängung von Erziehungsmaßregeln – erweitert um Zuchtmittel – behielt das Gesetz aber im Wesentlichen bei. Eine Erweiterung erfuhr die Regelung freilich einerseits mit der nun umfassenden Beschränkung, die nicht mehr nur für die *Auswahl* der Erziehungsmaßregel galt, und andererseits durch die allein dem Staatsanwalt anheimgestellte Möglichkeit, ein freisprechendes Urteil mit dem Ziel der Bestrafung des Jugendlichen anzufechten.[206] Damit fiel nicht nur der einschneidende Jugendarrest unter die Rechtsmittelbeschränkung, sondern dem Jugendlichen war es auch verwehrt, bei Verhängung einer Erziehungsmaßregel oder eines Zuchtmittels das Urteil mit dem Ziel eines Freispruchs anzugreifen, während die Staatsanwaltschaft durchaus auch ein freisprechendes Urteil zulasten des Jugendlichen uneingeschränkt anfechten konnte. Die Richtlinien zu § 40 RJGG gaben in Nr. 1 dem Staatsanwalt indes auf, im Anschluss an die Verkündung des Urteils auf Rechtsmittel zu verzichten, wenn es für den Jugendlichen

200 *Stolp*, S. 50.
201 RGBl. I 1939, S. 2000.
202 RGBl. I 1940, S. 1336.
203 RGBl. I 1941, S. 567.
204 RGBl, I 1943, S. 639.
205 Vgl. *Stolp*, S. 68 ff.
206 *Schaumann*, S. 27.

unanfechtbar war, um dessen Vollstreckbarkeit herbeizuführen, soweit dies vertretbar sei.[207]

VIII. Das Strafverfahren nach 1945

Nach dem Zusammenbruch des Dritten Reichs übernahmen zunächst die Alliierten die rechtssetzende Gewalt und machten die Gesetzesänderungen der Nationalsozialisten zumindest teilweise wieder rückgängig.[208] Die einzelnen Regelungen sind für die Arbeit allerdings von keiner Relevanz, so dass auf ihre Darstellung an dieser Stelle verzichtet werden kann.[209]

Nach einer mehrjährigen Übergangszeit wurde – aufgrund der besonderen Dringlichkeit[210] – mit dem *„Gesetz zur Wiederherstellung der Rechtseinheit"* vom 12. September 1950[211] im Wesentlichen wieder der Rechtszustand von 1933 hergestellt,[212] anstatt das Verfahrensrecht komplett neu zu kodifizieren.[213] Die durch die Notverordnungen von 1931 und 1932 vorgenommenen Änderungen wurden allerdings weitgehend aufgehoben.[214] Sonach war wieder die Berufung gegen Urteile des Amtsrichters und des Schöffengerichts zum Landgericht möglich (§ 312 StPO). Gegen die erstinstanzlichen Urteile der Strafkammern und des Schwurgerichts fand dagegen nur noch die Revision statt. Beibehalten wurde zunächst auch die Regelung in § 313 StPO, wonach die Berufung ausgeschlossen war gegen Urteile, die lediglich Übertretungen zum Gegenstand hatten, sofern der Angeklagte entweder freigesprochen oder ausschließlich zu einer Geldstrafe verurteilt wurde.[215] Nach eigenem Bekunden attestierte sich das Gesetz

207 Abgedruckt bei *Kümmerlein*, RJGG, § 40.

208 Vgl. *Drews*, S. 148, so wurden etwa Sondergerichte, der Volksgerichtshof und die Parteigerichte wieder aufgehoben, die Gerichte wurden gemäß dem GVG von 1877 in der Fassung von 1924 neu organisiert, und anschließend wurde die Kompetenz zur Regelung des Strafverfahrens auf die einzelnen Bundesländer übertragen.

209 Vgl. dazu ausführlich *Diestelkamp*, JuS 1980, 401; 481; 790.

210 Vgl. die Begründung des Gesetzesentwurfs, BT-Drs. 01/530, Begr. S. 3.

211 BGBl. I 1950, S. 455.

212 Vgl. *Gerner*, NJW 1950, 722 [723]; *Tröndle*, GA 1967, 161 [168].

213 *Fezer*, in: BMJ, S. 53.

214 Vgl. die Begründung des Gesetzesentwurfs, BT-Drs. 01/530, Begr. S. 33.

215 Revision war freilich noch möglich. Vgl. die Begründung des Gesetzesentwurfs, BT-Drs. 01/530, Begr. S. 50: „In den leichten Fällen, auf die sich § 313 bezieht, besteht kein sachliches Bedürfnis für eine zweite Tatsacheninstanz. Wohl aber können auch in diesen Fällen grundsätzliche Rechtsfragen auftauchen, deren Klärung durch ein höheres Gericht erwünscht ist. Die Emminger-Verordnung von 1924 hatte eine entsprechende

zwar noch „Übergangscharakter“,[216] erfreut sich aber – wie bereits einleitend bemerkt – gleichwohl bis heute bemerkenswerter Konstanz.[217]

Im Jugendstrafrecht übernahmen (nach gründlichen Reformarbeiten der Alliierten auch am Reichsjugendgerichtsgesetz von 1943 und zwei entsprechenden Entwürfen, die letztlich nicht zur Verabschiedung eines neuen Jugendgerichtsgesetzes führten) mit der Entstehung der Bundesrepublik Deutschland im Jahre 1949 die deutschen Stellen auch die Beratungen über dessen Neugestaltung.[218]

So entwickelte das Bundesministerium für Justiz im Frühjahr 1951 einen ersten und im Sommer 1951 einen zweiten und dritten Referentenentwurf eines *„Gesetzes zur Änderung des Reichsjugendgerichtsgesetzes“*, der nach weiteren Monierungen und Änderungen über die Bundesregierung und den Bundesrat zur Beratung an den Deutschen Bundestag gelangte.[219] Der Deutsche Bundestag beschloss alsdann die Überweisung an den Ausschuss für Rechtswesen und Verfassungsrecht sowie an den Ausschuss für Fragen der Jugendfürsorge,[220] die in Form eines gemeinsam gebildeten Unterausschusses allerdings eigenständig eine (auch systematisch) vollkommen neue Gesetzesvorlage erarbeiteten.[221]

Im Hinblick auf die Rechtsmittel bemerkte der Ausschuss:

> *„Ganz abgesehen von dem das Strafrecht beherrschenden Grundsatz, daß zwischen Tat und Sühne ein zeitlicher Zusammenhang bestehen muß, spielt im Jugendstrafrecht aus Erziehungsgründen die Notwendigkeit möglichster Beschleunigung und Verkürzung der Jugendstrafverfahren eine entscheidende Rolle. Alle im JGG vorgesehenen Maßnahmen haben nämlich die erforderliche erzieherische Wirkung in der Regel nur, wenn sie noch in*

Regelung (statt Berufung unmittelbar Revision) auch für die Masse der Privatklagesachen (die Fälle des § 374 Abs. 1 Nr. 1 bis 6, außer bei Beleidigung durch die Presse) vorgesehen. Für die Privatklagesachen wurde diese Regelung jedoch durch Gesetz vom 22. Dezember 1925 – RGB1. I S. 574 – wieder beseitigt. Auch der Entwurf greift insoweit auf die Regelung vor 1925 nicht zurück.“

216 Vgl. die Begründung des Gesetzesentwurfs, BT-Drs. 01/530, Begr. S. 3; was aber bekanntlich auch für das Grundgesetz galt, das ursprünglich nur als Provisorium gedacht war.

217 So schon *Rieß*, JZ 2000, 813 [816].

218 Vgl. ausführlich *Stolp*, S. 95 ff.

219 Vgl. ausführlich *Stolp*, S. 127 ff.

220 Sitzung des Deutschen Bundestages vom 23.4.1952, Plenarprotokoll Nr. 01/205, S. 8859.

221 Begründet wurde dies mit dem Umfang der Änderungen, der zu einer weitreichenden Neugestaltung und damit auch zu einer neuen Systematik zwang, vgl. Schriftlicher Bericht des Ausschusses für Rechtswesen und Verfassungsrecht, BT-Drs. 01/4437, S. 1; vgl. auch *Lackner*, JZ 1953, 527.

unmittelbarem Zusammenhang mit der Tat angeordnet werden. Hat der Jugendliche erst die innere Beziehung zu seiner Verfehlung verloren, so empfindet er die verspätete Vollziehung von Maßnahmen oder Jugendstrafe nicht mehr als einleuchtende Reaktion auf seine Tat, sondern als ein mehr oder weniger unverständliches Übel, dem er sich notgedrungen beugen muß. Dadurch würde der mit h ie nach Vorlage des Jugendschöffengerichtder Maßnahme angestrebte Erziehungserfolg stark beeinträchtigt, wenn nicht gar vereitelt.“[222]

Weil die Mitglieder des Ausschusses die Regelung im Reichsjugendgerichtsgesetz von 1943 jedoch mit rechtsstaatlichen Grundsätzen nicht für vereinbar ansahen, bevorzugten sie eine Rückkehr zur Regelung im JGG von 1923 und übernahmen zudem den Vorschlag der Bundesregierung[223] in Bezug auf die Einführung des Wahlrechtsmittels im Jugendstrafrecht.[224] Im Hinblick auf die Gerichtsorganisation kehrte der Entwurf demgegenüber nicht mehr zur alleinigen Zuständigkeit des Amtsgerichts zurück, sondern blieb bei der Aufteilung der Zuständigkeiten zwischen Amts- und Landgerichten – allerdings mit einem starken Fokus auf die Amtsgerichte.[225]

Der so entwickelte Entwurf des Jugendgerichtsgesetzes wurde nach Beratung im Bundestag und Zustimmung des Bundesrats schließlich am 4. August 1953 verkündet[226] und trat am 1. Oktober 1953 in Kraft. Bis dahin war von den Gerichten weiterhin die Regelung in § 40 des RJGG von 1943 angewendet worden.[227]

Die amtliche Begründung stellte im Hinblick auf das Wahlrechtsmittel erneut auf das besonders dringende Bedürfnis im Jugendstrafverfahren ab, schnell zu einer rechtskräftigen Entscheidung zu gelangen, da die Strafe nur dann die notwendige erzieherische Wirkung habe, wenn sie der Tat so bald wie mögliche folge.[228] Dabei verwies die Begründung ausdrücklich auf die Vorbildfunktion

---

222 Schriftlicher Bericht des Ausschusses für Rechtswesen und Verfassungsrecht, BT-Drs. 01/4437, S. 9.

223 Vgl. den Entwurf eines Gesetzes zur Änderung des Reichsjugendgerichtsgesetzes v. 31.3.1952, BT-Drs. 01/3264, § 40 Abs. 2: „Wer eine zulässige Berufung eingelegt hat, kann gegen das Berufungsurteil nicht mehr Revision einlegen. Hat der Angeklagte, der Erziehungsberechtigte oder der gesetzliche Vertreter eine zulässige Berufung eingelegt, so steht gegen das Berufungsurteil keinem von ihnen das Rechtsmittel der Revision zu.“

224 Schriftlicher Bericht des Ausschusses für Rechtswesen und Verfassungsrecht, BT-Drs. 01/4437, S. 9.

225 *Lackner*, JZ 1953, 527 [530].

226 BGBl. I 1953, S. 751.

227 Vgl. etwa BGH NJW 1952, 436; LG Bamberg SJZ 1947, 36; OLG München MDR 1948, 429 und *Nothacker*, GA 1982, 451 [456, Fn. 30] m.w.N.

228 BT-Drs. 01/3264, S. 46.

der Notverordnung des Reichspräsidenten von 1932.[229] Auch wenn das Gesetz hinsichtlich der Einschränkung in § 55 Abs. 1 JGG erklärtermaßen (nur) zu der Regelung im JGG von 1923 zurückkehren wollte,[230] ging sie tatsächlich doch über diese hinaus:[231] Anders als § 55 Abs. 1 JGG 1953 enthielt § 35 Abs. 1 JGG 1923 nämlich erstens noch keinen Ausschluss der Anfechtung wegen des Umfangs der angeordneten Maßnahme, zweitens bezog sich die Vorschrift nur auf Urteile, und drittens umfasste sie auch noch nicht den – erst 1940 eingeführten – Jugendarrest mit seiner auch ahndenden Funktion.[232]

X. Die Rechtsmittelreform in der Bundesrepublik

Wenig überraschend kam auch in der neugegründeten Bundesrepublik die Diskussion um die Rechtsmittel schnell wieder ins Rollen.[233] Die Vorschläge reichten dabei von der Einführung eines Einheitsrechtsmittels[234] über die Erweiterung der Revision[235] bis hin zur beschränkten Berufung[236] . Rechtstatsächlich verlief die Entwicklung der Rechtsmittel seit 1945 bzw. 1950 bis auf die Einführung der Annahmeberufung 1993[237] allerdings relativ unspektakulär.[238] Auch im Jugendstrafrecht wurde nicht mehr in das Rechtsmittelsystem eingegriffen.[239] Deshalb sollen im Folgenden nur diejenigen Reformversuche und -vorschläge dargestellt werden, die sich explizit mit dem Wahlrechtsmittel befassen.

Im allgemeinen Strafprozessrecht sprach sich der *Strafrechtsausschuss der Bundesrechtsanwaltskammer* (STRAUDA) 1971 gegen die Einführung eines

229 BT-Drs. 01/3264, S. 46.

230 So auch *Lackner*, JZ 1953, 527 [531].

231 NK-JGG/*Schady* Grdl. z. §§ 55 und 56, Rn. 2; *Eisenberg*, in: FS Weber, S. 507.

232 Vgl. *Eisenberg*, § 55, Rn. 33; *Schaumann*, S. 19; NK-*Schady* Grdl. z. §§ 55 und 56, Rn. 2; *Nothacker*, GA 1982, 451 [455]; der Bundesrat hatte demgegenüber noch vorgeschlagen, den Dauerarrest von der Beschränkung auszunehmen, „da es sich hier um eine sehr einschneidende Maßnahme handelt, deren richtige Auswahl der Nachprüfung im Instanzenzug unterliegen sollte", BT-Drs. 01/3264, S. 57.

233 Vgl. ausführlich *Stumpf*, S. 103 ff.

234 Vgl. *Böttcher*, in: FS Rieß, S. 34 f.

235 Vgl. *Eckl*, BayVBl. 1975, 212 [213].

236 *Rieß*, 52. DJT, Bd. II, L 9; *Brackmann*, 52. DJT, Bd. II, L 59 f.; *Fezer*, S. 289 ff.

237 BGBl. I 1993, 50.

238 *Drews*, S. 153.

239 Das 1. JGGÄndG v. 30.8.1990, BGBl. I 1990, 1853, Begründung des Entwurfs in: BT-Drs. 11/5829; und das 2. JGGÄndG v. 13.12.2007, BGBl. I 2007, 2894, Begründung des Entwurfs in: BT-Drs. 16/6293, brachten insofern keine Änderungen mit sich.

Wahlrechtsmittels aus.[240] Dieses laufe letztlich auf die Abschaffung der Revision hinaus, die aber – obzwar „volksfremd“[241] und reformbedürftig – für die Wahrung der Rechtseinheit unverzichtbar sei.[242] Zuvor hatte sich 1967 schon der *Deutsche Richterbund* (DRB) mit dem praxisorientierten Argument gegen ein Wahlrechtsmittel gestellt, dieses führe zu einer unvertretbaren Überlastung der Berufungsinstanz.[243] Das hinderte den *DRB* freilich nicht daran, seine Meinung später wieder zu ändern und im Wahlrechtsmittel nunmehr eine taugliche Zwischenlösung bis zur avisierten vollständigen Abschaffung der Berufung zu erkennen.[244]

1993 wurde aufgrund der besonderen finanziellen und personellen Belastung durch die Wiedervereinigung[245] das Gesetz zur Entlastung der Rechtspflege[246] verabschiedet, das in dem neuen § 313 StPO die Zulässigkeit der Berufung von der Annahme durch das Berufungsgericht abhängig macht, sofern der Angeklagte zu einer Geldstrafe von nicht mehr als 15 Tagessätzen verurteilt wurde.[247]

Kurz darauf sprach sich der 60. Deutsche Juristentag (DJT) erstmals mit knapper Mehrheit für eine Einführung des Wahlrechtsmittels nach dem Modell des Jugendgerichtsgesetzes aus.[248]

Erneut unter dem Gesichtspunkt der Entlastung der Justiz übermittelte der Freistaat Bayern 1994 einen Gesetzesentwurf an den Bundesrat,[249] der die Annahmeberufung auf bis zu 90 Tagessätze ausweiten und zugleich die (Sprung-)Revision für diese Fälle ausschließen sollte und im Übrigen für amtsgerichtliche Urteile über 90 Tagessätze die Einführung eines Wahlrechtsmittels vorsah.

1995 wurde sodann von den Ländern Bayern, Baden-Württemberg und Thüringen der *„Entwurf eines Zweiten Gesetzes zur Entlastung der Rechtspflege“* in den Bundesrat eingebracht, mit dem (neben der genannten Erweiterung

240 *STRAUDA*, Denkschrift, S. 11.
241 *STRAUDA*, Denkschrift, S. 4.
242 *STRAUDA*, Denkschrift, S. 12.
243 *DRB*, DRiZ 1967, 105 [106].
244 *DRB*, DRiZ 1987, 284.
245 Vgl. BT-Drs. 12/1217 u. BT-Drs. 12/3832.
246 BGBl. I 1993, 50.
247 Im Übrigen auch, wenn im Falle einer Verwarnung die vorbehaltene Strafe nicht mehr als 15 Tagessätze beträgt, eine bloße Geldbuße ausgesprochen oder der Angeklagte freigesprochen wurde, wenn die Staatsanwaltschaft eine Geldstrafe von nicht mehr als 30 Tagessätzen beantragt hatte.
248 Tagungsbericht abgedruckt in *60. DJT*, NJW 1994, 3075 [3081].
249 BR-Drs. 331/94 u. 333/94.

der Annahmeberufung) erneut die Einführung eines Wahlrechtsmittels angestrebt wurde.[250] Damit sollte der Widerspruch beseitigt werden, dass bei erstinstanzlichen Amtsgerichtssachen drei Instanzen zur Verfügung stünden, bei erstinstanzlichen Landgerichtssachen dagegen nur zwei.[251] Die Begründung des Bundesratsentwurfes stellte nun auch ausdrücklich darauf ab, dass sich das Wahlrechtsmittel im Jugendstrafrecht „bewährt" habe.[252] Es verkürze das Verfahren, gewährleiste aber gleichwohl den Rechtsschutz.[253] Eine größere Belastung des Amtsgerichts durch den Zwang zur Abfassung „revisionssicherer" Urteile sei nach den Erfahrungen im Jugendstrafrecht und dem früheren Wahlrechtsmittel im Erwachsenenstrafrecht nicht zu erwarten, da es in der Regel für den Rechtsmittelführer attraktiver sein werde, Berufung einzulegen.[254] Die Begründung überzeugte die Bundesregierung jedoch nicht: Sie bemerkte, der im Jugendstrafrecht mit dem Erziehungsgedanken begründete Beschneidung der Rechtsmittel könne nicht auf das Erwachsenenstrafrecht übertragen werden.[255] Für die Beibehaltung des zweistufigen Rechtsmittelzuges spreche ferner, dass dadurch die Masse der amtsgerichtlichen Verfahren flexibel und weniger förmlich geführt werden könne.[256] Auch der damit angeblich verbundene Entlastungseffekt wurde von der Bundesregierung bezweifelt: Zum einen spielten die Fälle, in denen nach Einlegung der Berufung auch noch von der Revision Gebrauch gemacht würde, statistisch keine Rolle, zum anderen sei zu erwarten, dass Angeklagter und Verteidiger ihre strafprozessualen Befugnisse mit größerem Nachdruck nutzen würden, was zu einer Verlängerung der amtsgerichtlichen Hauptverhandlung führe.[257] Nach erster Lesung im Bundestag und anschließender Beratung im Rechtsausschuss, die im Wesentlichen keine neuen Argumente hervorbrachte,[258] entschloss sich der Rechtsausschuss allerdings,

---

250 BR-Drs. 633/95.

251 BR-Drs. 633/95, S. 36; dies war freilich kein neues Argument, s.o. C) V.

252 BR-Drs. 633/95, S. 72.

253 BR-Drs. 633/95, S. 73.

254 BR-Drs. 633/95, S. 73.

255 BT-Drs. 13/4541, S. 35.

256 BT-Drs. 13/4541, S. 35.

257 BT-Drs. 13/4541, S. 35; auch dieses Argument ist nicht neu, vgl. o., Fn. 138 f.

258 Vgl. hier die ausführliche Darstellung bei *Bode*, S. 71 f.: Qualitätssicherung (auch) der Berufungsgerichte; nur geringer Einspareffekt; Revisionsinstanz zur Wahrung der Einheitlichkeit der Rechtsprechung unverzichtbar; Differenzierung zwischen zwei Rechtsmittelinstanzen beim Amtsgericht und einer beim Landgericht nicht verständlich usw.

die weitere Beratung zu dem Gesetzesentwurf zu vertagen, so dass es zu keiner weiteren Lesung im Bundestag mehr kam und die Gesetzesvorlage gemäß § 125 GOBT am Ende der Legislaturperiode als erledigt galt.[259]

Unter Bezugnahme auf diesen Gesetzesentwurf forderte 1997 zunächst ein Bericht der rheinland-pfälzischen Landesregierung erneut die Einführung eines Wahlrechtsmittels in das Erwachsenenstrafrecht.[260] Daraufhin versuchte auch Bayern abermals, den Entwurf in unveränderter Fassung in den Bundesrat einzubringen.[261] 1999 übernahm dann auch die Bundestagsfraktion der CDU/CSU das Wahlrechtsmittel und die Erweiterung der Annahmeberufung unverändert in ihren Entwurf eines Gesetzes zur Beschleunigung von Strafverfahren,[262] dem jedoch der Erfolg versagt blieb.

Der 64. Deutsche Juristentag in Berlin stimmte 2002 unter anderem über die Frage ab, ob das Wahlrechtsmittel in Jugendsachen aufzugeben und dafür das Rechtsmittelsystem des allgemeinen Strafverfahrensrechts vollständig in das Jugendstrafverfahren zu übernehmen sei.[263] Dieser Vorschlag wurde – allerdings denkbar knapp[264] – abgelehnt. *Albrecht* hatte zu dieser Frage in seinem für den Deutschen Juristentag erstellen Gutachten dagegen noch empfohlen:

> *„Eine Angleichung des Rechtsmittelsystems des Jugendstrafrechts an das Erwachsenenstrafrecht ist überlegenswert. Dies freilich nicht in der Erwartung erheblicher Veränderungen im Gebrauch von Rechtsmitteln, jedoch mit der Folge der Entlastung von Begründungen, die mit dem Wegfall des Erziehungsgrundsatzes keine Bedeutung mehr haben."*[265]

Die vielfach genannten Gründe für eine Beschränkung der Rechtsmittel könnten *Albrecht* zufolge nämlich keine große Rolle spielen.[266] Aller Voraussicht nach würden sich durch die Angleichung an das System der Rechtsmittel im Erwachsenenprozessrecht auch *keine praktischen Auswirkungen* ergeben, da der Schwerpunkt dann nach wie vor auf der Berufung läge. Gleichwohl sei eine Angleichung an das Erwachsenenstrafrecht zu überlegen, weil die Begründungen für die Regelungen schon zu Beginn ihrer Einführung nicht valide gewesen seien.[267]

---

259 *Bode*, S. 72 f.
260 Vgl. *DRB*, DRiZ 1997, 192 [193].
261 BR-Drs. 916/98.
262 BT-Drs. 14 /1714.
263 *64. DJT*, Bd. II/1, N 120.
264 Das Abstimmungsergebnis lautete 26:26:2.
265 *Albrecht*, 64. DJT, Bd. I, D 171 f.
266 *Albrecht*, 64. DJT, Bd. I, D 159 f.
267 *Albrecht*, 64. DJT, Bd. I, D 159 f.

Ungeachtet dessen folgte schon im Jahr 2003 der Entwurf eines Justizbeschleunigungsgesetzes des Bundesrates[268], der erneut die Einführung eines Wahlrechtsmittels in die Strafprozessordnung vorsah. Die Begründung (Beseitigung des Widerspruchs der Anzahl der möglichen Instanzen und „Bewährung" im Jugendstrafrecht) wurde eins zu eins von der Entwurfsfassung 1995 übernommen.[269] Mit dem Erziehungsgedanken im Jugendstrafrecht sei das Wahlrechtsmittel in § 55 Abs. 2 JGG des Weiteren nicht so eng verknüpft, als dass dies einer Übernahme in das allgemeine Strafverfahren entgegenstünde.[270] Diesen Vorschlag lehnte die Bundesregierung indes abermals ab. Sie wies darauf hin, dass das Wahlrechtsmittel in amtsgerichtlichen Sachen zur Abschaffung der Revision führe, weil die Berufung attraktiver sei, so dass die Qualitätskontrolle der Tatsacheninstanzen entfalle und die Einheit der Rechtsprechung sowie die Rechtsfortbildung gefährdet würden.[271] Fernerhin gab sie zu Bedenken, dass eine Untersuchung des Max-Planck-Instituts ergeben habe, dass Revisionen gegen Berufungsurteile eine so geringe Rolle spielten, dass merkliche Einsparungen durch deren Abschaffung nicht zu erwarten seien, andererseits habe die Revision eine wichtige Funktion nicht zuletzt in der „Disziplinierung" der Berufungskammern.[272] Die geringe Kostenersparnis belegten auch Zahlen des Statistischen Bundesamtes, wonach wenig Gebrauch von der (weiteren) Revision gemacht werde, die jedoch auf der einen Seite häufig erfolgreich und daher wichtig, auf der anderen Seite mit der meist im Beschlusswege gefassten Entscheidung nicht aufwändig sei.[273]

Bereits im Jahr darauf verabschiedeten die Justizminister der Länder Eckpunkte für eine „*Große Justizreform*". Wegen der „Allgemeinen Finanzsituation" und bestehender „Sparzwänge" sollten „nachhaltige Strukturverbesserungen in der Justiz" in Angriff genommen werden.[274] Dabei wurde unter anderem gefordert, dass es künftig grundsätzlich nur noch *ein* Rechtsmittel geben solle – Rechtsmittel seien zu vereinheitlichen und auf das verfassungsrechtlich Notwendige zu beschränken.[275] Insofern wurde auch die Einführung eines

---

268 BR-Drs. 397/03.

269 Vgl. BR-Drs. 397/03, S. 53.

270 BR-Drs. 397/03, S. 53.

271 BT-Drs. 15/1491, S. 38 f.

272 BT-Drs. 15/1491, S. 39.

273 BT-Drs. 15/1491, S. 39.

274 Vgl. JuMiKo, Einleitung, S. 1, unter http://www.mj.niedersachsen.de/download/7810/Einleitung.pdf (zuletzt abgerufen am 27.4.2018).

275 Vgl. JuMiKo, TOP 1, S. 1 f., unter http://www.mj.niedersachsen.de/download/7809/1._Deregulierung.pdf (zuletzt abgerufen am 27.4.2018).

Wahlrechtsmittels in Spiel gebracht, wodurch man sich vor allem Arbeitserleichterung erhoffte.[276] Dieses Ansinnen wurde von der *Bundesrechtsanwaltskammer* freilich scharf zurückgewiesen: Das gegenwärtige Rechtsmittelsystem sei bereits effektiv und kostensparend, und die Einführung eines Wahlrechtsmittels könne keinesfalls akzeptiert werden, da das Wahlrechtsmittel die revisionsrechtliche Kontrolle der Berufungsgerichte zu sehr reduziere und die Möglichkeiten der Wahrung der Rechtseinheit und der Rechtsfortbildung zu sehr einschränke.[277]

Auch die Justizministerkonferenz in Erlangen 2006 unter dem Vorsitz der bayerischen Justizministerin endete wiederum mit dem Beschluss, dass künftig in Strafsachen ein Wahlrechtsmittel eingeführt werden solle. Hierdurch könne man die Justiz entlasten, ohne Qualität zu verlieren.[278] Schleswig-Holstein brachte daraufhin 2007 einen Gesetzesantrag „*zur Einführung des Wahlrechtsmittels in die Strafprozessordnung*" in den Bundesrat ein.[279] Dieser Vorschlag sollte erklärtermaßen einen Ausgleich für die Mehrbelastung der Justiz schaffen, ohne dass dazu aber eine verlässliche Einschätzung der Einsparungen möglich war.[280] Die Begründung für den Entwurf wurde ansonsten gegenüber den vorherigen Entwürfen nicht angepasst.[281] In der anschließenden Beratung im Bundesrat, die mit dem Beschluss zur Einbringung des Gesetzes in den Bundestag endete, wurde nochmals ausdrücklich darauf hingewiesen, dass das im Jugendstrafrecht bewährte Wahlrechtsmittel in „idealer Weise der Zielrichtung der funktionalen Zweigliedrigkeit und damit auch einer Effektivierung des Strafverfahrens" entspreche.[282] Die Bundesregierung nahm anschließend Stellung zu dem Entwurf und lehnte ihn schließlich mit den altbewährten Argumenten ab: Die Einführung des Wahlrechtsmittels führe zum Wegfall der Revision, was aber angesichts der Strafgewalt des Amtsgericht von bis zu vier Jahren Freiheitsstrafe nicht sachgerecht sei, auch könne die im Jugendstrafrecht mit dem Erziehungsgedanken begründete Beschneidung der Rechtsmittel nicht auf das Erwachsenenstrafrecht übertragen werden, und schließlich sei der Widerspruch zwischen den Instanzenzügen am Amts- und am Landgericht wegen der unterschiedlichen Strukturierung der Verfahren tatsächlich keiner, die hohen Erledigungszahlen am

276 Vgl. JuMiKo, TOP 1, S. 2, unter http://www.mj.niedersachsen.de/download/7809/1._Deregulierung.pdf (zuletzt abgerufen am 27.4.2018).
277 BRAK-Stellungnahme Nr. 18/2005, S. 9.
278 Vgl. Pressemitteilung des Bay. Justizministeriums v. 2.6.2006.
279 BR-Drs. 438/07.
280 BR-Drs. 438/07, S. 2.
281 Vgl. BR-Drs. 438/07, S. 3 ff.
282 BR Plenarprotokoll 836, 312.

Amtsgericht könnten letztlich nur durch die Möglichkeit einer tatsächlichen Nachprüfung erreicht werden.[283] Das Projekt der „Großen Justizreform" wurde dann auch bald wieder eingestellt.[284]

2014 wurde von dem Bundesjustizminister für Justiz und Verbraucherschutz eine Expertenkommission zur effektiveren und praxistauglicheren Ausgestaltung des allgemeinen Strafverfahrens und des Jugendstrafverfahrens einberufen, die anschließend Empfehlungen aussprach und begründete, welche 2015 in einem Bericht veröffentlicht wurden. Die Einführung eines Wahlrechtsmittels wurde darin abgelehnt.[285] Neben den bekannten Gesichtspunkten erklärte die Kommission, dass die Rechtsschutzgarantie in Artikel 19 Abs. 4 GG zwar nicht zwingend einen dreizügigen Instanzenzug erfordere, die Änderung aber nicht zum deutschen Rechtsmittelsystem passe, in dem die rasche Urteilsfindung im strafrichterlichen Verfahren vor dem Amtsgericht durch das Recht des Angeklagten auf eine zweite Tatsacheninstanz ausgeglichen werde.[286] Das Wahlrechtsmittel führe zu Problemen in Fällen, in denen erstmals in der Berufungsinstanz eine Verschlechterung eintrete (z.B. durch eine nachträglich gebildete Gesamtstrafe, § 55 StGB), auch Verständigungen (§ 257c StPO) könnten nicht mehr gerichtlich überprüft werden, was möglicherweise einen Anstieg von Verfassungsbeschwerden zur Folge hätte, zudem müsste die notwendige Verteidigung (§ 140 Abs. 2 StPO) ausgeweitet werden, da von einem unverteidigten Angeklagten keine informierte Entscheidung zwischen den beiden Rechtsmitteln erwartet werden könnte.[287] Der *Strafrechtsausschuss der Bundesrechtsanwaltskammer* stimmte der Empfehlung zu.[288]

Flankiert werden die Reformbestrebungen auf gesetzgeberischer Ebene durch eine fortwährende Diskussion in der Literatur. Soweit dabei jedoch lediglich die schon geläufigen Argumente wiederholt werden – das Wahlrechtsmittel habe sich (nicht) bewährt,[289] schaffe faktisch die Revision

---

283 BT-Drs. 16/6969.

284 D/S/S/*Schatz*, § 55, Rn. 9.

285 *Expertenkommission*, S. 153.

286 *Expertenkommission*, S. 153.

287 *Expertenkommission*, S. 153 f.

288 *STRAUDA*, Stellungnahme, S. 14.

289 Noch vorsichtig formulierend *Kaiser*, ZRP 1972, 275 [276]: „Es ist nicht bekannt geworden, daß sich diese Regelung als nachteilig erwiesen hat."; vgl. *Meyer-Goßner*, JZ 1978, 329 [333]; *Gössel*, GA 1979, 241 [249]; *Scheffler*, StV 1995, 599 [600]; *ders.*, GA 1995, 449 [459]; vgl. ferner *Freund*, ZRP 1995, 268 [271]; *Frister*, StV 1997, 150 [156]; *Hettinger*, S. 103 [Fn. 414]; *Meyer-Goßner*, DRiZ 1997, 471 [475]; *Schäfer*, NStZ

ab,[290] führe letztlich zu (k)einer wesentlichen Kostenersparnis,[291] aber zur Ausdehnung der notwendigen Verteidigung[292] oder beseitige endlich den Widerspruch der Instanzenzüge[293] usw. – kann auf deren Wiedergabe zur Vermeidung von Wiederholungen verzichtet werden. Soweit hingegen neue Argumente und Erkenntnisse – speziell im Hinblick auf das „Erziehungsargument" – vorgebracht werden, wird drauf an späterer Stelle noch gesondert eingegangen werden.

XI. Zusammenfassung

Nach alledem lässt sich festhalten: Der Streit um die Rechtsmittel, insbesondere um die Berufung, ist so alt wie die Strafprozessordnung selbst. *Tröndle* fasst treffend zusammen, dass „in den letzten 100 Jahren alles schon einmal dagewesen ist und mehrfach verworfen wurde."[294] Geleitet war die Diskussion dabei häufig nicht ausschließlich von rechtsstaatlichen Erwägungen, wie etwa der allgemeinen Sinnhaftigkeit einer zweiten Tatsacheninstanz. Vielmehr spielten eingedenk der einschneidenden geschichtlichen Ereignisse jedenfalls vordergründig auch und vor allem Sparmaßnahmen eine entscheidende Rolle, wenn es daran ging, Rechtsmittel einzuschränken. Bereits im Jahr 1931 wurde aufgrund einer Notverordnung erstmals das Wahlrechtsmittel in die Strafprozessordnung eingeführt, und zwar noch gänzlich ohne Unterscheidung zwischen Jugendlichen und Erwachsenen. Allerdings enthielt bereits das JGG von 1923 eine erste Einschränkung im Hinblick auf die Anfechtbarkeit von Urteilen, die lediglich Erziehungsmaßregeln anordneten. Auch wenn diese Beschneidung noch nicht so weit reichte wie später das RJGG von 1943, das die Anfechtung jener Urteile auch im Hinblick auf die Schuldfrage ausschloss, wurde die jungendstrafrechtliche Besonderheit schon ausdrücklich mit dem Bedürfnis möglichst früher Vollstreckung gerechtfertigt. Betroffen waren indessen jeweils nur Entscheidungen, die die Anordnung von Erziehungsmaßregeln, mithin etwas Jugendstrafrechtstypisches,

1998, 330 [335]; *Schaumann*, S. 199; *Röttgen*, ZRP 2003, 345 [347]; *Meyer-Goßner*, in: FS Eisenberg I, S. 399 [S. 408]: „Legende".

290 *Tröndle*, GA 1967 161 [181]; *Meyer-Goßner/Ströber*, ZRP 1996, 354 [358]; *Großmann*, S. 150; *Meyer-Goßner*, ZRP 2004, 128 [129]; *Momsen*, ZJJ 2004, 49 [50]; *Meyer-Goßner*, in: FS Eisenberg I, S. 399 [S. 408].

291 *Frister*, StV 1997, 150 [156]; *Marsch*, ZRP 1998, 340 [341]; *Meyer-Goßner*, in: FS Eisenberg I, S. 399 [S. 409].

292 *Dahs*, NStZ 1999, 321 [325].

293 *Röttgen*, ZRP 2003, 345 [347].

294 *Tröndle*, GA 1967, 161 [168].

betrafen. Ungeachtet dessen waren allerdings schon zum Zeitpunkt der Einführung des Jugendgerichtsgesetzes Stimmen laut geworden, die das Jugendstrafrecht und dessen Regelungen gewissermaßen als „Einfallstor“ für eine Reform auch des Erwachsenenstrafrechts betrachteten. Nachdem das Wahlrechtsmittel auch historisch nicht im Jugendstrafrecht wurzelt, verwundert es somit kaum, dass auch in der bundesrepublikanischen Gesetzgebung bald der Wunsch nach einer Übernahme ins Erwachsenenstrafrecht vorgebracht wurde. Die Argumente pro und contra Wahlrechtsmittel haben sich dabei kaum geändert und werden seither gebetmühlenartig bei jeder Diskussion wiederholt, ohne dass diese bislang zu einem eindeutigen Ergebnis geführt hätte.

Für das Wahlrechtsmittel wird im Wesentlichen angeführt, dass eine zweite Tatsacheninstanz ohnehin nicht erforderlich sei, weil sie erwiesenermaßen nicht zu qualitativ besseren Ergebnissen führe. Zudem sprächen Gesichtspunkte der Beschleunigung sowie der Kostenersparnis für die Rechtsmittelbeschränkung. Der Widerspruch zwischen einem „starken“ Rechtmittelzug bei kleinen Strafsachen und einem „schwachen“ Rechtsmittelzug bei Kapitaldelikten sei nicht erklärbar und mithin zu beseitigen. Gleichwohl sich das Wahlrechtsmittel im Jugendstrafrecht – und zum Teil auch schon in der Zeit, in der die Notverordnung von 1932 gegolten habe – „bewährt“ habe, sei es mit dem Jugendstrafrecht nicht so eng verknüpft, als dass das Erziehungsargument einer Übernahme ins Erwachsenenstrafrecht entgegenstünde.

Kritiker zweifeln dagegen seit jeher an dem tatsächlichen Einsparpotential. Revisionen gegen zweitinstanzliche Urteile würden schon jetzt keine große Rolle spielen, und man müsse erwarten, dass der Verurteilte in der Regel zur Berufung greife, die ihm die größeren Chancen biete. Die Berufung könne aber in den kleinen Strafsachen in der Regel so zügig erledigt werden, dass die damit einhergehenden Verzögerungen verkraftbar seien. Zudem sei damit zu rechnen, dass sowohl das Gericht als auch die Verteidigung eine größere Sorgfalt an den Tag legen und die strafprozessualen Möglichkeiten nachdrücklicher nutzen würden, wenn sie wüssten, dass hinterher womöglich keine zweite Tatsacheninstanz mehr folge. Die Wahl als solche könne von dem unverteidigten Angeklagten schlechthin nicht verlangt werden. Stelle man ihm dagegen öfter als bisher einen Verteidiger zur Seite, erhöhte dies zum einen die Kosten und würde zum anderen dennoch in der Regel zur Wahl der Berufung als „sicherstem Weg“ führen. Dies habe letztlich den Wegfall der Revisionsinstanz zur Folge, obschon hierfür doch ein dringendes Bedürfnis bestehe. Nicht nur sicherten die Revisionsgerichte die Einheitlichkeit der Rechtsprechung, die damit gefährdet werde. Verfahrensfehler könnten auch erstmals in der Berufungsinstanz auftreten, seien dann nicht mehr korrigierbar, was nicht zuletzt aus Gründen der Disziplinierung der

Berufungskammern freilich nötig sei. Bemerkenswerter Weise sind die wesentlichen Standpunkte zwar beständig vorgebracht und diskutiert worden – eine *Überprüfung* der Hypothesen ist hingegen unterblieben. Diese Lücke soll nun geschlossen werden.

D) Der besondere Beschleunigungsgrundsatz im Jugendstrafverfahren

Bis heute stellt das Erfordernis *besonderer* Beschleunigung zur besseren erzieherischen Wirksamkeit der Sanktion eine der Kernthesen des deutschen Jugendstrafrechts dar. Diese These diente bereits dem historischen Gesetzgeber bei der Formulierung des JGG von 1923 als Begründung für die Rechtsmittelbeschränkung. Sie wurde 1953 in die Begründung für das heutige JGG übernommen und wird seither im Wesentlichen anerkannt. Will man der Berechtigung für dieses Postulat nun auf den Grund gehen, gilt es, vorab kurz den allgemeinen Beschleunigungsgrundsatz im Strafverfahren zu beleuchten. Erst dann – dies gerät in der Diskussion häufig etwas aus dem Blick – kann auf der zweiten Ebene die Frage nach einem *besonderen* Beschleunigungsgrundsatz im Jugendstrafverfahren folgen. Denn wenn Jugendliche strafprozessual grundsätzlich *anders* als Erwachsene behandelt werden sollen, sind die Argumente, die sich allgemein auf das Strafverfahren beziehen, wenig hilfreich, um die Differenzierung zu rechtfertigen.

I. Allgemeiner Beschleunigungsgrundsatz

Der Gedanke, dass Strafverfahren beschleunigt durchzuführen seien, ist alt. Bereits die englische Magna Charta von 1215 erklärte in Art. 40: *„To no one will we sell, to no one will we refuse or delay, right or justice"*, also: *„An keinen werden wir Recht oder Gerechtigkeit verkaufen, niemandem werden wir sie verweigern oder verzögern."*[295] 1532 wurde das Prinzip einer zügigen Verfahrensdurchführung auch in der Constitutio Carolina Criminalis festgeschrieben.[296] *Beccaria* stellte schon 1764 fest: *„Je näher und rascher die Strafe auf das vollbrachte Verbrechen folgt, umso gerechter, um so nützlicher ist sie."*[297] Und in den Motiven zur RStPO von 1877 findet sich die Begründung: *„Unbestritten gehört zu den*

---

295 S. *Paeffgen*, GA 2014, 275, der in Fn. 1 ausführlich auf historisch noch viel frühere Wurzeln hinweist.

296 Übersetzung nach *Gensing*, S. 123.

297 *Beccaria*, S. 55; vgl. auch *Rose*, NStZ 2013, 315, der aber fälschlicherweise das Jahr 1876 anführt; dazu auch *Ostendorf*, ZJJ 2014, 253.

Erfordernissen einer guten Strafrechtspflege eine schnelle und energische Vollstreckung der erkannten Strafen, und nicht bloß das Ansehen der Strafjustiz wird geschmälert, sondern auch die Bedeutung der Strafe selbst abgeschwächt, wenn es dem Verurtheilten möglich ist, sich längere Zeit der Strafvollstreckung zu entziehen.“[298] Wie ein zeitloser Klassiker wirkt diese Forderung also, wenn etwa CDU/CSU und FDP im Jahre 1994 mit ihrem Entwurf zum Verbrechungsbekämpfungsgesetz erklärtermaßen das Ziel verfolgten, dass durch die häufigere Nutzung des beschleunigten Verfahrens eine Aburteilung ermöglicht werde, „*die der Tat möglichst auf dem Fuße*“ folge,[299] was im Übrigen auch der Erwartung der rechtstreuen Bevölkerung entspreche.[300]

1. Grundlagen

Nach alledem muss es fast verwundern, dass das Beschleunigungsprinzip bis heute weder im Grundgesetz noch in der Strafprozessordnung ausdrücklich normiert worden ist.[301] Dennoch wird es allgemein anerkannt[302] und vom Bundesverfassungsgericht als ungeschriebener Rechtssatz aus Art. 2 Abs. 1 GG in Verbindung mit dem Rechtsstaatsprinzip des Grundgesetzes (Art. 20 Abs. 3 GG) – bzw. nunmehr auch ausschließlich aus dem Rechtsstaatsprinzip[303] – hergeleitet.[304] Zum Teil wird daneben auch auf eine allgemeine prozessuale Fürsorgepflicht verwiesen, die sich aus dem Grundsatz des Vertrauensschutzes, aus dem Recht auf Verteidigung und ein faires Verfahren sowie aus der allgemeinen Rechtspflicht, das Verfahren justizförmig, pfleglich und zweckvoll zu gestalten, ergeben soll.[305] In der Strafprozessordnung selbst zeigt sich das Gebot einer zügigen Strafverfolgung an mehreren Stellen, so etwa in den Regelungen zur Untersuchungshaft (§§ 115 Abs. 1, 128, 121 StPO), in der allgemeinen Konzentrationsmaxime für Strafverfahren (§§ 228, 229 StPO)[306] , in den Vorschriften

298 *Hahn* III 1, S. 249.
299 BT-Drs. 12/6853, S. 34.
300 BT-DRs. 13/1576, S. 3.
301 Vgl. *Scheffler*, RdJB 1981, 451; *Kudlich*, NJW-Beil. 2010, 86; *Mann*, S. 5; für das 1. StVRG vom 9.12.1974 wurde die Aufnahme des Beschleunigungsgrundsatzes erwogen, letztlich aber bis heute nicht umgesetzt, vgl. BT-Drs. 7/551, S. 36.
302 *Dölling*, in: FS Meyer-Goßner, S. 101.
303 Vgl. BVerfG NStZ 2006, 680, [681].
304 St. Rspr., etwa BVerfG NJW 1984, 967; s. auch *Landau*, NStZ 2011, 537 [545].
305 Vgl. *Meyer-Goßner/Schmitt*, Einl., Rn. 155 u. 160; *Mertens*, S. 13.
306 *Piel*, in: FS Wied, S. 430.

über das beschleunigte Verfahren (§ 418 StPO)[307] oder auch, bezogen auf das Rechtsmittelverfahren, in den Urteilsabsetzungs- und Anfechtungsfristen (§§ 275, 314, 341 StPO)[308] sowie in den RiStBV (Nr. 5, 12, 147, 153 RiStBV). Endlich wird der Beschleunigungsgrundsatz aus dem – im Range eines einfachen Bundesrechts stehenden – Art. 6 Abs. 1 Satz 1 EMRK abgeleitet,[309] demzufolge jede Person das Recht hat, dass über eine Anklage[310] gegen sie innerhalb angemessener Frist verhandelt wird.

Zweck des Beschleunigungsgrundsatzes soll es dabei nicht nur sein, die Interessen der Justiz und der Allgemeinheit zu wahren, sondern in erster Linie auch den Beschuldigten zu schützen[311] und die mit einem Strafverfahren verbundenen Belastungen für ihn so gering wie möglich zu halten.

Auf Seiten von Justiz und Allgemeinheit wird zur Begründung des Beschleunigungsgrundsatzes angeführt, (besonders) lange Strafverfahren verursachten hohen Kosten,[312] die Zeit fehle zudem für andere Verfahren,[313] und die beteiligten Rechtspflegeorgane würden körperlich wie nervlich erheblich beansprucht.[314] Vor allem aber werde die Suche nach der Wahrheit im Strafprozess mit zunehmender Dauer des Verfahrens erheblich erschwert, weil das Erinnerungsvermögen der Zeugen zunehmend verblasse.[315] Weiterhin werde der Rechtsfrieden durch lange Hauptverhandlungen eher gestört als gefestigt.[316] Auch dem Opferschutz soll eine Beschleunigung des Strafverfahrens zugutekommen.[317] Und schließlich sei die Abschreckungswirkung im Sinne einer

---

307 *Putzke*, S. 55.

308 Vgl. OLG Hamburg JR 1983, 259 [260]; *Tepperwien*, NStZ 2009, 1.

309 BVerfG NJW 1966, 1259; *Putzke*, S. 54.

310 „Anklage" ist hier nach der Rechtsprechung des EGMR sehr viel weiter zu verstehen als nach deutschem Strafprozessrecht. Sie kann z.B. auch schon mit Verhaftung, Beschuldigung oder Eröffnung des Untersuchungshaftverfahrens vorliegen, vgl. EGMR NJW 1986, 647 [648].

311 Vgl. BGH NJW 1976, 116 [117]; *Dölling*, in: FS Meyer-Goßner, S. 101; *Kudlich*, NJW-Beil. 2010, 86.

312 *Gensing*, S. 123.

313 BT-Drs. 7/551, S. 35.

314 BGH NJW 1976, 116 [117].

315 *Krehl/Eidam*, NStZ 2006, 1.

316 Vgl. *Baumanns*, S. 65; KK-StPO/*Fischer*, Einl., Rn. 36.

317 Kritisch dazu *Mertens*, S. 21 [Fn. 123], der darauf hinweist, dass es denkbar sei, dass gerade traumatisierte Opfer eine gewisse Zeit nach der Tat benötigten, bis sie in der Lage seien, das Verfahren zu verfolgen und als Zeuge bereitzustehen.

negativen Spezialprävention auf potentielle Täter umso höher, als der Anlass für die Strafe noch frisch in der Erinnerung der Bevölkerung hafte.[318]

Im Hinblick auf den Beschuldigten dominieren demgegenüber Ideen der Spezialprävention sowie der Belastungsreduzierung. Insbesondere wachse die Chance einer erfolgreichen Resozialisierung mit einer schnellen Bestrafung.[319] Bei langer Verfahrensdauer gehe dagegen entweder schon die Erinnerung des Beschuldigten an die Tat aufgrund von Neutralisierungs- oder Verdrängungsmechanismen verloren oder er könne jedenfalls keinen Bezug mehr zwischen Tat und Reaktion herstellen, was sich wiederum negativ auf seine Ansprechbarkeit auswirke.[320] Originär in seinem Interesse liege die schnelle Verfahrensbeendigung ferner, um die existenzbedrohende Wirkung für den Beschuldigten und seine Familie alsbald abzustellen, ihn von der seelischen Ungewissheit über den Ausgang des Verfahrens zu entlasten[321] und die Zerstörung seines Leumunds in der Öffentlichkeit abzuwenden. In der Literatur wird folglich nachdrücklich darauf hingewiesen, dass Zentrum des Rechtsgebotes zur Verfahrensbeschleunigung der Schutz des Beschuldigten sei,[322] wohingegen man die Zeit- und Kostenersparnis für den Staat zu vernachlässigen habe – die wirtschaftlichen Vorteile seien letztlich Ergebnis, nicht aber Grund der verfassungsmäßigen Garantie des Beschleunigungsgrundsatzes.[323]

Trotz des allgemein anerkannten Prinzips verzichtet die Strafprozessordnung indes aus gutem Grund in fast allen Fällen auf die Bemessung der Höchstdauer der einzelnen Verfahrensabschnitte. Immerhin sind die einzelnen Verfahren höchst unterschiedlich, was Schwierigkeit und Umfang angeht, wobei der Ermittlung der Wahrheit grundsätzlich der Vorrang gegenüber einer zeitlichen Begrenzung des Verfahrens gebührt.[324] So könnten etwa im NSU-Prozess selbst großzügig bemessene Höchstfristen von den Verfahrensbeteiligten unmöglich gewahrt werden, während sie für einen gewöhnlichen Fahrraddiebstahl viel zu lang wären. Infolgedessen sah sich der Gesetzgeber auch nicht in der Lage, eine explizite Sanktionierung für die Verletzung des Beschleunigungsgrundsatzes zu regeln.[325] Gleichwohl berücksichtigt der Bundesgerichtshof eine

318 *Hillenkamp*, JR 1975, 133 [135].
319 *Asbrock*, S. 159.
320 Vgl. *Mertens*, S. 20.
321 *Berz*, NJW 1982, 729; *Asbrock*, S. 160.
322 So *Piel*, in: FS Widmaier, S. 439 unter Verweis auf BVerfG NStZ 2006, 680 [681].
323 *Piel*, in: FS Widmaier, S. 433.
324 *Fezer*, in: FS Widmaier, S. 178.
325 BT-Drs. 7/551, S. 36f.; *Rieß*, NJW 1975, 81 f.

rechtsstaatswidrige Verzögerung des Verfahrensabschluss nunmehr[326] im Wege der sogenannten „Vollstreckungslösung“: Zunächst werden dabei Art und Ausmaß der Verzögerung sowie ihre Verursachung im Urteil festgestellt, sodann wird diese Verzögerung bei der Strafzumessung berücksichtigt, weiterhin wird geprüft, ob zur Kompensation der Verzögerung die ausdrückliche Feststellung der rechtswidrigen Verfahrensverzögerung ausreicht, und schließlich soll – wenn letzteres nicht der Fall ist – festgelegt werden, welcher Teil der bezifferten Strafe anhand der Umstände des Einzelfalls als bereits vollstreckt gilt.[327]

2. Kritik

Bei all seiner Berechtigung birgt eine Überbetonung des Beschleunigungsgrundsatzes im Strafverfahren allerdings auch weitgehende Gefahren für den Beschuldigten. Zusammengefasst wird dadurch vor allem ein „kurzer Prozess“ befürchtet.[328] Bereits 1833 warnte *Anselm von Feuerbach*: *„Nicht Zögern ist Richterpflicht; aber ebenso gewiss nicht eilen; denn Eile übereilt sich, und ein eilfertiger Rechtsspruch ist sehr oft nur ein eilendes Unrecht.“*[329] Diese Bedenken sind heute aktueller denn je, wenn Politiker auf immer schnellere Erledigung von öffentlichkeitswirksamen Verfahren drängen. Schließlich hängt der Beschleunigungsgrundsatz nicht im luftleeren Raum. Vielmehr steht er im ständigen Spannungsfeld mit anderen Prozessmaximen[330] und konfligiert dabei insbesondere mit dem Untersuchungsgrundsatz, der darauf abzielt, die materielle Wahrheit im Strafprozess zu ermitteln.[331] Gründliche Ermittlungsarbeit, das Stellen von – bisweilen zahlreichen – Beweisanträgen oder das Ausschöpfen sämtlicher Rechtsmittelmöglichkeiten sorgen naturgemäß für gehörige Verzögerung des Verfahrens.[332] Jeder drängende Ruf nach einem schnelleren Verfahren muss deshalb im Lichte der Beschuldigtenrechte auch auf kritische Ohren treffen.

---

326 Zur früher angewandten „Strafzumessungslösung“ s. *Rose*, NStZ 2013, 315 [320 f.].

327 BGH NJW 2008, 860 [866].

328 So etwa *Hillenkamp*, JR 1975, 133 [134]; *Rose*, NStZ 2013, 315 [317]; KK-StPO/*Fischer*, Einl., Rn. 35.

329 Zitiert nach *Mertens*, S. 12.

330 *Mann*, S. 25.

331 Vgl. *Fezer*, in: FS Widmaier, S. 178.

332 *Waßmer*, ZStW 118 (2006), 159 [166 f.] spricht hier vom „Dilemma des rechtsstaatlichen Strafverfahrens“; ein gut ausgebautes, modernes Rechtssystem habe einen gewissen „Preis“, den zu zahlen es sich durchaus lohne.

Nichtsdestotrotz tendieren Gesetzgebung wie obergerichtliche Rechtsprechung mehr und mehr dazu, andere Verfahrensgarantien zugunsten eines schnelleren Verfahrensabschlusses für verfahrensökonomische Ziele zu begrenzen.[333] Der Bundesgerichtshof hat bereits ganz grundsätzlich formuliert, dass es keine Wahrheitsfindung „um jeden Preis" gebe.[334] In dieser Pauschalität ist dagegen zwar nichts zu erinnern. Denn dass es immer irgendetwas noch besser zu ermitteln gäbe, kann kaum bestritten werden. Gleichfalls muss das Verfahren mit Blick auf den Rechtsfrieden irgendwann auch enden. Bedenklich wird es aber, wenn der Bundesgerichtshof in diesem Sinne plötzlich „rechtsschöpferisch" tätig wird. So wurde beispielsweise entschieden, dass es in bestimmten Fällen statthaft sei, der Verteidigung Fristen für Beweisanträge zu setzen oder diese – entgegen § 244 Abs. 6 StPO – nicht durch Gerichtsbeschluss, sondern erst im Urteil zu bescheiden.[335] Noch vor der Kodifizierung in § 275c StPO erklärte der Bundesgerichtshof mit Blick auf die Zulässigkeit verfahrensabkürzender Absprachen außerdem, der Beschleunigungsgrundsatz vermöge die Aufklärungsbemühungen des Gerichts zu reduzieren.[336] Ohne Absprachen sei die Funktionstüchtigkeit der Strafjustiz, die am Rande ihrer Belastbarkeit arbeite, nämlich nicht mehr gewährleistet – womit ganz unverhohlen auf fiskalische Gesichtspunkte abgestellt wird.[337] Überdies bemühen sich die Rechtsmittelgerichte – nach der Fragestellung der Arbeit von besonderem Interesse – redlich, die Revisibilität von Verfahrensfehlern einzuschränken. Ohne dogmatische Begründung wird so von dem Verteidiger[338] verlangt, bei bestimmten Verwertungsverboten unmittelbar nach der jeweiligen Beweisaufnahme substantiiert zu widersprechen.[339] Andernfalls ist er mit diesem Vorbringen präkludiert und kann seine Revisionsrüge nicht mehr auf die Unverwertbarkeit stützen.[340] Letztlich sollen dadurch vor allem langwierige Revisionsverfahren abgekürzt werden.[341] Auch eine Ausweitung der Rechtsprechung zur Rügepräklusion in § 238 Abs. 2 StPO, die dazu *„diene, Revisionen zu vermeiden, durch die ein Fehler nur*

---

333 Vgl. *Fezer*, in: FS Widmaier, S. 188 f.; *Wohlers*, NJW 2010, 2470.

334 BGH NJW 2013, 2769 [2771]; NJW 1992, 1463 [1464].

335 BGH NStZ 2005, 648.

336 BGH NJW 2005, 1440 [1444].

337 Kritisch dazu *Trepperwien*, NStZ 2009, 1 [5].

338 Oder vom Richter belehrten unverteidigten Angeklagten.

339 Vgl. zu den inzwischen nochmals verschärften Anforderungen an einen Widerspruch BGH NJW 2007, 3587 [3588 f.].

340 BeckOKStPO/*Eschelbach* § 257 Rn. 20.

341 Dazu *Fezer*, JZ 2007, 723 [725].

auf Kosten einer mehr oder weniger langen Verzögerung des Verfahrensabschlusses ausgeräumt werden könnte", hält der Bundesgerichtshof inzwischen nicht mehr für ausgeschlossen.[342] Zudem soll – wiederum unter Berufung auf den Beschleunigungsgrundsatz – mit einer nachträglichen Protokollberichtigung selbst zuungunsten des Beschwerdeführers seiner darauf gestützten, zulässigen Rüge der Boden entzogen werden können (sog. „Rügeverkümmerung").[343] Doch sogar von den Instanzgerichten wird bereits mit mahnendem Blick auf den Beschleunigungsgrundsatz zunehmend „Druck" auf die Verteidiger ausgeübt. So werden etwa ohne Rücksicht auf Kollisionen des Wahlverteidigers Termine zur Hauptverhandlung bestimmt, und bei dessen Verhinderung wird dann entweder seine Beiordnung abgelehnt oder dem Angeklagten gar ein weiterer, „fremder" Pflichtverteidiger bestellt,[344] was unmittelbar auch dessen Beschuldigtenrecht auf freie Verteidigerwahl beeinträchtigt.[345]

In der Literatur wird demzufolge warnend angemahnt, es werde schnell „zu viel des Guten" mit der Beschleunigung.[346] Unter Hinweis auf den missverständlichen Begriff *Beschleunigung* stelle sich für den Adressaten überhaupt die Frage: „Schneller als was?".[347] Ohnehin spreche man besser von der *Angemessenheit* der Verfahrensdauer.[348] Tatsächlich sei mit dem Beschleunigungsgrundsatz doch nur ein „Verzögerungsverbot"[349] oder – salopper – „Trödelverbot"[350] für die Justiz gemeint. Essentielle Abstriche bei der Wahrheitsfindung und Urteilsrichtigkeit seien daher ebenso wenig zulässig wie Einschränkungen von rechtsstaatlichen Verfahrenssicherungen.[351] Eine materiell richtige Entscheidung verlange die lückenlose Aufklärung des Tatgeschehens, eine sorgfältige Rechtsanwendung und das Finden einer tat- und schuldangemessenen Reaktion, die auf die Persönlichkeit des Täters und die Möglichkeit seiner zukünftigen Legalbewährung abgestimmt sei.[352] Die Gewähr für eine richtige Entscheidung sei dabei umso

---

342 BGH NJW 2007, 384 [386 f.].
343 BGH NJW 2007, 2419 [2422].
344 Vgl. *Piel*, in: FS Widmaier, S. 437; vgl. auch BGH NStZ-RR 2007, 149.
345 Zu diesem Recht BGH NStZ 1998, 311 [312]; s. auch *Trepperwien*, NStZ 2009, 1 [5].
346 *Piel*, in: FS Widmaier, S. 436.
347 *Schatz*, in: FS Ostendorf, S. 798; vgl. auch *Degener*, ZJJ 2014, 4 [6]; KK-StPO/*Fischer*, Einl, Rn. 34.
348 *Liebhart*, NStZ 2017, 254.
349 *Waßmer*, ZStW 118 [2006], 159; *Fezer*, in: FS Widmaier, S. 179. *Laue*, GA 2005, 648 [661]; *Ostendorf*, ZJJ 2014, 253; *Baumanns*, S. 21.
350 *Schatz*, in: FS Ostendorf, S. 799.
351 Vgl. *Landau*, NStZ 2011, 537 [545]; *Mann*, S. 25 ff.
352 *Laue*, GA 2005, 648 [659].

größer, je sorgfältiger ermittelt, verhandelt und beraten werde und je mehr eine Überprüfung durch die Obergerichte stattfinde.[353] Daher sollten sich Verteidiger auch gegen die „inflationäre Instrumentalisierung“ des Beschleunigungsgrundsatzes wehren.[354] „Beschleunigung über alles” sei für den Betroffenen nur ein Danaergeschenk.[355] Trotzdem gehe die Entwicklung in der Rechtsprechung weg von einer Missbrauchskontrolle hin zur Durchsetzung des Beschleunigungsgebots im Sinne einer allgemeinen Verfahrensverschlankung.[356]

Diese Kritik erscheint nicht unberechtigt. Wie dargetan, verfolgt der Beschleunigungsgrundsatz im Strafverfahren eine doppelte Zielrichtung, indem er individuellen Interessen des Beschuldigten wie auch öffentlichen Interessen dient.[357] Allerdings ergibt sich sowohl aus Art. 6 Abs. 1 Satz 1 EMRK als auch aus der obergerichtlichen Rechtsprechung durchaus eine besondere Betonung der Individualinteressen. Der Beschleunigungsgrundsatz soll dem Beschuldigten das Recht geben, dass über seine Sache innerhalb eines angemessenen Zeitraums verhandelt wird. Individuell festzustellende rechtsstaatswidrige Verzögerungen werden folglich auch kompensiert. (Theoretisch nie endende) Beschleunigung um jeden Preis kann demgegenüber keine Maxime sein. Sie darf nur so viel Raum beanspruchen, wie dem gleichen Ziel – der Wahrung der Beschuldigtenrechte – dienende Verfahrensgrundsätze nicht beeinträchtigt werden. Ansonsten bestünde die reale Gefahr, dass verfahrensökonomische Motive die ursprüngliche Stoßrichtung ins Hintertreffen geraten lassen. Aus gutem Grund verzichtet die Strafprozessordnung in der Regel auf starre zeitliche Grenzen und bestimmt nur ausnahmsweise ein besonderes beschleunigtes Verfahren. Konkret sichtbar werden die drohenden Gefahren schon jetzt an der angeführten zweifelhaften Rechtsprechung, die natürlich immer nur beim krassen Ausnahmefall ihren Lauf nimmt, sich dann aber schnell auch auf unproblematische Sachverhalte ausweitet, sobald sie sich erst zur Praxis etabliert hat. Dann muss sich der Beschuldigte mitunter die Argumentation vorhalten lassen, er dürfe zwar ein Verwertungsverbot, das möglicherweise zu seinem Freispruch geführt hätte, nicht mehr geltend machen, dies diene aber selbstverständlich seinen Interessen. Schließlich habe er ein Recht auf Beschleunigung, und andernfalls sei das Gericht wegen der Verzögerung auch gezwungen, ihm noch einen „Abschlag“ auf die Strafe zu

353 *Kloepfer*, JZ 1979, 209 [210].
354 *Piel*, in: FS Widmaier, S. 445.
355 *Trepperwien*, NStZ 2009, 1 [7]; ähnlich kritisch auch *Scheffler*, GA 1995, 449 [453].
356 Vgl. *Kudlich*, NJW-Beil. 2010, 86 [89]; *Wohlers*, NJW 2010, 2470 f.
357 *Waßmer*, ZStW 118 [2006], 159 [200].

gewähren.[358] Der Beschleunigungsgrundsatz erfährt seine Berechtigung also vor allem mit Blick auf extreme Sachverhalte. Er soll die Justiz davor schützen, im Kampf um das letzte Quäntchen Wahrheit einen Prozess bis zum Sankt Nimmerleinstag zu führen, und den Beschuldigten soll er davor bewahren, dass jahrelang ein Damoklesschwert über ihm schwebt. Als bloßer „Ressourcenschoner" für die Justiz erfüllt er jedoch keinen Zweck. Bildlich gesprochen, ist der Beschleunigungsgrundsatz wohl eher als ruhiger Schäferhund mit wachem Auge als ein ständig kläffender Yorkshire Terrier zu sehen, der den Richter in den Hintern beißt, wenn er nicht in Windeseile zu einem Urteilsspruch gelangt.

II. Besonderer Beschleunigungsgrundsatz im Jugendstrafrecht

Nun fragt sich, ob die vorgenannten Grundsätze nicht nur eins zu eins auf das Jugendstrafrecht übertragen werden können, sondern vielmehr, ob sich neben diesen Erwägungen auch tragfähige Argumente für einen *besonderen* Beschleunigungsgrundsatz finden lassen.

Ein solcher *besonderer* Beschleunigungsgrundsatz im Jugendstrafrecht wird zunächst de facto in ganz Europa[359] allgemein angenommen.[360] Der Gesetzgeber hat ihn, wie gesehen, bereits früh formuliert und seitdem beibehalten, die Rechtsprechung verwendet ihn häufig zur Unterfütterung ihrer Entscheidungen,[361] und die Stimmen in der Literatur folgten dieser Sichtweise bis vor kurzem ebenfalls weitgehend kritiklos[362] . In Deutschland wurde der Beschleunigungsgrundsatz bis dato zwar ebenso wenig wie im allgemeinen Strafverfahrensrecht ausdrücklich geregelt.[363] Indes wird er in einigen internationalen Abkommen allgemein formuliert. So heißt es in Art. 40 Abs. 2 lit. b iii) der UN-Kinderrechtskonvention, jedes verdächtigte oder beschuldigte Kind habe die Mindestgarantie, dass seine Sache *unverzüglich* durch eine zuständige Behörde oder ein zuständiges Gericht entschieden werde. Art. 13 Abs. 6 des Model Law

358 Zum Zynismus dieser Argumentation vgl. *Scheffler*, GA 1995, 449 [453].

359 *Dünkel*, in: FS Ostendorf, S. 280.

360 Vgl. *Eisenberg*, in: FS Weber, S. 508 f.; *Ostendorf*, ZJJ 2014, 253: „Mainstream"; *Schatz*, in: FS Ostendorf, S. 797: „unumstrittener Eckpfeiler des Jugendstrafrechts"; *Hoffelner*, ZSS 2009, 47 [48]; *Penkuhn*, ZJJ 2014, 371 [373]; *Mann*, S. 221.

361 S. nur BVerfG ZJJ 2013, 315; BVerfG NJW 2003, 2225; BGH, Beschl. v. 11.2.2014 – 4 StR 551/13; OLG Hamm NStZ-RR 2014, 96; OLG Düsseldorf StV 2011, 585 [586].

362 Vgl. *Laubenthal/Baier/Nestler*, Rn. 264.

363 *Scheffler*, RdJB 1981, 451; *Waßmer*, ZStW 118 [2006], 159 [161]; *Mertens*, S. 11.

on Juvenile Justice (sog. „Beijing-Rules") bestimmt unter der Überschrift „Proceedings without delay": *„Actions taken under this Law in relation to a child in conflict with the law shall taken expeditiously from the outset and without any unnecessary delay."* Und die *European Rules for juvenile offenders subject to sanctions or measures* erklären in Rule 9: *„Sanctions or measures shall be implemented without undue delay and only to the extent and for the period strictly necessary."*

Trotz dieses unwahrscheinlich breiten Konsens' werden in neuerer Zeit vermehrt auch durchgreifende Bedenken vorgetragen, die Plausibilität und Belegbarkeit dieser Forderung betreffen.[364] Folglich erscheint eine gründlichere Betrachtung der Materie angezeigt.

1. Historisches

Dargelegt wurde bereits, dass der Beschleunigungsgrundsatz im allgemeinen Strafverfahrensrecht keine Erfindung der Neuzeit war. Doch auch bei dem Ruf nach *besonderer* Beschleunigung im Jugendstrafverfahren handelt es sich tatsächlich um eine „Uraltforderung"[365] . Während man die Verfahrensbeschleunigung in der Weimarer Republik noch primär um der Erziehung willen forderte, sollte sie in der Zeit des Nationalsozialismus vor allem der schnellen Vollstreckung des neu geschaffenen Jugendarrests dienen und damit letztlich zur Disziplinierung, Abschreckung und sogar Strafschärfung beitragen.[366] Bis heute wiederholt die Politik im Grunde nur die Formulierungen des Gesetzgebers von 1923, wenn es etwa im Koalitionsvertrag (2013) der CDU/CSU-SPD-Regierung im Abschnitt „Effektive Strafverfolgung und wirksame Gefahrenabwehr" unter Ziff. 5.1. schlicht heißt: *„Wird ein junger Mensch straffällig, soll die Strafe der Tat auf dem Fuße folgen."*[367] Mehr als eine „Kontinuitätsthese" lässt sich allerdings aus dieser Erkenntnis nicht herleiten. Damals wie heute verzichtet der Gesetzgeber auf eine nähere Begründung. Die Forderung scheint als Axiom nicht erklärt werden zu müssen.[368] Daher muss es Aufgabe dieser Arbeit sein, den wissenschaftlichen Hintergrund der These herauszuarbeiten und zu hinterfragen.

---

364 Vgl. *Dollinger*, ZJJ 2015, 192 ff.; *Ostendorf*, ZJJ 2014, 253 ff.; *Rose*, NStZ 2013, 315 ff.

365 So *Beulke*, in: FS Ostendorf, S. 67.

366 Vgl. *Scheffler*, RdJB 1981, 451 [456 f.].

367 http://www.cdu.de/sites/default/files/media/dokumente/koalitionsvertrag.pdf (zuletzt abgerufen am 27.4.2018).

368 So auch *Mann*, S. 15.

2. Systematik und Gesetzeswortlaut

Zuvörderst sind die Regelungen der Strafprozessordnung über § 2 Abs. 2 JGG grundsätzlich auch im Jugendstrafrecht anwendbar. Nachdem diese aber nur gelten sollen „*[…] soweit in diesem Gesetz nichts anderes bestimmt ist*" und im Übrigen bei Auslegungsfragen auch jugend- bzw. heranwachsenden-typische Abläufe und Umstände zu berücksichtigen sind,[369] erscheint eine vollständige Übertragbarkeit der im allgemeinen Strafverfahrensrecht vorgebrachten Begründungen nicht von vornherein als zwingend.

Unproblematisch ist eine Anlehnung an das Erwachsenenrecht allerdings dort, wo es um die Beschuldigteninteressen geht:[370] Größer noch als für einen Erwachsenen dürften für einen Jugendlichen regelmäßig die Belastungen sein, die generell mit einem Strafverfahren einhergehen.[371] Das zeigt sich insbesondere in Haftsachen (§ 72 Abs. 1 Satz 2 JGG), in denen die Untersuchungshaft für den Beschuldigten umso einschneidender wirkt, je enger dieser noch auf die Hilfe und Fürsorge der Familie angewiesen und je psychisch ungefestigt er noch ist.[372] Ebenso wird sich der durch die Haft verursachte Verlust des Ausbildungsplatzes in der Regel gravierender auf das weitere berufliche Fortkommen auswirken als der Verlust des Arbeitsplatzes bei einem Erwachsenen mit abgeschlossener Ausbildung und Berufserfahrung.[373] Auch ein Beweisverlust durch zu langes Zuwarten kann sich im Ergebnis zulasten des Beschuldigten

---

369 *Eisenberg*, § 2, Rn. 20.

370 Vgl. *Schaumann*, S. 45; *Mertens*, S. 27.

371 Vgl. *Dünkel*, in: FS Ostendorf, S. 273; *Mertens/Murges-Kemper*, ZJJ 2008, 356.

372 Vgl. *Albrecht*, ZStW 97 [1985], 840: „Die meisten Insassen [im Jugendstrafvollzug] brauchen emotionale Schutzräume, Geborgenheit und Zuwendung als selbstverständlich vorausgesetzte Begleitumstände einer kindlichen und jugendlichen Entwicklung." Zur besonderen Haftempfindlichkeit Jugendlicher vgl. auch BVerfG NJW 2006, 2093 [2096]: Die Bedeutung der Familienbeziehungen und der Möglichkeit, sie auch aus der Haft heraus zu pflegen […], ist für Gefangene im Jugendstrafvollzug altersbedingt besonders groß."

373 *Rose*, NStZ 2013, 315 [317]; in allen Fällen greift diese Argumentation freilich nicht. So mag sich ein Jugendlicher umgekehrt womöglich schneller von einer (kurzen) U-Haft „erholen" als ein Erwachsener, der als alleiniger „Ernährer" seiner Familie mehrere Monate ausfällt und der nach der Haft entsprechend stigmatisiert ist, während der Jugendliche Haftzeiten in seinem Lebenslauf eher wird kaschieren können. Ingleichen stehen dem Jugendlichen auch attraktivere Tilgungsmodalitäten im BZRG zur Seite, so dass er nach einer Verurteilung zumindest nach außen hin schneller rehabilitiert wird.

Jugendlichen auswirken, wenn es etwa darum geht, eine Notwehrsituation zu belegen oder einen Alibizeugen zu präsentieren und die – häufig ebenfalls noch jugendlichen – Zeugen die Sache inzwischen wieder vergessen haben oder sie nicht mehr als besonders wichtig empfinden.

Zweifelhaft mutet dagegen eine kritiklose Adaption justiz-ökonomischer und allgemeiner Belange, wie dem Strafbedürfnis oder der „Abschreckung", an. Jugendstrafrecht ist – im Gegensatz zum allgemeinen Tat-Strafrecht – Täterstrafrecht und demgemäß spezialpräventiv ausgerichtet.[374] Konsequenterweise wird die Verteidigung der Rechtsordnung auch in § 18 Abs. 2 JGG neben dem Erziehungsgedanken nicht genannt.[375] Die unterbliebene Anführung generalpräventiver Zwecke im Wortlaut der Norm beruhte dabei auf einer ganz bewussten Entscheidung des Gesetzgebers, der auf eine Übernahme der entsprechenden Regelung in § 4 Abs. 2 RJGG 1943[376] ausdrücklich verzichtete.[377] Infolgedessen müssen die Strafzwecke der (v.a. negativen[378]) Generalprävention und des Schutzes der Allgemeinheit im Jugendstrafrecht unberücksichtigt bleiben.[379] Dann scheidet eine solche Begründung des Beschleunigungsgrundsatzes aber für das Jugendstrafverfahren ersichtlich aus.

Ähnlich wie im Erwachsenenstrafrecht könnte es desgleichen möglich sein, aus einzelnen Normen im Jugendgerichtsgesetz ein (besonderes) Beschleunigungsprinzip im Wege einer „Gesamtanalogie"[380] herzuleiten. Tatsächlich enthält das Jugendgerichtgesetz nämlich an mehreren Stellen klare Regelungen, die eine Beschleunigung ausdrücklich intendieren[381]: In § 38 Abs. 3 Satz 2 JGG heißt es, die Jugendgerichtshilfe sei *„so früh wie möglich"* heranzuziehen.[382] Nach Einleitung

---

374 *Albrecht*, ZStW 97 [1985], 840 f.; *Laubenthal/Baier/Nestler*, Rn. 5.

375 *Brunner/Dölling* § 18, Rn. 22

376 „Der Richter verhängt Jugendgefängnis, wenn das Bedürfnis der Volksgemeinschaft nach Schutz und Sühne wegen der Größe der Schuld [...] eine Strafe erfordert."

377 *Müller*, in: FS Eisenberg I, S. 419.

378 Zur positiven Generalprävention vgl. *Rose*, NStZ 2013, 315 [317]; *Mertens*, S. 28.

379 Vgl. BGH StV 1982, 121; *Eisenberg*, § 17, Rn. 5.; *Mertens*, S. 28 f.; *Gensing*, S. 126.

380 Diesen Begriff verwendend, *Schatz*, in: FS Ostendorf, S. 803.

381 *Putzke*, S. 55; *Schaumann*, S. 47.

382 Durch das *„Gesetz zur Stärkung der Verfahrensrechte von Beschuldigten im Jugendstrafverfahren"* vom 9.12.2019, BGBl. I S. 2146, wurden u.a. die Vorschriften zur Beteiligung der Jugendgerichtshilfe angepasst. In § 38 Abs. 3 Satz 1 JGG wird nun u.a. bestimmt, dass über das Ergebnis der Nachforschungen zur Persönlichkeit, der Entwicklung und des sozialen und wirtschaftlichen Hintergrundes des Jugendlichen *„möglichst zeitnah"* Auskunft gegeben wird. In Haftsachen berichten die Vertreter der

des Verfahrens sollen die Lebens- und Familienverhältnisse, der Werdegang, das bisherige Verhalten des Beschuldigten und alle übrigen Umstände gemäß § 43 Abs. 1 Satz 1 JGG ebenfalls *„so bald wie möglich"* ermittelt werden. In Untersuchungshaftsachen ist das Verfahren gar *„mit besonderer Beschleunigung"* durchzuführen, § 72 Abs. 5 JGG. Die Jugendgerichtshilfe sei in diesem Fall nicht nur *„so früh wie möglich"*, sondern *„unverzüglich"* zu unterrichten, § 72a Satz 1 Halbsatz 1 JGG. Zur *„Beschleunigung"* des Verfahrens kann ferner im vereinfachten Verfahren nach § 78 Abs. 1 Satz 1 JGG von Verfahrensvorschriften abgewichen werden.

Implizit kommt der Wille des Gesetzgebers zur Beschleunigung auch in weiteren Vorschriften zum Ausdruck: So dient z.B. der Vorrang der Diversion, §§ 45, 47 JGG, dem schnellen Verfahrensabschluss genauso wie das vereinfachte Verfahren in §§ 76 ff. JGG. Auch die Rechtsmittelbeschränkung in § 55 JGG verfolgt letztlich verfahrensbeschleunigende Zwecke, und wenn seit der Verurteilung bereits sechs Monate vergangen sind, kann der Vollstreckungsleiter gemäß § 87 Abs. 3 Satz 2 JGG von der Vollstreckung des Jugendarrests absehen (was also zu einer möglichst frühen Vollstreckung anhält). Nach einem Jahr ist die Vollstreckung sogar schlechterdings unzulässig, § 87 Abs. 4 Satz 1 JGG. Auch die Richtlinien zu § 4 JAVollzO, in Nr. 6 und 7 zu § 43 JGG, in Nr. 1 zu § 55 JGG und zu §§ 82-85 JGG weisen ausdrücklich auf eine zügige Sachbehandlung hin.

So betrachtet, wäre ein induktiver Schluss auf ein allgemeines Prinzip sicher nicht verfehlt. Allerdings zeigen eine Reihe weiterer Normen, dass die Beschleunigung im Jugendverfahren nicht Selbstzweck sein kann. Vielmehr tragen einige Bestimmungen gerade zur „Entschleunigung" bei.[383] Dies gilt etwa für den (gelegentlich zeitaufwändigen[384]) Täter-Opfer-Ausgleich oder die Mediation im Rahmen der Diversion (§ 45 Abs. 2 JGG), die das Verfahren genauso ausbremsen, wie eine Aussetzung der Verhängung der Jugendstrafe (§ 27 JGG) oder die Vorbewährung (§§ 61-61b JGG) zur Verzögerung führen.[385] Das beschleunigte Verfahren in der Strafprozessordnung (§§ 417 ff. StPO) ist – zumindest für

---

Jugendgerichtshilfe gem. § 38 Abs. 3 Satz 2 JGG *„beschleunigt"* über das Ergebnis der Nachforschungen.

383 Vgl. *Schatz*, in: FS Ostendorf, S. 803.

384 Ein Täter-Opfer-Ausgleich kann in der Praxis ganz unterschiedlich aussehen, wobei der Aufwand meist auch mit der Schwere der Tat zusammenhängen wird. Von der bloßen Entschuldigung und der Übergabe eines Geldbetrags in der Hauptverhandlung mit kaum verzögernder Wirkung bis hin zu mehrfachen Gesprächen mit Mediatoren/Psychologen und einer vertieften Auseinandersetzung mit der Tat ist alles denkbar.

385 *Dünkel*, in: FS Ostendorf, S. 275; *ders.*, ZJJ 2015, 19 [20].

Jugendliche[386], §§ 79 Abs. 2, 109 Abs. 2 Satz 1 JGG – unzulässig und wird durch das nur in Ausnahmefällen statthafte vereinfachte Verfahren (§§ 76 ff. JGG) ersetzt, in dem von Verfahrensvorschriften nur dann abgewichen werden darf, wenn die Erforschung der Wahrheit dadurch nicht beeinträchtigt wird.[387] Wird gegen einen Heranwachsenden im beschleunigten Verfahren verhandelt, jedoch Jugendstrafrecht angewendet, gilt für ihn die Rechtsmittelbeschränkung in § 55 JGG nicht, § 109 Abs. 2 Satz 3 JGG.[388] Auch das Strafbefehlsverfahren, das im allgemeinen Strafverfahrensrecht der beschleunigten Erledigung dient,[389] ist bei Anwendung von Jugendstrafrecht ausgeschlossen, §§ 79 Abs. 1, 109 Abs. 2 Satz 1 JGG. Schließlich erfordert auch die Ermittlung der Persönlichkeit des Beschuldigten und seines sozialen Umfelds, § 43 JGG, in aller Regel mehr Zeit als die bloße Feststellung der persönlichen Verhältnisse im Erwachsenenstrafrecht,[390] wo auch die verzögernde Mitwirkung der Jugendgerichtshilfe, § 38 JGG, nicht erforderlich ist.[391] Zudem kostet die – erst seit 2006 im Jugendstrafverfahren zulässige[392] – Beteiligung eines Nebenklägers am Verfahren, § 80 Abs. 3 JGG, zusätzlich Zeit. Die Gesamtschau dieser Normen zeigt mithin, dass es dem Jugendgerichtsgesetz nicht um eine Beschleunigung um ihrer selbst willen gehen kann. Es forciert in erster Linie nicht ein lediglich schnelleres, sondern ein insgesamt erzieherisch wirksameres Verfahren.[393] Demzufolge lässt sich auch aus dem Normgefügte heraus kein generelles Beschleunigungsprinzip herleiten.

Dafür spricht im Übrigen auch der Umstand, dass der Gesetzgeber – im Gegensatz zu Serbien und Slowenien[394] – weder Höchstfristen für einzelne

386 Zum beschleunigten Verfahren bei Heranwachsenden vgl. *Putzke*.

387 *Plewig*, in: FS Ostendorf, S. 671.

388 Vgl. *Eisenberg*, § 109, Rn. 9.

389 BeckOKStPO/*Temming*, § 407, Rn. 1.

390 Vgl. auch *Plewig*, in: FS Ostendorf, S. 671.

391 Auch in der EU-Richtlinie 2016/800 des Europäischen Parlaments und des Rates der Europäischen Union vom 11.5.2016 kommt klar zum Ausdruck, dass es insofern nicht alleine um Beschleunigung, sondern v.a. auch um *gründliche* Ermittlung geht, wenn es etwa in Art. 13 Abs. 1 unter der Überschrift „Zügige und sorgfältige Bearbeitung der Fälle" heißt: „Die Mitgliedsstaaten ergreifen alle angemessenen Maßnahmen, um sicherzustellen, dass Strafverfahren, an denen Kinder beteiligt sind, mit Vorrang und mit der gebotenen Sorgfalt bearbeitet werden."

392 Eingeführt durch das 2. Justizmodernisierungsgesetz v. 22.12.2006, BGBl. I, 3416.

393 *Schatz*, in: FS Ostendorf, S. 803 f.

394 Vgl. *Gensing*, S. 130 f.

Verfahrensabschnitte noch – anders als die Schweiz[395] – eine Sanktionierung für ein zu langsames Procedere geregelt hat. Im Rahmen der Berücksichtigung des Zeitablaufs bei der Strafhöhe zeigt sich in Deutschland eher noch eine faktische Schlechterstellung von Jugendlichen. Der Bundesgerichtshof stuft hier nämlich den erzieherischen Auftrag des Jugendgerichtsgesetzes offenbar höher ein als den Grundsatz der obligatorischen Ermäßigung der Strafe bei überlanger Verfahrensdauer.[396] So hat er bereits 2002 in einem obiter dictum Bedenken in Bezug auf die schematische Übertragbarkeit der Kompensation im Wege der Strafermäßigung angemeldet.[397] Der Ausgleich für eine Verfahrensverzögerung dürfe nicht dazu führen, dass die zur Erziehung erforderliche Dauer der Jugendstrafe unterschritten und dadurch die Erreichung des Erziehungsziels gefährdet werde.[398] An dieser Sichtweise wurde seitens der obergerichtlichen Rechtsprechung zumindest im Hinblick auf Erziehungsmaßregeln[399] und Zuchtmittel[400] bis heute festgehalten. Für die Jugendstrafe wird dagegen in Ausnahmefällen mittlerweile die Vollstreckungslösung aus dem Erwachsenenstrafrecht angewendet.[401] Diese Haltung erfährt freilich relativ deutliche Kritik aus der Literatur.[402]

---

395 Vgl. Art. 21 Abs. 1 lit. f. JStG: „Die urteilende Behörde sieht von einer Bestrafung ab, wenn [...] seit der Tat verhältnismässig lange Zeit verstrichen ist, der Jugendliche sich wohlverhalten hat und das Interesse der Öffentlichkeit und des Geschädigten an der Strafverfolgung gering sind."

396 *Khostevan*, S. 30.

397 BGH NStZ 2003, 364.

398 BGH NStZ 2003, 364 [365].

399 S. etwa BGH BeckRS 2017, 112024 zu Auflagen und Weisungen.

400 S. etwa BeckRS 2012, 02848 zum Jugendarrest.

401 Vgl. BGH NStZ 2010, 94, wo ein geringer Teil der Jugendstrafe als vollstreckt gelten sollte, und BGH NStZ 2011, 524 [525], wo dies mit Blick auf den besonders gravierenden Vorwurf(!), die schwierige Beweissituation und das noch überschaubare Ausmaß der Verzögerung auch unter Berücksichtigung der besonderen Bedeutung zügigen Prozessierens im Jugendstrafverfahren nicht für erforderlich erachtet wurde; vgl. dazu auch ausführlich *Rose*, NStZ 2013, 315 [322 ff.].

402 Vgl. *Laubenthal/Baier/Nestler*, Rn. 766 f.; *Ostendorf*, StV 2008, 114 [115]; *ders.*, S. 67: „Die Ablehnung dieses im Erwachsenenstrafrecht anerkannten Grundsatzes durch den 3. Strafsenat des BGH dient weder dem Ziel des Jugendstrafrechts i.S. einer Individualprävention [...] noch ist sie mit dem Prinzip ‚Verbot der Benachteiligung Jugendlicher/Heranwachsender gegenüber Erwachsenen in vergleichbarer Prozesslage' [...] vereinbar." Das BVerfG hat allerdings etwa die Vollstreckung einer Jugendstrafe 22 Monate nach Rechtskraft der Verurteilung für verfassungswidrig erklärt, vgl. die entsprechende Entscheidung in ZJJ 2013, 315.

Damit lässt sich als Zwischenfazit festhalten: Der allgemeine Beschleunigungsgrundsatz im Strafverfahrensrecht gilt zwar grundsätzlich auch im Jugendstrafrecht. Seine Begründung lässt sich eingedenk der unterschiedlichen Gesetzeszwecke indessen nur teilweise übertragen. Ein *besonderer* Beschleunigungsgrundsatz kann sich somit nicht allein darauf stützen, dass die im Erwachsenenstrafrecht vorgetragenen Argumente im Jugendstrafrecht quasi *erst recht* gelten müssten. Seine Ableitung erfährt das Beschleunigungsprinzip vielmehr in erster Linie aus dem Erziehungsgedanken, der eine bestimmte „Geschwindigkeit" des Verfahrens – jedenfalls mit Blick auf die Gesetzessystematik – aber nicht fordert.

3. Erziehungsgedanke

Nachdem die Gesetzessystematik ein mindestens ambivalentes Bild abgibt, stellt sich die Frage, ob nicht möglicherweise der *Erziehungsgedanke per se* einen besonders schnellen Verfahrensabschluss fordert. Dies ist letztlich das Hauptargument in Gesetzgebung, Rechtsprechung und Literatur. Die Strafe soll der Tat ja *aus erzieherischen Gründen* auf dem Fuße folgen.

a) Theoretischer Hintergrund

Woher die zahlreichen Stimmen ihr Wissen beziehen, wird indes nicht näher dargetan. Teilweise stützt man sich sogar erklärtermaßen nur auf die „alltagstheoretische Plausibilität" der Behauptung.[403] Damit bewegen sich die Unterstützer dieser Meinung allerdings weit im vorwissenschaftlichen Bereich, der grundsätzlich nur bedingt für Gesetzesbegründungen taugen dürfte.[404] Höchstwahrscheinlich beruhen diese Einschätzungen neben eigenen Erfahrungen jedoch auch auf entsprechend interpretierten Erkenntnissen anderer Disziplinen, die sich diesem Forschungsfeld intensiver zugewandt haben, insbesondere der pädagogischen Psychologie. Die wissenschaftliche Pädagogik als weitere Fachgruppe greift ihrerseits nämlich ebenfalls nur auf die psychologischen Theorien zurück und adaptiert diese.[405] Die für die gegenständliche Forschungsfrage wichtigsten

403 HK-JGG/*Laue* § 55, Rn. 4; ähnlich auch *Ostendorf*, ZJJ 2016, 120 [122]; *Schatz*, in: FS Ostendorf, S. 807; ablehnend *Plewig*, in: FS Ostendorf, S. 674, und *Mertens/Murges-Kemper*, ZJJ 2008, 356 [357].

404 So *Degener*, ZJJ 2015, 4 [8] und auch *von Danwitz*, in: FS Eisenberg I, S. 12.

405 Vgl. *Mertens*, S. 55.

psychologischen Erkenntnisse und Theorien sollen daher nachfolgend beschrieben werden.

aa) Entwicklungspsychologische Erkenntnisse

Über die speziellen psychosozialen Entwicklungseffekte staatlicher Strafsanktionen in Bezug auf Jugendliche und Heranwachsende ist heute aufgrund fehlender prospektiver Längsschnittstudien in diesem Bereich im Grunde wenig bekannt.[406] Belegt ist allerdings, dass ganz allgemein – neben den körperlichen und psychosexuellen – auch wesentliche kognitive Veränderungen in der Adoleszenz vonstattengehen. Rein anatomisch betrachtet, erreicht das Gehirn des Jugendlichen zwar bereits im 14. Lebensjahr sein endgültiges Gewicht, der Reifeprozess des Gehirns ist dann aber erst ca. zwischen dem 14. und 18. Lebensjahr abgeschlossen.[407] Manche Funktionen, wie etwa die Fähigkeit zur Impulskontrolle, sind sogar erst mit Anfang 20 voll entwickelt.[408] Im Vergleich zum Kind wird es dem Jugendlichen nunmehr zunehmend möglich, hypothetisch, abstrakt und multidimensional zu denken, sich also die Ebenen des Möglichen gedanklich zu erschließen, Sinnstrukturen im Kontext gesellschaftlicher Sachverhalte und auch in Bezug auf die Moral zu verstehen und mehrere Aspekte in den eigenen Denkprozess einzubeziehen und zu verarbeiten.[409] Nach außen hin sichtbar wird diese Entwicklung dadurch, dass der Jugendliche zunehmend in der Lage ist, seine eigene Entwicklung selbst in die Hand zu nehmen, sich Ziele der Selbstveränderung zu setzen und Strategien zu entwickeln, diese Ziele auch zu erreichen, also zunehmend „selbstständiger" zu werden.[410] Jugendliche beschäftigen sich in dieser Lebensphase mithin auch gedanklich in größerem Maße mit der eigenen wie der gesellschaftlichen Zukunft.[411] Gleichzeitig begeben sie sich vermehrt auf die Suche nach der eigenen Identität.[412]

Kohlberg formulierte in Bezug auf die Moralentwicklung seine bekannte Stufentheorie.[413] Danach soll auch die moralische Entwicklung bei jedem Menschen stets in der gleichen Reihenfolge verlaufen: Während auf der untersten der insgesamt

---

406 *Greve*, in: Oerter/Montada, S. 889.
407 Vgl. *Fend*, S. 105.
408 *Woolfolk*, S. 31.
409 *Oerter/Dreher*, in: Oerter/Montada, S. 274; ausführlich dazu auch *Steinberg*, S. 42 ff.; *Lefrancois*, S. 236 f.
410 Vgl. *Fend*, S. 416.
411 *Zimbardo/Gerrig*, S. 482.
412 *Woolfolk*, S. 93.
413 Vgl. ausführlich *Kohlberg*, S. 123 ff.

sechs Stufen moralische Urteile noch auf der Basis des eigenen Vorteils getroffen werden, rückt mit zunehmendem Fortschreiten das davon unabhängige Gemeinwohl in den Vordergrund.[414] Dementsprechend wird die Moral eines Kindes auf den unteren Stufen noch von äußeren Faktoren kontrolliert. Handlungen, die von Autoritäten bestraft werden, sind demzufolge „böse", und das Kind versucht sie – aus einem egozentrischen Standpunkt heraus – zu vermeiden.[415] Zwar befindet sich ein Großteil der Jugendlichen in der Phase der Adoleszenz nach diesem Modell bereits auf der dritten oder vierten Stufe, jedoch kann es in der Übergangszeit zur Erwachsenenphase wieder zu einer gewissen Orientierungslosigkeit und moralischer Willkür kommen. Mehr als das Niveau der vierten Stufen sollen allerdings ohnehin nur die allerwenigsten Menschen in ihrem Leben erreichen.[416] Folglich dürfte sich das moralische Urteilsvermögen bei normaler Entwicklung bereits im Jugendalter weitgehend an dasjenige Erwachsener angeglichen haben. Umgekehrt gibt es aber auch durchaus Erwachsene, die trotz biologischer „Reife" nicht in der Lage sind, konventionelle oder gesellschaftliche Regeln zu verstehen oder zu unterstützen.[417] Ob sich der Jugendliche dann tatsächlich auch so verhält, wie er moralisch urteilt, ist freilich eine ganz andere Frage.[418] Denn in Alltagssituationen hängen moralische Urteile nicht nur von Schlussfolgerungen ab, sondern in starkem Maße etwa auch von Emotionen oder alternativen Zielen.[419]

Mit der Frage, wie sich abseits allgemein zu beobachtender Entwicklungsprozesse *konkretes* Verhalten beeinflussen lässt, beschäftigt sich insbesondere der Behaviorismus.

bb) Behavioristische Lerntheorien

Von allen Lerntheorien haben sich wohl die behavioristischen Strömungen in der Psychologie als erste intensiver mit der konkreten Fragen nach dem Verhältnis Geschwindigkeit-Wirksamkeit der Bestrafung auseinandergesetzt.

Einer der Vorreiter des Behaviorimus war *Pawlow*, der in seinem berühmt gewordenen Experiment mit dem *Pawlowschen Hund* das Phänomen der klassischen Konditionierung erforschte. Er fand heraus, dass er durch einen an sich neutralen Reiz (Glockenklingeln) eine Reaktion bei dem Hund hervorrufen

---

414 Vgl. *Zimbardo/Gerrig*, S. 494.
415 *Berk*, 3. Aufl., S. 537.
416 *Berk*, 5. Aufl., S. 556.
417 *Kohlberg*, S. 126 f.
418 Göppinger/*Bock*, S. 140; vgl. auch *Kohlberg*, S. 15.
419 *Woolfolk*, S. 104.

konnte (Speichelfluss), wenn er den neutralen Reiz vorher mit einem wirksamen Stimulus (Futter) verband.[420] Vereinfacht ausgedrückt, konnte *Pawlow* mit Hilfe dieser Technik den Hund also nach seinem Willen dressieren. Ähnliche Experimente wurden später erfolgreich auch mit Menschen durchgeführt, etwa in Form einer Verknüpfung des natürlichen Lidschlussreflexes mit einem Ton.[421] Freilich wurde dieses Verfahren nicht nur anhand von „positiven" Reizen untersucht. Bald wurde auch mit unangenehmen Stimuli experimentiert.[422] Beispielsweise wurden Ratten darauf abgerichtet, das Drücken eines Hebels, mit dem sie eigentlich Futter erhielten, zu unterlassen, indem unmittelbar auf dieses Verhalten ein Elektroschock folgte.[423] Dabei fand man allerdings bald heraus, dass eine solche Verknüpfung nicht dauerhaft anhält. Insbesondere bei einem wiederholten Präsentieren des neutralen Reizes ohne entsprechenden Stimulus kam es schnell wieder zu einer sog. Extinktion (oder Löschung) der Assoziation,[424] auch wenn der anschließende Wiedererwerb bei erneuter Verknüpfung regelmäßig wesentlich schneller ablief.[425] Weiterhin zeigte sich, dass das *zeitliche Verhältnis* zwischen Reiz und Reaktion den wichtigsten Faktor für eine starke und schnelle Konditionierung ausmachte. So gelang die Konditionierung des Lidschlusses bei jungen Menschen mit einer (sehr) kurzen Verzögerung von 0,4 Sekunden am besten, bei älteren Erwachsenen hingegen mit einer Verzögerung von etwa einer Sekunde.[426] Stets musste die Reaktion also besonders rasch auf das gezeigte Verhalten folgen, um Wirkung zu zeigen. Mit Hilfe der so gewonnenen Erkenntnisse war man in der Lage, z.B. die Entstehung von Phobien nachzuvollziehen und Menschen in Form einer schrittweisen Desensibilisierung (= Extinktion) auch wieder davon zu heilen.[427]

Nachdem sich die klassische Konditionierung im Wesentlich nur mit (schon vorhandenen) Reflexen bzw. unwillkürlichen Verhaltensweisen beschäftigt, werden damit Reaktionen, die nicht automatisch ablaufen, sondern spontan auftreten und von mehreren Faktoren abhängen, nicht erfasst. Mit diesen Reaktionen beschäftigt sich das Prinzip des operanten Konditionierens.[428] Alltagssprachlich

---

420 Vgl. hierzu *Fortmüller*, S. 43 f.
421 *Steinmetz*, Psychological Science, 1999 (10), 24 ff.
422 Vgl. *Bliesener/Thomas*, in: FS Ostendorf, S. 75.
423 Vgl. *Mazur*, S. 106.
424 S. *Lefrancois*, S. 41; *Fortmüller*, S. 47.
425 *Lass-Hennemann/Tuschen-Caffier/Michael*, in: Margraf/Schneider, S. 417.
426 *Solomon/Blanchard/Levine/Velazquez/Groccia-Ellision*, S. 36 ff.
427 Vgl. *Mazur*, S. 132 ff.
428 *Mertens*, S. 41.

kann operantes Konditionieren dabei auch schlicht als „Lernen am Erfolg“ oder „Lernen durch Belohnung/Bestrafung“ umschrieben werden. Erforscht wurde dieses Prinzip wohl erstmals mit *Thorndikes „Problemkäfig“*.[429] *Thorndike* setzte verschiedene (hungrige) Tiere in einen Käfig, aus dem es – mehr oder weniger komplexe – Möglichkeiten zu entkommen gab, wobei die Tiere durch Futter vor dem Käfig entsprechend motiviert wurden.[430] Wo es den Tieren zunächst nach einiger Zeit nur rein zufällig irgendwann gelang, die richtigen Handlungen auszuführen, wurde diese Zeitspanne im Laufe der Durchgänge immer kürzer – das Tier hatte also „dazugelernt“.[431] *Thorndike* übertrug die daraus gewonnene Erkenntnis, dass Lernen letztlich durch Versuch und Irrtum erfolge, gleichsam auf das menschliche Lernen.[432] *Thorndikes* im Anschluss an seine Experimente formuliertes Gesetz der Wirkung (*„Law of Effect“*) besagt, dass Reaktionen, die unmittelbar vor einem befriedigenden Zustand ausgeführt werden, mit höherer Wahrscheinlichkeit wiederholt und dass umgekehrt Reaktionen, die unmittelbar vor einem unerfreulichen Zustand ausgeführt werden, mit höherer Wahrscheinlichkeit nicht mehr wiederholt werden.[433]

Geprägt wurde die Bezeichnung des operanten Konditionierens indes erst von *Skinner*, der die Arbeiten von *Thorndike* fortführte und die sog. *„Skinner Box“* entwickelte, in der zufällig auftretendes Verhalten von Ratten durch Verstärkung (Futter) oder Bestrafung (Elektroschocks) erlernt oder unterdrückt werden konnte.[434] *Skinner* erklärte gezeigte Verhaltensweisen dabei ausschließlich mit Umweltreizen – (rein) geistigen Ereignissen wie Denken oder Vorstellungen sprach er dagegen jegliche Relevanz ab.[435] Seine Beobachtungen übertrug *Skinner* genauso wie *Thorndike* auch auf menschliches Verhalten.[436] Offenbar gelang es einer Gruppe von Studenten sogar, ihren Professor von seinem Podest fallen zu lassen, indem sie unbemerkt jede seiner Bewegungen nach links (durch aufmerksames Zuhören, verständnisvolles Kopfnicken und Mitschreiben) positiv verstärkten.[437] Ebenso wie für das klassischen Konditionieren gilt allerdings

---

429 S. dazu *Fortmüller*, S. 54 ff.

430 *Bodenmann/Perrez/Schär*, S. 101.

431 *Thorndike* nannte die Formel „Lernen am Erfolg“, vgl. *Edelmann/Wittman*, S. 73; s. dazu auch *Zimbardo/Gerrig*, S. 262.

432 Vgl. *Lefrancois*, S. 68 f.

433 *Bodenmann/Perrez/Schär*, S. 100.

434 *Bodenmann/Perrez/Schär*, S. 103.

435 *Zimbardo/Gerrig*, S. 245.

436 Vgl. Göppinger/*Bock*, S. 135.

437 Vgl. *Mazur*, S. 195.

nach den tierexperimentellen Befunden mit Blick auf die Effektivität: Je unmittelbarer die Bestrafung, desto größer die Reduktion des Verhaltens.[438] Bereits ein Zeitintervall von einigen Sekunden kann dabei die Wirksamkeit reduzieren.[439] *Abramowitz* und *O'Leary* bestätigten die Gültigkeit dieser Aussage in einem Experiment mit der Bestrafung von Schulkindern durch den Lehrer, wo missliebiges Verhalten faktisch seltener widerholt wurde, wenn der Lehrer die Kinder direkt rügte statt erst nach zwei Minuten.[440] *Trenholme* und *Baron* gewannen vergleichbare Erkenntnisse mit Versuchsanordnungen, in denen Studenten Geld verloren, wenn sie einen Knopf, mit dem sie eigentlich Geld gewinnen konnten, zum „falschen" Zeitpunkt drückten.[441] Wenn einem bestimmten Verhalten demnach nicht nur entweder eine positive oder eine negative Konsequenz folgt, sondern wenn das Verhalten sowohl eine Belohnung als auch eine Bestrafung zeitigt, bestimmt sich die Wirkung auf das Individuum primär nach der zeitlichen Reihenfolge, in der die Konsequenzen eintreten: Folgt zuerst die Belohnung, wird das Verhalten tendenziell eher verstärkt, folgt zuerst die Bestrafung, wird es eher unterdrückt.[442] Ferner fand man heraus, dass eine kontinuierliche Verstärkung (also eine Reaktion auf jedes einzelne erwünschte Verhalten) zu einem schnelleren Lernen führt,[443] umgekehrt aber eine intermittierende (variable) Verstärkung eine langsamere Löschung des erlernten Verhaltens bewirkt.[444] Außerdem sollte die Reaktion, um so wirkungsvoll wie möglich zu sein, gleich möglichst stark erfolgen[445] und sie darf sich nicht erst langsam steigern, da ansonsten schnell eine Art Gewöhnungseffekt eintreten kann.[446] *Fuhrer* fordert mit Blick auf diese Erkenntnisse,[447] die Bestrafung eines Kindes solle unmittelbar und sofort mit maximaler Intensität erfolgen.[448] So sei es ungeschickt, wenn eine Mutter ihrem Kind androhe: „*Warte nur, bis der Vater nach Hause kommt!*",

---

438 Vgl. etwa *Baron/Kaufmann/Fazzini*, 11 ff.; *Azrin/Holz*, S. 394 ff.; s. auch *Edelmann/ Wittmann*, S. 78.

439 *Fortmüller*, S. 63.

440 *Abramowitz/O'Leary*, S. 231 ff. THERAPY 21, 231-239

441 *Trenholme/Baron*, S. 62 ff.

442 *Mower*, S. 426.

443 Vgl. etwa *Cipani/Brendlinger/McDowell/Usher*, S. 147 ff.

444 *Azrin/Holz/Hake*, S. 147; vgl. auch *Steiner*, in: Krapp/Weidenmann, S. 146; *Edelmann/ Wittmann*, S. 79.; *Niesing*, S. 22.

445 *Solomon*, S. 240; *Azrin/Holz*, S. 396.

446 Vgl. *Fortmüller*, S. 66.

447 Vgl. hierzu *Azrin/Holz*, S. 426 f.; *Steiner*, in: Krapp/Weidenmann, S. 149 f.

448 *Fuhrer*, S. 253.

denn die Strafe sei letztlich unwirksam, wenn sie erst Stunden oder gar Tage danach oder durch eine unbeteiligte Person erteilt werde.[449] Allerdings gelang es *Rolider* und *van Houten*, den Effekt der Strafe aufrechtzuerhalten, indem sie in einem Experiment die Trotzanfälle eines 10-jährigen Jungens durch die Eltern auf einem Kassettenrekorder aufzeichnen und ihm später, unmittelbar vor der Bestrafung, nochmals vorspielen ließen,[450] wodurch die Verknüpfung von Verhalten und Bestrafung offenbar wieder hergestellt werden konnte.

cc) Kritik an den behavioristischen Modellen

Obgleich die grundsätzliche Wirksamkeit des Konditionierens nicht angezweifelt wird, sind konkrete Aussagekraft und Anwendungsbereich doch umstritten. Naturgemäß kann an dieser Stelle weder der psychologische Diskurs aufgearbeitet noch etwa der Frage nachgegangen werden, ob es generell ethischem Verhalten widerspricht, Experimente an Tieren durchzuführen. Für die vorliegende Arbeit interessiert vielmehr die Kritik, die sich speziell gegen die Übertragbarkeit der Erkenntnisse auf den Menschen wendet. So wird etwa darauf verwiesen, dass Menschen ein Bewusstsein besäßen, dass Fühlen einen großen Anteil am Verhalten habe und dass die Interaktion des Menschen mit seiner Umwelt sicherlich über Stimulus und Reaktion hinausgehe.[451] Der Mensch könne sich daher gerade auch entgegen bestimmter „Reize" verhalten.[452] So könne Strafe beim Menschen etwa statt (nur) Furcht auch Ärger, Gleichgültigkeit oder sogar Stolz auslösen,[453] sei es aus Trotz heraus, um Aufmerksamkeit zu erhalten oder z.B. aufgrund einer positiven Bewertung der Strafe innerhalb der peer group.[454] Teilweise wird die (implizite) Art des Lernens nach dem Reiz-Reaktion-Muster auch generell als „unintelligent" bezeichnet, während (explizites) Lernen beim Menschen höhere geistige Prozesse beanspruche und in der Regel sprachbasiert, zumindest aber auf mentaler Ebene symbolisch kodiert erfolge.[455] Die tierexperimentellen Experimente ignorierten jedoch diese menschliche Fähigkeit, Symbole zu verwenden und Assoziationen daher auch über längere Zeiträume hinweg aufbauen zu können.[456] Zudem wird eingewandt, dass das Modell des

---

449 So auch *Mazur*, S. 276; und *Steiner*, in: Krapp/Weidenmann, S. 149 f.
450 *Rolider/van Houten*, S. 181 ff.
451 *Lefrancois*, S. 386.
452 Göppinger/*Bock*, S. 135.
453 Vgl. *Montada/Setter to Bulte*, S. 86.
454 So auch *Niesing*, S. 210.
455 *Bliesener/Thomas*, ZJJ 2012, 382 [384]; *Mower*, S. 445.
456 *Bliesener/Thomas*, ZJJ 2012, 382 [385]; vgl. auch *Lefrancois*, S. 121.

Konditionierens mehr an Dressur denn an Erziehung erinnere und wenig Gelegenheit zur bewussten Verhaltensänderung lasse,[457] was allenfalls noch auf die Erziehung von Kleinkindern zutreffen möge.[458] Strafe müsse hingegen, wenn sie wirken solle, den Täter so ändern, dass er aus gewonnener Einsicht (nicht Furcht) heraus später kein Recht mehr verletzen will.[459] Mit den Wirkungen einer „Dressur" gingen überdies entsprechende Nachteile einher: Schnell werde damit nicht nur eine einzelne missbilligte Verhaltensweise unterdrückt, sondern gleich alle. *Mazur* bemüht in diesem Zusammenhang etwa das Beispiel eines Lehrers, der eigentlich nur „dumme Fragen" reduzieren möchte, bei dem dann aber die Anzahl der Fragen der Schüler insgesamt abnimmt.[460] So könne auch schnell die Person, die die Strafe ausspricht, selbst als aversiv erlebt werden und ggf. Angst hervorrufen.[461] Desgleichen dürfte die Wegnahme des Strafstimulus das unerwünschte Verhalten schnell wieder aufleben lassen.[462] Fernerhin erscheint auch die praktische Umsetzbarkeit der Laborexperimente kaum vorstellbar: Denn dann müsste das jeweilige Verhalten permanent kontrolliert werden, so dass auf *jede* missbilligte Handlung *sofort* reagiert werden könnte.[463]

dd) Kognitive Lerntheorien

Tatsächlich stößt das behavioristische Modell in Bezug auf vielschichtiges menschliches Verhalten an seine Grenzen. Innere (Lern-)Vorgänge kann (und will) der Behaviorismus nicht erklären.[464] Kognitive Theoretiker beschränken sich folglich nicht auf die Erforschung objektiv registrierbaren Verhaltens, sondern beziehen Tatbestände des Erlebens in ihr Konzept mit ein.[465] Dabei meint Kognition in diesem Zusammenhang schlichtweg jede mentale Aktivität, die zur Repräsentation und Verarbeitung von Wissen eingesetzt wird, wie beispielsweise Denken, Erinnern, Wahrnehmen und die Verwendung von Sprache.[466]

---

457 So etwa *Mertens/Murges-Kemper*, ZJJ 2008, 356 [357]; vgl. auch *Mertens*, S. 75.

458 Vgl. *Gabriel*, in: Arbeitsstelle, S. 17; vgl. auch *Dollinger*, ZJJ 2015, 192 [195]; *Verrel*, in: FS Heinz, S. 527.

459 *Geißler*, S. 153; zustimmend auch *Plewig*, in: FS Ostendorf, S. 680.

460 *Mazur*, S. 279; sog. Reiz-Generalisierung, vgl. *Edelmann/Wittmann*, S. 53.

461 *Edelmann/Wittmann*, S. 87.

462 Vgl. *Mertens*, S. 45.

463 *Bliesener/Thomas*, in: FS Ostendorf, S. 76.

464 Vgl. *Bodenmann/Perrez/Schär*, S. 130.

465 *Guss*, S. 32.

466 *Zimbardo/Gerrig*, S. 282.

Beobachtungen offenbaren, dass eine Vielzahl von Verhaltensweisen bei einem Individuum auftritt, ohne dass es je Gelegenheit gehabt hätte, sie selbst durch eigenes Tun im Sinne des o.g. trial and error-Prinzips zu erlernen.[467] Kinder wie Erwachsene lernen offenbar viele, wenn nicht gar die meisten, Verhaltensweisen durch bloßes Beobachten und Nachahmen anderer, mithin durch Lernen am Beispiel/Modell,[468] und damit mittelbar auch durch Fehler von Dritten.[469] Diese simple Feststellung zeigt nun bereits, dass der Mensch fähig sein muss, durch geistige Prozesse sehr viel effizienter zu lernen als durch bloßes Ausprobieren und persönliche Erfahrung und dass sein Lernverhalten tatsächlich weitaus komplexeren Strukturen folgt.

Die auf Grundlage dieser Feststellungen von *Bandura* entwickelte Theorie des sozialen Lernens basiert zwar im Grunde noch auf der operanten Konditionierung (weil es unter anderem darum geht, ob das beobachtete Modell für sein Verhalten bestraft oder belohnt wird[470]), anerkennt indes zusätzlich schon die Bedeutung kognitiver Variablen.[471] Dabei werden vor allem moralische Normen offenbar durch Beobachtung bzw. Identifikation mit Vorbildern gelernt.[472] So konnte unter anderem aufgezeigt werden, dass harte Bestrafung durch die Eltern mit aggressiven und kriminellen Verhaltensweisen korreliert, obwohl nach den rein behavioristisch orientierten Theorien doch zu erwarten wäre, dass sich dadurch das unerwünschte Verhalten am stärksten reduziert.[473] Ebenso sind Jugendliche, die „deviante Freunde" haben, offenbar selbst vermehrt anfällig für deviante Verhaltensweisen.[474]

---

467 *Steiner*, in: Krapp/Weidemann, S. 158.

468 So *Bandura*, S. 5.

469 Vgl. *Zimbardo/Gerrig*, S. 285, die im Übrigen darauf hinweisen, dass nicht nur Menschen, sondern auch Zebrafische, Tauben und Tintenfische dazu fähig sind, ihr Verhalten aufgrund der Leistungen anderer Mitglieder ihrer Spezies zu ändern.

470 Vgl. *Edelmann/Wittmann*, S. 164 ff.

471 *Lefrancois*, S. 369; es wird im Übrigen diskutiert, ob das Modelllernen tatsächlich eine eigenständige Lernform darstellt, vgl. *Edelmann/Wittmann*, S. 207. Diese Streitfrage spielt für die vorliegende Arbeit indes keine Rolle, so dass das Modelllernen der Einfachheit halber bei den kognitiven Lerntheorien mit aufgeführt wird; vgl. zur Einordnung als kognitive Theorie auch *Niesing*, S. 39 f.

472 Vgl. *Rössner*, in: FS Schwind, S. 1134; kritisch jedoch *Guss*, S. 98.

473 Ausführlich dazu *Mazur*, S. 428; vgl. auch *Siegler/Eisenberg/De Loache/Saffran*, S. 555; ebenfalls ausführlich *Zimbardo/Gerrig*, S. 270 f.; vgl. auch *Niesing*, S. 93.

474 Vgl. *Fend*, S. 449.

Die sich noch weiter vom Behaviorismus entfernenden (rein) kognitivistischen Lerntheorien, denen es unter anderem auch um ein angemesseneres und würdevolleres Menschenbild geht,[475] definieren ihr Modell als *„Lernen durch Einsicht“*.[476] Man geht also grundsätzlich davon aus, dass Menschen nicht nur beobachtetes Verhalten imitieren, sondern Probleme auch verstehen, Zusammenhänge begreifen sowie Regeln oder Ursache-Wirkungs-Zusammenhänge nachvollziehen können.[477] Die kognitive Psychologie betont weiterhin den Umstand, dass sich Lernende in Bezug auf ihre Motive, Hintergrundinformationen, Interessen und Prädispositionen unterscheiden, so dass sie selbst in äußerlich identischen Situationen häufig unterschiedliche Dinge lernen.[478] Weder reagieren also Menschen auf denselben Reiz immer gleich noch ahmen sie beobachtetes Verhalten immer exakt nach – manchmal sogar überhaupt nicht. In Untersuchungen mit Schimpansen zeigte sich weiter, dass es offenbar „dumme“ Affen gibt, die nur durch Assoziationen und Wiederholung lernen, aber auch „intelligente“ Affen, die komplexe Probleme sehr plötzlich, mithin eher wie Menschen, lösen.[479] Doch selbst Vögel, Bienen und Ratten benutzen augenscheinlich innere „kognitive Landkarten“, um sich in ihrer Umgebung zurechtzufinden.[480] Es leuchtet ein, dass diese Art des Lernens sehr viel weniger auf den zeitlichen Zusammenhang zwischen Verhalten und Reaktion angewiesen ist als das operante Konditionieren. Vielmehr kann Einsicht durch Denken und Reflektieren auch erst „reifen“, was denknotwendig eine gewisse Zeitspanne voraussetzt. Vertreter kognitiver Ansätze weisen demnach darauf hin, dass in erster Linie nicht der aversive Reiz (bzw. die Strafe als solche), sondern vielmehr die Interpretation der Maßnahme durch die bestrafte Person eine Wirkung habe.[481] Ob die Strafe als berechtigt akzeptiert oder als ungerecht empfunden und abgelehnt wird, mache folglich einen dramatischen Unterschied.[482] Belohnung und

---

475 Vgl. *Fitzek*, S. 29.

476 S. *Mertens/Murges-Kemper*, ZJJ 2008, 356 [357]; *Bodenmann/Perrez/Schär*, S. 254.

477 *Mazur*, S. 524; vgl. auch *Guss*, S. 98: „An der Sache orientiertes und durch Einsicht begründetes Handeln ist nicht einfach Ergebnis eines Lernprozesses, sei es vom Typus des Lernens am Erfolg oder des Lernens durch Imitation.“

478 *Lefrancois*, S. 212.

479 Vgl. *Lefrancois*, S. 194.

480 *Zimbardo/Gerrig*, S. 282 f.

481 *Fuhrer*, S. 254; vgl. auch *Guss*, S. 78: „Von Bedeutung ist sicher, was sich während der Handlungs-Verstärkungsintervalle vollzieht, welche motivationalen und kognitiven Veränderungen sich im Kinde abspielen.“

482 So *Montada/Setter to Bulte*, S. 75 ff.

Bestrafung wird sonach weniger eine Funktion zur unmittelbaren Verhaltensauslösung als eine informierende und akzentuierende Bedeutung zugeschrieben.[483] Ebenso könnten längere Zeiträume zwischen Reaktion und Konsequenz durch Kognition (etwa die Erinnerung an ähnliche Erfahrungen in der Vergangenheit oder die Antizipation möglicher Konsequenzen) ausgefüllt werden, so dass trotz der starken Verzögerung eine Konditionierung entstehen könne.[484]

ee) Kriminologische Theorien

Die Kriminologie hat verschiedenste Theorien zur Erklärung von Kriminalität entwickelt, die an dieser Stelle nicht im Einzelnen dargestellt werden können. Der Faktor Zeit spielt dabei jedenfalls kaum eine Rolle. *Plewig* konstatiert daher resigniert, in der kriminologischen Debatte würden zwar „*rechtliche Grundlagen zitiert, Maximen des Strafverfahrens (für junge Straffällige) benannt und Bewertungen abgegeben, die populistische (alltagstheoretische) Forderungen nach Beschleunigung ablehnen. Sie [kämen] aber zu keiner Zusammenschau des erforderlichen Bezugswissens.*“[485] Hervorzuheben sind allerdings die innerhalb der kriminologischen Forschung formulierten Lerntheorien, die – zum Teil in Anlehnung an den Behaviorismus – davon ausgehen, dass sozial auffälliges Verhalten und Straffälligkeit gelernt würden wie jede andere Verhaltensweise auch.[486] Sie zählen insgesamt zu den am weitesten verbreiteten Kriminalitätsentstehungstheorien.[487] *Eysenck* folgert etwa, dass analog den einzelnen Reaktionen auf Reize auch „Gewissen“ und „soziale Verantwortlichkeit“ letztlich nur durch (gelungene) Konditionierung erworben würden.[488] Das Verhalten eines Menschen hänge demnach sehr stark von der Qualität der Konditionierung ab, die er in der Kindheit erhalten habe.[489] Konsequenterweise übernimmt diese Theorie die Variable der zeitlichen Nähe der jeweiligen Reaktion auf das missliebige Verhalten. Auch *Sutherland* kommt in seiner Theorie der differentiellen Kontakte zu dem Ergebnis, dass kriminelles Verhalten gelernt werde, stellt dabei

483 *Guss*, S. 33.

484 Vgl. *Mertens*, S. 43.

485 *Plewig*, in: FS Ostendorf, S. 676.

486 Göppinger/*Bock*, S. 133.

487 *Niesing*, Vorwort.

488 Vgl. *Eysenck*, S. 130 ff.; s. zum „konditionierten Gewissen“ auch *Niesing*, S. 16. Darüber hinaus nimmt *Eysenck* auch biologistische Thesen in seine Theorie mit auf, wie z.B. dass extravertierte Personen leichter zu konditionieren seien als introvertierte, was an dieser Stelle allerdings nicht vertieft zu werden braucht.

489 *Eysenck*, S. 135.

aber in erster Linie auf das Umfeld der Person ab.[490] Überwögen die Kontakte mit Gruppen, in denen die Gesetze negativ bewertet würden, komme es zur Kriminalität, im umgekehrten Fall dagegen nicht.[491] Die darauf aufbauende Theorie der differentiellen Verstärkung fragt sich demgegenüber, *wie* abweichendes Verhalten in solchen Situationen tatsächlich erlernt wird. Sie greift dazu auf die Theorie des sozialen Lernens von *Bandura*, vor allem aber auch auf das Prinzip der operanten Konditionierung zurück. Kriminelles Verhalten soll demnach erlernt werden, wenn es differentiell verstärkt wird, also entweder ein positiver Reiz folgt oder ein negativer Reiz ausbleibt.[492] Ob und inwieweit ein Mensch kriminell wird, sei alsdann eine Frage der Balance zwischen (wenn auch nur beobachteter) Belohnung und Bestrafung in seinem Leben.[493] Bei diesen Ansätzen handelt es sich jedoch ersichtlich um keine kriminologischen Eigengewächse. Vielmehr werden die psychologischen Lerntheorien lediglich adaptiert und ggf. in Bezug auf Kriminalität entsprechend interpretiert. Im Hinblick auf die Einwände gegenüber diesen Ansätzen kann insoweit also vollumfänglich auf die obigen Ausführungen verwiesen werden.[494]

Sykes und *Matza* entwickelten fernerhin die („originär kriminologische") Theorie der Neutralisierungstechniken. Sie findet ihren Ausgangspunkt in *Banduras* Annahme, dass eine Person, unabhängig von äußeren Reaktionen, in der Lage sei, sich für eigenes Verhalten selbst zu bestrafen oder zu belohnen (sog. „Selbstbekräftigungssystem").[495] Die Theorie der Neutralisierungstechniken besagt nun, dass jugendliche Delinquenten – anstatt abweichenden subkulturellen Werten und Normen zu folgen – tatsächlich konventionelle Anschauungen durchaus teilten.[496] Um ihre Taten vor sich selbst zu rechtfertigen (und sich mithin nicht „bestrafen" zu müssen), griffen sie jedoch auf sogenannte Neutralisierungstechniken zurück, die es ihnen erlaubten, ihr Verhalten dennoch als im Einklang mit den gesellschaftlichen Normen stehend anzusehen und sich damit ihr positives Selbstbild zu bewahren.[497] Kriminelle Jugendliche lehnten sonach etwa die individuelle Verantwortung ab, verneinten das Unrecht ihrer Tat, stellten das Opfer als selbst für die Tat verantwortlich hin, „verdammten

490 Vgl. ausführlich *Sutherland*, in: Sack/König, S. 396 ff.
491 Göppinger/*Bock*, S. 136.
492 Vgl. *Hollin*, S. 66.
493 *Niesing*, S. 35; *Hollin*, S. 66.
494 Für eine kriminologischen Blickwinkel vgl. *Killias*, MSchrKrim 64 [1981], 329 ff.
495 Vgl. *Niesing*, S. 51.
496 Vgl. *Sykes/Matza*, in: Sack/König, S. 362.
497 *Sykes/Matza*, in: Sack/König, S. 365; vgl. auch *Tibbetts*, S. 151.

die Verdammenden" oder beriefen sich auch auf höhere Instanzen.[498] Obwohl ursprünglich nur für Jugenddelinquenz entwickelt, wurde die Theorie später auch ganz allgemein auf Straftaten – vor allem der Wirtschaftskriminalität – ausgeweitet.[499] Sie lässt sich wohl am sinnvollsten den kognitiven Lerntheorien zuordnen, weil die Neutralisierungsmethoden der Delinquenten grundsätzlich unabhängig von einer Verstärkung ablaufen und außerdem auch komplexere Denkmuster erfordern. Auch wenn sie selbst im Grunde keine Aussagen zur zeitlichen Wirkung trifft, sind dahingehende Rückschlüsse durchaus denkbar.[500] Geht man nämlich von entsprechend wirkenden Neutralisierungsmechanismen aus, so wäre möglicherweise anzunehmen, dass diese mit zunehmenden Zeitablauf immer weiter voranschreiten und sich verfestigen, weshalb der Jugendliche immer weniger Verantwortung für die Tat empfinden wird, um sich sein positives Selbstbild zu bewahren.[501] Dann wäre es freilich sinnvoll, die Sanktionierung so schnell wie möglich folgen zu lassen, damit der Jugendliche die Strafe noch als konsequente Reaktion auf seine Tat versteht.[502] Gesichert sind diese Vermutungen freilich nicht, denn wenn ein Delinquent eine Straftat damit rechtfertigt, dass er etwa das Opfer ablehnt, erscheint es naheliegend, dass er dies auch schon vor der Tat so gesehen hat und die reine Geschwindigkeit der Reaktion deshalb wenig daran zu ändern vermag.

---

498 S. dazu Göppinger/*Bock*, S. 150; *Mann*, S. 24; ausführlich *Sykes/Matza*, in: Sack/König, S. 366 ff.

499 Es ist durchaus interessant, wie häufig man in der strafrechtlichen Praxis auf Neutralisierungstechniken stößt. So begegnet einem nicht selten der Einwand z.B. eines Drogendealers, er hätte keine hohe Strafe verdient, er sei ja schließlich „kein Krimineller", was meist (nur) heißen soll, dass er keine Gewalt- oder Sexualstraftaten begeht. Ebenfalls wird in diesem Deliktsbereich die Schuld oft auf die strengen Gesetze des Staates geschoben („In Bayern wird man ja schon mit fünf Gramm verurteilt, in meinem Heimaltland würde das niemanden interessieren!").

500 Diese Schlüsse zieht etwa *Schaumann*, S. 70; kritisch dazu aber HK-JGG/*Laue* § 55, Fn. 13: „Der Zusammenhang zwischen der Theorie der Neutralisierungstechniken von Sykes/Matza und jugendstrafrechtlichen Sanktionen bleibt unklar."

501 So offenbar *DVJJ-Kommission*, DVJJ-Journal 2001, 345 [349]: „Es besteht die Gefahr, dass sich in dieser Zeit Rechtfertigungs- und Bagatellisierungsmuster entwickeln und verfestigen und der Zusammenhang zwischen Tat und strafrechtlicher Reaktion nicht mehr verstanden wird."

502 So jedenfalls *Mann*, S. 24 f.

b) Empirische Befunde

Kritische Stimmen monieren, dass die These, wonach die Strafe der Tat im Jugendstrafrecht „*auf dem Fuße*“ folgen müsse, nicht hinreichend empirisch belegt sei.[503] Tatsächlich zeigt die Auswertung der einschlägigen Literatur, dass sich Studien nur ganz vereinzelt diesem Thema zuwenden. Allerdings mögen Rückschlüsse zumindest mit gewissen Einschränkungen auch aus entsprechenden Untersuchungen bei Erwachsenen gezogen werden.

Von *Bouffard* und *Bouffard* wurden die Effekte eines beschleunigten Verfahrens bei Trunkenheitsdelikten im Straßenverkehr in den USA untersucht. Mit der Einrichtung eines besonderen Schnell-Gerichts für jene Vergehen erhoffte man sich beschleunigte Prozesse und erreichte damit tatsächlich zunächst im Mittel eine signifikante Verringerung der Verfahrensdauer von 179,26 auf 97,39 Tage.[504] Zwar untersuchten *Bouffard* und *Bouffard* im Rahmen dieser Studie weniger die unmittelbare (gar erzieherische) Wirksamkeit einer Strafe auf den einzelnen Täter, sondern lediglich den Abschreckungseffekt anhand der statistischen Häufigkeit der Delikte.[505] Indes konnte auch ein solcher Effekt nicht hinreichend belegt werden.[506] Allerdings handelte es sich zum einen um eine regional begrenzte Untersuchung, zweitens begann die Forschung erst, als das Programm bereits etabliert war,[507] und schließlich gab es aufgrund der Zuständigkeitskonzentration des Gerichts für sämtliche Verfahren dieser Art im County auch keine direkte Vergleichsgruppe.[508]

Mehr auf die negative spezialpräventive Wirkung zielte eine Untersuchung von *Yu* in Bezug auf die Rückfälligkeit von New Yorker Alkoholsündern ab. Anhand der Fahrerlaubnisregister wertete *Yu* aus, welche Effekte verschiedene Variablen im Rahmen der Bestrafung auf die erneute Begehung einer vergleichbaren Straftat innerhalb von 36 Monaten hatten.[509] Unter anderem verglich er dabei auch die unterschiedliche Dauer von der Verhaftung bis zur Verurteilung, die bei Ersttätern ohnehin zu 90 % bereits nach nur 30,5 Wochen und bei Zweittätern zu 90 % nach nur 45 Wochen erledigt war.[510] Auch in dieser Studie konnte

---

503 Vgl. *Bartsch*, ZJJ 2016, 112 [115]; *Dünkel*, ZJJ 2015, 19 [20]; *Schaumann*, S. 62; *Verrel*, in: FS Heinz, S. 522.
504 *Bouffard/Bouffard*, S. 323.
505 *Bouffard/Bouffard*, S. 322.
506 *Bouffard/Bouffard*, S. 327.
507 *Bouffard/Bouffard*, S. 321.
508 *Bouffard/Bouffard*, S. 322.
509 Vgl. *Yu*, S. 357.
510 *Yu*, S. 357.

wiederum kein signifikanter Effekt einer kürzeren Zeitspanne zwischen Tat und Urteil festgestellt werden.[511] Freilich spekuliert *Yu* selbst, dass Trunkenheitsdelikte womöglich eine Sonderrolle innerhalb der Straftaten einnehmen könnten, da Täter, die insofern häufig in Erscheinung träten und rückfällig würden, in der Regel auch ein Alkoholproblem hätten, weshalb eine schnelle Bestrafung eher die Allgemeinheit und Ersttäter abschrecken dürfte, als dass sich Mehrfachtäter davon beeindrucken ließen.[512]

Legge und *Park* untersuchten des Weiteren verschiedenste Einflussmöglichkeiten der Politik auf die Senkung der Todesraten bei nächtlichen Unfällen, die regelmäßig auf den Alkoholeinfluss der Fahrer zurückgehen.[513] Neben weiteren Variablen nahmen sie dabei in den Blick, wie sich die Anzahl der Todesfälle zu der staatlichen Reaktionsgeschwindigkeit verhält. Im Gegensatz zu der vorgenannten Studie von *Yu* wurde dabei allerdings nicht die Dauer Tat-Verurteilung in den Blick genommen, sondern vielmehr die in einigen Gesetzen der Vereinigten Staaten geschaffene Möglichkeit für die Polizei, die Sicherstellung des Führerscheins eines alkoholisiert angetroffenen Fahrers unabhängig von einer gerichtlichen Entscheidung direkt an Ort und Stelle anzuordnen.[514] Insofern folgte die „Strafe" der Tat also wirklich *„auf dem Fuße"*. Die Ergebnisse der Studie zeigten im Ergebnis tatsächlich einen reduzierenden Einfluss dieser Handhabe auf die Anzahl der Todesopfer.[515] Auch die Autoren dieser Studie weisen im Zusammenhang mit dem Delikttypus jedoch kritisch darauf hin, dass die meisten Alkoholsünder Alkoholiker seien oder mindestens ein problematisches Trinkverhalten an den Tag legten, so dass Bestrafung alleine ohne Behandlung des Delinquenten nicht viel bewirke.[516]

Im Rahmen einer Metaanalyse dreier Studien werteten *McArthur* und *Kraus* ebenfalls entsprechende Statistiken zu der Rückfallhäufigkeit von alkoholisierten Fahrern aus, deren Führerschein jeweils unmittelbar nach der Trunkenheitsfahrt sichergestellt worden war. Während die vorgenannte Untersuchung von *Legge* und *Park* nur allgemein auf die Anzahl der Unfälle abstellte, beschäftigten sich die analysierten Studien mit der konkreten Anzahl von Rückfällen gegenüber einer Vergleichsgruppe vor und nach Einführung entsprechender Gesetze.[517]

---

511 *Yu*, S. 358.
512 *Yu*, S. 361.
513 Vgl. *Legge/Park*, S. 597.
514 *Legge/Park*, S. 596.
515 *Legge/Park*, S. 602.
516 *Legge/Park*, S. 603 f.
517 *McArthur/Kraus*, S. 70 ff.

Zwar zeigte sich in einer der drei Studien in zwei von drei Bundesstaaten kein statistisch signifikanter Unterschied, ansonsten nahm die Rückfallhäufigkeit aber deutlich ab und hielt dann sogar noch bis zu zweieinhalb Jahre lang an.[518]

Ausdrücklich auf die Geschwindigkeit der Sanktionierung fokussierte sich fernerhin eine portugiesische Studie von *Tavares*, *Mendes* und *Costa*. Diese drei Wissenschaftler untersuchten unter anderem die Auswirkungen einer präventiven Gesetzgebung, die es Polizeibeamten bei Vergehen im Straßenverkehr erlaubte, sofort an Ort und Stelle ein Bußgeld einzuziehen.[519] Obwohl auch hier die Strafe der Tat letztlich *„auf dem Fuße"* folgte, zeigte die Untersuchung überraschenderweise keinerlei Auswirkungen auf die Unfall-, Verletzungs- oder Todesraten im Straßenverkehr.[520]

Eine bemerkenswerte Untersuchung, die sich demgegenüber erstens auf Deutschland und zweitens auf Jugendliche konzentrierte, wurde im Auftrag des nordrhein-westfälischen Justizministeriums von dem Kriminologischen Seminar der Universität Bonn durchgeführt. In dieser Untersuchung wurde das an manchen Standorten 2008 eingeführte Modell des „Staatsanwalts vor/für den Ort" evaluiert. Dieses Modell sah eine Abänderung der jugendstaatsanwaltschaftlichen Geschäftsverteilung in der Form vor, dass die übliche alphabethische Zuständigkeit durch eine lokale Zuständigkeit ersetzt wurde. Von dieser Regionalisierung bzw. stärkeren Personifizierung erhoffte man sich sowohl eine dem einzelnen Straftäter angemessenere als auch schnellere Antwort auf sein Verhalten und dadurch letztlich eine Verringerung der Rückfallkriminalität Jugendlicher und Heranwachsender.[521] Ziel der Evaluierung war es demgemäß, herauszufinden, ob die staatlichen Reaktionszeiten tatsächlich beschleunigt und die Rückfallquote gesenkt werden konnte.[522] Nachdem das System erst neu eingeführt wurde, war es dabei auch ausnahmsweise möglich, auf einen direkten Vorher-Nachher-Vergleich zurückzugreifen. Im Rahmen der Auswertung der so gewonnenen Daten stellten die Forscher eine Beschleunigung zum Teil beeindruckenden Ausmaßes fest: Die eingetretene Verkürzung des Ermittlungsverfahrens betrug von zehn bis zu fast 50 Tagen.[523] Überraschenderweise blieben

518 *McArthur/Kraus*, S. 72.

519 *Tavares/Mendes/Costa*, S. 418 u. 421.

520 *Tavares/Mendes/Costa*, S. 426 f.

521 *Verrel*, in: FS Heinz, S. 522.

522 Vgl. *Ebert*, ZJJ 2015, 32.

523 *Verrel*, in: FS Heinz, S. 524 f. Dies betraf aber nur das Modell „Staatsanwalt für den Ort", während bei dem Modell „Staatsanwalt vor Ort" sogar eine Zunahme der Gesamtdauer des Ermittlungsverfahrens zu beobachten war. Diese ungewöhnliche

die Rückfallquoten innerhalb eines einjährigen Beobachtungszeitraums dagegen weitgehend konstant.[524] Bei Betrachtung der Ergebnisse muss freilich berücksichtigt werden, dass der Überprüfungszeitraum von einem Jahr relativ kurz erscheint[525] und dass es sich bei den Sanktionen auch nicht um gerichtlich verhängte Strafen, sondern nur um staatsanwaltschaftliche Abschlussentscheidungen handelt. Zudem war das Modellprojekt regional beschränkt. Allerdings ist einerseits zu sehen, dass auch eine staatsanwaltschaftliche Reaktion auf die Tat als „Strafe" gelten kann, zumal auch in diesem Verfahrensstadium bereits erzieherische Maßnahmen durchgeführt werden können (§ 45 Abs. 2, Abs. 3 JGG).[526] Andererseits wird bei jugendlichen und heranwachsenden Straftäter regelmäßig eine sehr hohe Rückfallgeschwindigkeit beobachtet, so dass ein einjähriger Bezugszeitraum doch relativ valide Ergebnisse erwarten lässt.[527]

In einer weiteren deutschen Studie wurden von *Bliesener* und *Thomas* die Bundeszentralregisterauszüge von 400 Jugendlichen aus zwei Regionen Nordrhein-Westfalens, die in einem Kalenderjahr mindestens dreimal polizeilich als Tatverdächtige in Erscheinung getreten waren, ausgewählt und ausgewertet. Damit ergab sich ein signifikant längerer Untersuchungszeitraum als bei der Studie des Kriminologischen Seminars der Universität Bonn, der hier von 253 Tagen bis hin zu neun Jahren und neun Monaten reichte und im Mittel bei drei Jahren und fünf Monaten lag.[528] Innerhalb der Stichprobe vergingen im Mittel 225,7 Tage zwischen der Tat und einem Urteil.[529] Auch diese Studie erbrachte indes wiederum keinen Hinweis darauf, dass eine kurze Verfahrensdauer eine kriminalitätsreduzierende Wirkung hat.[530] Im Gegenteil zeigte sich sogar ein (allerdings geringer) indirekter Zusammenhang in der Form, dass mit einer längeren Verfahrensdauer ein eher längerer Legalbewährungszeitraum einherging.[531] Zwar handelt es sich wiederum um eine lokal eng umgrenzte

Beobachtung ging aber wohl auf andere Umstände zurück, wie etwa auf die gestiegenen Fallbelastung, die zusätzliche Aktenversendung und den längeren krankheitsbedingten Ausfall eines Polizeibeamten, so dass sich daraus keine tragfähigen Rückschlüsse ziehen lassen.

524 S. die Tabelle bei *Ebert*, ZJJ 2015, 32 [36].

525 So *Ostendorf*, ZJJ 2014, 253 [254, Fn. 12]; *ders./Drenkhahn*, Rn. 62 [Fn. 115].

526 *Verrel*, in: FS Heinz, S. 527.

527 Vgl. *Ebert*, ZJJ 2015, 32 [34].

528 *Bliesener/Thomas*, ZJJ 2012, 382 [386].

529 *Bliesener/Thomas*, ZJJ 2012, 382 [387].

530 Zustimmend *Plewig*, in: FS Ostendorf, S. 675.

531 *Bliesener/Thomas*, ZJJ 2012, 382 [387].

Stichprobe. Ferner war die Stichprobe auch insofern nicht repräsentativ, als sie sich aus Jungtätern mit durchweg mittlerer bis hoher Kriminalitätsbelastung zusammensetzte. Diese werden nämlich möglicherweise von der Justiz bevorzugt behandelt, so dass bei den kürzen Verfahren von vornherein vor allem gefährdetere Straftäter erfasst werden könnten.[532] Allerdings weisen die Autoren darauf hin, dass doch gerade für diese Gruppe der Intensivstraftäter eine schnelle Reaktion gefordert werde.[533]

Im Gegensatz zu den oben aufgeführten Studien untersuchten *Lipsey* und *Landenberger* die rückfallvermeidende Wirkung relativ zeitaufwändiger Programme. Im Rahmen einer Meta-Analyse werteten sie die Ergebnisse insgesamt 14 sorgfältig ausgewählter Studien über sogenannte *„Cognitive Behavioral Therapy"-Maßnahmen* (CBT) für Straftäter aus. Diese Programme verfolgen keinen Abschreckungseffekt, sondern beruhen vielmehr auf der Grundannahme, dass kriminelle Verhaltensweisen häufig auf irrationalen Überzeugungen oder falschen Denkweisen beruhen, die Delinquenten dann dazu bringen, Verhaltensweisen zu missverstehen und z.B. ungefährliche Situationen fälschlicherweise als Bedrohung aufzufassen.[534] Des Weiteren wird davon ausgegangen, dass kriminelles Verhalten oftmals mit einer gewissen Opferhaltung einhergehe.[535] Die Täter sähen sich selbst also als Ausgestoßene der Gesellschaft und schöben die Schuld auf Dritte. Unterstützt würden solche Denkmuster noch zusätzlich durch die Verhaftung in einer antisozialen Subkultur, aus der die Delinquenten dann entsprechende Verhaltensweisen adaptierten.[536] Die CBT-Maßnahmen betonen daher vor allem die individuelle Verantwortung und versuchen, den Straffälligen beizubringen, ihre Denkprozesse und Entscheidungen zu verstehen, die unmittelbar zu dem kriminellen Verhalten geführt haben.[537] Dabei wird in einem ersten Schritt zunächst die Selbstbeobachtung gelehrt, während den Probanden anschließend therapeutische Techniken beigebracht werden, um verzerrte, riskante oder schlicht fehlerhafte Denkmuster zu identifizieren und alsdann auch zu korrigieren.[538] Entscheidende Bedeutung kommt innerhalb dieser Programme der freien Wahl eines jeden Einzelnen zu. Den Tätern wird also nicht gesagt, was sie in einer bestimmten Situation zu denken hätten, sondern ihnen wird

---

532 Darauf weist auch *Ostendorf* hin, ZJJ 2014, 253 [254, Fn. 12].

533 *Bliesener/Thomas*, ZJJ 2012, 382 [387]; vgl. dazu auch *Goeckenjan*, ZJJ 2015, 26; und *Khostevan*, S. 2.

534 *Lipsey/Landenberger*, in: Welsh/Farrington, S. 57.

535 *Lipsey/Landenberger*, in: Welsh/Farrington, S. 57.

536 *Lipsey/Landenberger*, in: Welsh/Farrington, S. 58.

537 *Lipsey/Landenberger*, in: Welsh/Farrington, S. 58.

538 *Lipsey/Landenberger*, in: Welsh/Farrington, S. 58.

lediglich beigebracht, alle wesentlichen Aspekte in ihre Betrachtung einzubeziehen, zu überprüfen, ob die eigenen Vorstellungen korrekt und zweckmäßig sind, um auf dieser Grundlage dann die richtigen Entscheidungen zu treffen.[539] Im Rahmen des sog. *„Cognitive Skill-Training“* lernen die Probanden entsprechende kognitive Fertigkeiten wie zwischenmenschliche Problemlösung, abstraktes Denken, kritisches Hinterfragen, Denken in Zusammenhängen, Zielsetzung, langfristige Planung oder Perspektivenwechsel, die danach entweder in Rollenspielen oder auch in realen Situationen eingeübt werden.[540] Ergänzend beinhalten die Konzepte in den ausgewerteten Studien auch Strategien zur Aggressionsbewältigung, in welchen den Delinquenten gelehrt wird, automatisch ablaufende Gedankenmuster in Situationen zu registrieren, in denen sie für gewöhnlich mit Zorn oder Gewalt reagieren, sowie Social Skill-Training und Konzepte der Moralentwicklung.[541] Dabei handelt es sich jedoch um keine Standardprogramme, sondern die Maßnahmen unterscheiden sich vielmehr je nach Zielgruppe. So befasst sich ein Programm für Gewaltverbrecher in der Regel eher mit der Kontrolle von Wut und mit dem Aufbau von persönlichen Beziehungen, wohingegen bei Sexualstraftätern der Fokus vor allem auf den Aufbau persönlicher Verantwortung und Empathie für die Opfer gelegt wird.[542] Es versteht sich von selbst, dass solche Maßnahmen jedenfalls nicht *„auf dem Fuße“* folgen. Tätergruppen müssen vorselektiert werden, der Zugang zu den Delinquenten erfordert den Aufbau einer therapeutischen Beziehung, und die Änderung von Denkmustern gelingt regelmäßig ebenfalls nicht von heute auf morgen. So verwundert es kaum, dass die ausgewerteten Studien, von denen sich sechs mit Programmen für Jugendliche, acht mit Programmen für Erwachsene befassten, nur Maßnahmen mit einer Mindestdauer von sieben bis hin zu 63 Wochen erfassten, die ein wöchentliches Pensum von bis zu 15 Stunden aufwiesen.[543] Als Rückfälle nach Absolvierung der Programme, die sich zur Hälfte an eingesperrte, zur Hälfte an Probanden in Freiheit richteten, wurde wahlweise eine Verstoß gegen Bewährungsauflagen/ein Widerruf der Außervollzugsetzung des Haftbefehls, eine Festnahme oder ein Polizeikontakt, eine erneute Verurteilung oder eine Inhaftierung erfasst.[544] Hierbei zeigte sich, dass die Rückfallquote nach den CBT-Maßnahmen im Mittel bei 33% gegenüber 45% bei den nicht therapierten Vergleichsgruppen

539 *Lipsey/Landenberger*, in: Welsh/Farrington, S. 58.
540 *Lipsey/Landenberger*, in: Welsh/Farrington, S. 58.
541 *Lipsey/Landenberger*, in: Welsh/Farrington, S. 58.
542 *Lipsey/Landenberger*, in: Welsh/Farrington, S. 58.
543 *Lipsey/Landenberger*, in: Welsh/Farrington, S. 63.
544 *Lipsey/Landenberger*, in: Welsh/Farrington, S. 64.

lag.[545] Das bedeutet eine Reduzierung um 12%-Punkte bzw. eine Rückfallsenkung von im Mittel 27%.[546] Zwar bemerken die beiden Autoren der Meta-Analyse, dass es sich jeweils um recht kleine Stichproben handelte und dass die größten Effekte bei solchen Studien ausgemacht werden konnten, in denen die Maßnahmen als Forschungs- oder Testprojekte eingeführt worden waren, während die Effekte bei etablierten Programmen nicht ganz so signifikant waren.[547] Allerdings decken sich die Ergebnisse doch weitgehend mit früheren Meta-Analysen, in denen ebenfalls um 20-30% reduzierte Rückfallquoten festgestellt werden konnten,[548] was durchaus für eine gewisse Validität der Erkenntnisse spricht. Auch eine spätere, groß angelegte Meta-Analyse von *Lipsey* aus dem Jahre 2009, die auf den Daten von 548 unabhängigen Studien über Jugendkriminalität beruht,[549] bestätigte erneut, dass therapeutische Interventionen noch vor gerichtlicher Aufsicht den weitaus größten Effekt auf die Rückfallhäufigkeit hatten, wogegen Abschreckungs- und Disziplinarmaßnahmen[550] sogar zu einem leichten Anstieg der Rückfallquoten führten.[551] Bemerkenswert ist im Übrigen, dass die größten Erfolge einerseits bei Probanden in Freiheit (wo es also viel mehr Möglichkeiten gab, um rückfällig zu werden, als im Gefängnis) und andererseits bei besonders gefährdeten Tätern erzielt werden konnten,[552] für die aber generell das höchste Bedürfnis für besonders schnelle Reaktionen gesehen wird.

4. Stellungnahme

Ein besonderer Beschleunigungsgrundsatz im Jugendstrafrecht ist also allgemein anerkannt, wiewohl ihn das Gesetz nicht hergibt, und zwar weder explizit noch in einer Gesamtschau der Regelungen. Die Deduktion eines besonderen Bedürfnisses nach Beschleunigung erfolgt demgemäß rein aus dem das Jugendstrafrecht beherrschenden Erziehungsgedanken. Ob die erzieherische Wirkung eine möglichst rasche Bestrafung erfordert, ist allerdings primär keine juristische, sondern viel eher eine psychologische Frage. Eine scheinbare Bestätigung

545 *Lipsey/Landenberger*, in: Welsh/Farrington, S. 65.
546 *Lipsey/Landenberger*, in: Welsh/Farrington, S. 65.
547 *Lipsey/Landenberger*, in: Welsh/Farrington, S. 68; vgl. auch *MacKenzie*, in: Sherman/Farrington/Welsh/MacKenzie, S. 353.
548 *Lipsey/Landenberger*, in: Welsh/Farrington, S. 68.
549 *Lipsey*, S. 128.
550 Wie z.B. „schockierende" Gefängnisbesuche, Boot Camps usw.
551 *Lipsey*, S. 139; vgl. auch *Hollin*, S. 337.
552 *Lipsey/Landenberger*, in: Welsh/Farrington, S. 69.

der Alltagsweisheit, wonach eine Bestrafung unmittelbar auf das missliebige Verhalten folgen sollte, findet sich in den behavioristischen Lerntheorien. Sie besagen, dass der Zeitfaktor eine ganz entscheidende Rolle spiele, wenn es um die Wirksamkeit einer Strafe geht. Jedoch haben bereits *Bliesener* und *Thomas* darauf hingewiesen, dass Vertreter unterschiedlicher Disziplinen auch ein recht unterschiedliches Verständnis von Unmittelbarkeit mitbringen: Während der Jurist regelmäßig ein zügiges rechtsstaatliches Verfahren meinen wird, sieht der Pädagoge die innere Beziehung zur Tat schon nach wenigen Tagen und der Psychologe gar nach Sekunden gefährdet.[553] Neben der begrifflichen Indifferenz verlockt auch ein weiterer Umstand zur ungeprüften Übernahme der behavioristischen Ideen: Indem sie komplexe kognitive Vorgänge ausblenden, erscheinen sie einfach verständlich und vor allem generalisierbar. Überdies ist ihre Wirksamkeit belegt. Nicht nur Tierexperimente, sondern auch Versuche am Menschen zeigen, wie wirkungsvoll die Mechanismen der Konditionierung sind. Forschern gelingt es etwa ohne weiteres, einem Kind Phobien an- und abzuerziehen. Doch diese Wirkung beschränkt sich nicht auf reine Laborexperimente. Das akustische Signal am Handy verknüpft man schnell innerlich mit der freudigen Erwartung einer neuen Nachricht, den Warnton im Auto dagegen mit einem mitunter teuren Defekt. Jedermann wird etliche Beispiele aus der persönlichen (Kinder-)Erziehung aufzählen können, die die Reiz-Reaktion-Verknüpfung eindrücklich belegen – von der Hand auf der Herdplatte bis zur (heute zu Recht verpönten) Ohrfeige des Vaters. Obendrein stehen die Instrumente der Konditionierung auch in der Macht des Staates. Im Gegensatz zu dem Umfeld, in dem sich der Jugendliche bewegt und von dem er lernt, kann der Richter Belohnung und Bestrafung in gewissem Maße beeinflussen. Er kann dem Jugendlichen negative Stimuli erteilen (z.B. Arbeitsauflage) und/oder positive Stimuli (z.B. Freizeitvergnügungen) durch Arrest und Jugendstrafe entziehen. Politisch sind solche Lösungen – neben der Macht, sie zu steuern – aufgrund kurzer Wahlperioden ohnehin attraktiv, denn im Gegensatz zu teuren und zeitintensiven individuellen Programmen lassen sich beschleunigende Maßnahmen häufig rasch etablieren, die dann nicht einmal mit zusätzlichen Kosten einhergehen müssen. Fraglich erscheint aber gleichwohl, ob sich diese Erkenntnisse tatsächlich vollständig auf das (Jugend-)Strafverfahren übertragen lassen. Selbst wenn man alle Einwände gegen die behavioristischen Theorien ignorierte, offenbarten sich unüberwindbare Schwierigkeiten in der Umsetzbarkeit. Wie gesehen, erfordert eine effektive Konditionierung eine unmittelbare Bestrafung. Ferner muss die

553 *Bliesener/Thomas*, ZJJ 2012, 382 [383].

Bestrafung sofort möglichst stark erfolgen, und schließlich wäre es auch sinnvoll, dass jede Handlung bestraft würde, wenn man das unerwünschte Verhalten dauerhaft unterdrücken will. Schon diese drei Grundvoraussetzungen sind im Strafverfahren praktisch nicht umsetzbar. Zunächst der Zeitfaktor: Dieser lässt sich aus rechtstaatlichen Gründen nicht auf nahezu Null reduzieren.[554] Der Sachverhalt muss ordentlich ermittelt werden, bevor es überhaupt eine Anklage gegeben darf, der Jugendliche darf sich selbstverständlich eines Verteidigers bedienen, und vor der Hauptverhandlung sind von Gesetzes wegen weitere Fristen zu wahren.[555] Eine effektive Reaktionsgeschwindigkeit im behavioristischen Sinne ist schon aus diesem Grund absolut utopisch. Wo der Lehrer im Klassenverband den Schüler auf der Stelle ermahnen, ignorieren oder vor die Türe stellen kann, konfligieren die Beschleunigungsinteressen des Staates im förmlichen gerichtlichen Verfahren schlichtweg mit rechtsstaatlichen Erfordernissen. Alle tatsächlich unmittelbaren aversiven Reize sind demgegenüber informell. So ist erforscht, dass die Tatentdeckung als solche mit den größten Effekt auf den Täter hat,[556] und diese mag mitunter sofort nach der Begehung erfolgen. Auch sogenannte „Gefährderansprachen"[557] durch die Polizei können sehr viel schneller (wenn auch nicht innert Sekunden) durchgeführt werden. Ebenso wenig wie die unmittelbare Bestrafung ist freilich auch eine sofort möglichst starke Bestrafung die Regel.[558] In der Praxis wird vielmehr (zu Recht) versucht, zunächst von den Diversionsvorschriften Gebrauch zu machen, bevor der Jugendliche erstmals vor einem Richter steht. Selbstverständlich wäre es auch gar nicht wünschenswert, dies anders zu handhaben, da Jugenddelinquenz in den meisten Fällen ohnehin ein episodenhaftes Geschehen darstellt, das meist von ganz alleine wieder verschwindet.[559] Endlich wäre es auch lebensfremd, davon auszugehen, dass jedes einzelne delinquente Verhalten eines Jugendlichen von den Ermittlungsbehörden erfasst wird. Vielmehr wird die Mehrzahl zumindest kleinerer Delikte überhaupt nicht registriert – sei es, weil die Tat nicht bemerkt, sei es, weil der Täter nicht angezeigt wird. Bevor der Jugendliche mithin die erste strafrechtliche

554 So auch *Dollinger*, ZJJ 2015, 192 [194].

555 Vgl. §§ 201 Abs. 1 Satz 1, 217 Abs. 1 StPO.

556 Vgl. *Mertens/Murges-Kemper*, ZJJ 2008, 356 [357]; Bliesener/Thomas, ZJJ 2012, 382 [385].

557 Siehe dazu *Walsh*, RdJB 2014, 347 [352].

558 Vgl. dazu die Untersuchung von *Bliesener/Thomas*, in: FS Ostendorf, S. 81 f., die aufzeigen, dass mit wiederholten Straftaten die Reaktionsschärfe steigt, dies aber meist auch mit einer steigenden Deliktsschwere einhergeht.

559 Vgl. *Eisenberg/Kölbel*, S. 973; *Mertens/Murges-Kemper*, ZJJ 2008, 356 [357].

Sanktion für sein Verhalten erfährt, hat er regelmäßig bereits einige Erfahrung damit gesammelt, ungeschoren davonzukommen.

Nun könnte man sich auf den Standpunkt stellen und schlussfolgern, dass eine intermittierende Bestrafung nach den behavioristischen Experimenten doch wünschenswert sei, da sie eine besonders hohe Löschungsresistenz aufweise. Dies greift allerdings erkennbar zu kurz, denn vielmehr liegt das Gegenteil nahe: Der jugendliche Straftäter hat für seine vergangenen Taten nicht nur keine Bestrafung, sondern sogar eine Belohnung erfahren. Diese kann ganz einfach darin liegen, nicht erwischt worden zu sein, indes auch gleichsam in dem Taterfolg, etwa der Beute bei einem Diebstahl. Und diese Belohnung erfolgt im Gegensatz zu der Bestrafung sogar unmittelbar! Der Delinquent erfährt somit nicht nur selten überhaupt eine Strafe – sie hinkt der zuvor erfolgten Belohnung auch noch zwangsläufig zeitlich hinterher, zumal diese Belohnung für das Verhalten selbst besonders löschungsresistent ist, weil das Verhalten gleichzeitig intermittierend besonders verstärkt wird durch eine unterbleibende Entdeckung/Ahndung. Wollte man das Modell der Konditionierung also praxistauglich umsetzen, benötigte man dafür schon einen totalen Überwachungsstaat, der jede Verfehlung seiner Bürger registriert und *„auf dem Fuße“* bestraft. Des Weiteren führt die Bestrafung auch nach der Konditionierungstheorie nur zu einer Unterdrückung des missliebigen Verhaltens und nicht zu einer Löschung,[560] weswegen der Verurteilte vor allem nach Wegen suchen dürfte, der Entdeckung zu entgehen, statt sich zu bessern. Überdies fragt sich, inwieweit es entwicklungspsychologisch gerechtfertigt erscheint, einem Jugendlichen oder gar Heranwachsenden zu unterstellen, er benötige eine emotional wirkende Konditionierung, um Tat-Sanktions-Verbindungen etablieren zu können, weil er auf kognitiver Ebene noch nicht in der Lage sei, Verhalten und Reaktion inhaltlich zu verknüpfen, wenn die Zeitspanne zu groß werde.[561] Damit sind aber noch gar keine methodischen Einwände gegen den Behaviorismus vorgebracht. So wurde bislang nicht berücksichtigt, dass die Behandlung durch die Ermittlungsbehörden und das Gericht auch eine Form von Aufmerksamkeit für den Jugendlichen darstellen können, die dieser womöglich geradezu sucht. Die kognitiven Theorien besagen ja, dass sich ein Mensch gerade auch entgegen bestimmter Reize verhalten kann. Anders ließen sich insbesondere politisch motivierte Straftaten auch gar nicht erklären. Dass die Strafe trotz der defizitären praktischen Umsetzung der

---

560 Dieser Umstand spricht freilich gegen eine Bestrafung per se, was in dieser Arbeit aber nicht infrage gestellt werden soll.

561 *Dollinger*, ZJJ 2015, 192 [195].

behavioristischen Annahmen wirkt, spricht im Übrigen sogar für die These, dass der Mensch eben nicht nur durch unmittelbare Belohnung und Bestrafung lernt. Darüber hinaus werden diese Folgerungen auch von den angeführten Studien getragen. Wann immer eine tatsächlich signifikante Wirkung von schnellen Reaktionen ausging, dann waren dies diejenigen Fälle, in denen die Polizei an Ort und Stelle den Führerschein sicherstellen durften, in denen also eine sowohl unmittelbare als eine auch für die Mehrzahl der Autofahrer sehr einschneidende Bestrafung erfolgte. Ansonsten konnte kein messbarer Effekt einer Beschleunigung auf die Rückfallhäufigkeit ausgemacht werden. Natürlich lassen sich gegen die einzelnen Untersuchungen (wie gegen jede Studie) jeweils methodische Mängel vorbringen, die nicht von der Hand zu weisen sind. Allerdings erstaunen dann doch die Konsistenz der Ergebnisse auf der einen sowie die doch deutliche Relevanz kognitiv orientierter Maßnahmen auf der anderen Seite. Dabei müssen sich die Verfechter der Tat *„auf dem Fuße folgenden“* Strafen allerdings auch den weiteren Einwand gefallen lassen, dass bei einer Aussetzung zur Bewährung die Strafe jedenfalls zunächst überhaupt nicht „folgt“. Dennoch ist die Bewährungsstrafe offensichtlich ein Erfolgsmodell,[562] das im Jugendstrafrecht sogar noch ausgeweitet wird (vgl. § 57 JGG). Hierbei bedarf es also zweifellos einer rein kognitiven Verknüpfung des nur möglichen Strafvollzugs mit der Tat im Sinne einer Antizipation des Jugendlichen, die ganz offenbar gelingt. Dagegen mag man zwar einwenden, dass schon alleine die Durchführung des gerichtlichen Verfahrens einen gewissen „Strafreiz“ darstellt.[563] Indessen käme auch dieser schon zu spät und spräche diese These allenfalls für eine Verkürzung der Zeitspanne Tatentdeckung-Hauptverhandlung statt für eine Verkürzung der Zeitspanne Hauptverhandlung-(Rechtsmittel-)Vollstreckung. Eine mögliche Theorie, weshalb im Rahmen einer Studie eine längere Verfahrensdauer zum Teil sogar einen leicht positiven Effekt auf die Legalbewährung hatte, könnte sein, dass der Sachverhalt und die Persönlichkeit des Jugendlichen in den längeren Verfahren besser ermittelt und die strafrechtlichen Folgen besser abgestimmt worden sind und deshalb auch wirksamer waren als in den kürzeren. Des Weiteren benötigen nicht-justizielle Verfahrensabläufe – wie etwa Kostenzusageverfahren für Wohnheim- oder Therapieplätze – einen gewissen zeitlichen Vorlauf,[564] der nur bei „langsameren“ Verfahren gewährt ist. Die stärkere

---

562 Vgl. für das Jugendstrafrecht *Hohmann-Fricke/Jehle/Palmowski*, RdJB 2014, 313 [320 f.]; *Spieß*, MSchrKrim 64 [1981], 296 ff.

563 So *Putzke*, S. 56.

564 So *DVJJ-Kommission*, DVJJ-Journal 2001, 345 [349].

Reduzierung der Rückfallrate bei Intensivtätern nach kognitivem Verhaltenstraining mag ferner dafür sprechen, dass diese den größten Bedarf an intervenierenden Programmen hatten, während es sich bei leichteren Verfehlungen, wie etwa Ladendiebstählen, eher um die typischen passageren Phänomene handelt, die im Erwachsenenalter ohnehin von alleine wieder verschwinden. Mit dieser Erkenntnis wäre gleichzeitig Beschleunigungspotential verbunden: Indem man schon im Ermittlungsverfahren sehr sorgfältig herausfiltert, bei wem es sich eher um eine jugendtypische Verfehlung handelt und wer tatsächlich erhöhten Bedarf an amtlicher Hilfe hat, ließen sich betreuungsintensive Maßnahmen gezielt kanalisieren, so dass in den restlichen Fällen vermehrt von Diversionsvorschriften Gebrauch gemacht werden könnte, was zur Folge hätte, dass diese Fälle gar nicht erst vor Gericht landeten. Je schwerer die Straftat, desto mehr Ermittlungsaufwand ist ohnedies notwendig und desto eher tritt die Beschleunigung um der erzieherischen Wirkung willen in den Hintergrund. Denn jedenfalls eine Jugendstrafe über fünf Jahren lässt sich nach dem Bundesgerichtshof ohnehin nicht mehr erzieherisch begründen.[565] Sonach muss Richtschnur, vor allem in Fällen besonders schwerer Delikte, die gründliche Persönlichkeitsarbeit mit dem Jugendlichen sein. Die innere Verbindung mit der Tat lässt sich dann (wenn sie überhaupt gefährdet sein sollte, abzureißen) ohne weiteres durch die Maßnahmen bis zur Verurteilung aufrechterhalten, also: Erstkontakt mit der Polizei, Anschreiben durch die Staatsanwaltschaft, ggf. Täter-Opfer-Ausgleich mit dem Geschädigten, Treffen mit der Jugendgerichtshilfe, Verteidigerbesprechungen, Vorbereitung der Hauptverhandlung usw. Der Beschleunigungsgedanke hat damit in erster Linie Bedeutung für die Belastungsreduzierung für den Jugendlichen statt für die Wirksamkeit der Strafe. Behavioristisch motivierte „Schnellschüsse“ gehen dagegen fehl und verpuffen schnell. Die dahinterstehenden Theorien fußen auf einem fragwürdigen Menschenbild, das dem kognitiven Entwicklungsstand Jugendlicher nicht gerecht wird, und lassen sich insbesondere in ein Strafverfahren nach modernem Verständnis nicht sinnvoll implementieren. Will man den jungen Delinquenten wirklich zur Straflosigkeit „erziehen“, kann dies nur durch *„Lernen durch Einsicht“*[566] und nicht durch eine *„Disziplinierung durch Dressur“* gelingen.

565 Vgl. BGH NStZ 1996, 232.
566 Vgl. dazu *Plewig*, in: FS Ostendorf, S. 680.

III. Zusammenfassung

Nach alledem lässt sich also ein allgemeiner besonderer Beschleunigungsgrundsatz im Jugendstrafrecht weder gesetzessystematisch noch aus dem Erziehungsgedanken ab- und herleiten. Im Folgenden soll es nun darum gehen, wie die auf der gegenteiligen Annahme beruhende Rechtsmittelbeschränkung in der Praxis gehandhabt wird.

E) § 55 JGG in der Praxis

Theoretische Konzepte werden stets am besten am „lebenden Beispiel" überprüft, und so liegt auch bei der Frage „Rechtsmittelbeschränkung ja oder nein" nichts näher, als sich mit der bereits seit 1953 existierenden Regelung des § 55 JGG im Jugendstrafrecht und ihrer Handhabung in der Praxis näher zu beschäftigen.[567]

I. Gesetzliche Regelung

§ 55 Abs. 1 JGG lautet:

> *„Eine Entscheidung, in der lediglich Erziehungsmaßregeln oder Zuchtmittel angeordnet oder die Auswahl und Anordnung von Erziehungsmaßregeln dem Familiengericht überlassen sind, kann nicht wegen des Umfangs der Maßnahmen und nicht deshalb angefochten werden, weil andere oder weitere Erziehungsmaßregeln oder Zuchtmittel hätten angeordnet werden sollen oder weil die Auswahl und Anordnung der Erziehungsmaßregeln dem Familiengericht überlassen worden sind. Diese Vorschrift gilt nicht, wenn der Richter angeordnet hat, Hilfe zur Erziehung nach § 12 Nr. 2 in Anspruch zu nehmen."*

§ 55 Abs. 2 JGG lautet:

> *„Wer eine zulässige Berufung eingelegt hat, kann gegen das Berufungsurteil nicht mehr Revision einlegen. Hat der Angeklagte, der Erziehungsberechtigte oder der gesetzliche Vertreter eine zulässige Berufung eingelegt, so steht gegen das Berufungsurteil keinem von ihnen das Rechtsmittel der Revision zu."*

Wie zuvor bereits anhand der Gesetzgebungsgeschichte dargestellt, übernimmt § 55 Abs. 1 JGG somit die schon seit dem ersten Jungendgerichtsgesetz von 1923 bestehende sachliche Rechtsmittelbeschränkung und erweiterte diese insbesondere noch um die Einbeziehung des Arrests sowie um die Einschränkung auch im Hinblick auf den Umfang der angeordneten Maßnahme. § 55 Abs. 2 JGG greift demgegenüber auf das Wahlrechtsmittel in der Notverordnung von 1932 zurück und regelt eine sog. instanzielle Rechtsmittelbeschränkung.

Anfechtungsberechtigt sind dabei der jugendliche oder heranwachsende Beschuldigte (§ 2 Abs. 2 JGG i. V. m. § 296 Abs. 1 StPO), sofern dieser schon verhandlungsfähig ist, der Jugendstaatsanwalt (§ 2 Abs. 2 JGG i. V. m. § 296 Abs. 1

567 Vgl. *Röhling*, ZRP 2009, 17 [19]: „Erst auf der Anwendungsebene kann gegebenenfalls die Sinnhaftigkeit einer Übernahme der bestehenden Auslegung und Rechtsprechung im Einzelnen geprüft werden."

StPO), der Verteidiger (§ 2 Abs. 2 JGG i. V. m. § 297 StPO) und der gesetzliche Vertreter (§ 2 Abs. 2 JGG i. V. m. § 298 StPO) sowie der Erziehungsberechtigte (§ 67 Abs. 3 JGG i. V. m. § 296 StPO), wobei die beiden letzteren nur zugunsten des Verurteilten von diesem Recht Gebrauch machen dürfen.[568]

II. Richtlinie

Die Richtlinie zu § 55 JGG[569] gibt der Staatsanwaltschaft Vorgaben, wie sie die Regelung zu handhaben hat. In Nr. 1 heißt es dazu:

> *„Aus erzieherischen Gründen ist es regelmäßig erwünscht, daß das Jugendstrafverfahren möglichst schnell zum Abschluß gebracht wird. Bei der Einlegung von Rechtsmitteln zuungunsten des Angeklagten ist daher besondere Zurückhaltung geboten (vgl. im übrigen Nr. 147 ff. RiStBV).“*

Weitere Handlungsanweisungen sind der Richtlinie nicht zu entnehmen. Nr. 2 betrifft nur die Anfechtung von Entscheidungen im Bewährungsverfahren. Und Nr. 3 stellt klar, dass § 55 JGG auch für Jugendliche vor den für allgemeine Strafsachen zuständigen Gerichten gelte, bei Heranwachsenden hingegen nur, falls Jugendstrafrecht angewendet werde.

III. Häufigkeit von Rechtsmitteln

In den Berufungsverfahren, die in den Jahren 1995, 2000, 2005, 2010 und 2014 erledigt wurden, richteten sich 4,8 %, 5,7 %, 6,1 % sowie 5,5 % und 4,7 % der eingelegten Rechtsmittel gegen Urteile des Jugendrichters und in 6,8 %, 8,5 %, 8,8 % sowie 8,6 % bzw. 7,9 % der eingelegten Rechtsmittel gegen Urteile des Jugendschöffengerichts. Bei den in den Jahren 2005, 2010 und 2014 erledigten Revisionsverfahren vor den Oberlandesgerichten richteten sich demgegenüber lediglich 0,8 %, 0,6 % bzw. 0,7 % der eingelegten Rechtsmittel gegen Urteile des Jugendrichters, 1,1 %, 0,8 % und (erneut) 0,8 % gegen Urteile des Jugendschöffengerichts sowie 1,9 %, 1,2 % bzw. 1,5 % gegen Urteile einer Jugendkammer (die ohnehin nur mit der Revision angefochten werden können). Im Vergleich zum Erwachsenenstrafrecht wurden im Jugendstrafrecht damit insgesamt erheblich weniger Rechtsmittel eingelegt,[570] was nicht zuletzt damit zusammenhängen dürfte, dass Jugendlichen schlichtweg die Erfahrung und das Geld fehlt, um einen

---

568 Vgl. *Bartsch*, ZJJ 2016, 112 [112 f.].
569 Abgedruckt etwa bei BeckOKJGG/*Kunkel* § 55, Rn. 1.
570 NK-JGG/*Schady* Grdl. z. §§ 55 u. 56, Rn. 5.

Strafverteidiger zu beauftragen.[571] Im Jahre 2006 etwa betrug der Gesamtanteil an angefochtenen erstinstanzlichen Urteilen im Jugendstrafverfahren 6,9 %, im Erwachsenenstrafverfahren dagegen 17,9 %.[572]

IV. Rechtsprechung zu Einzelfragen

Zu den zahlreichen Einzelfragen um Zulässigkeit und Anwendung von § 55 JGG ist in den letzten 64 Jahren umfangreiche Judikatur ergangen, die nachfolgend dargestellt werden soll. Erst im Anschluss folgt dann eine kritische Würdigung.

1. Zur Zulässigkeit der Rechtsmittelbeschränkung

Die bundesdeutsche Rechtsprechung zur Zulässigkeit der jugendrechtlichen Spezialregelungen nahm bereits vor Erlass des Jugendgerichtsgesetzes von 1953 ihren Lauf. 1948 entschied nämlich das OLG München, dass § 40 RJGG kein typisches nationalsozialistisches Gedankengut enthalte und daher nicht gegen Art. III Ziff. 4 des MilRegGes Nr. 1 verstoße.[573] Der Ausschluss der Berufung sei kein Ausfluss des Machtanspruchs des totalen Staates und habe nicht die Rechte des Einzelnen gegenüber dem Staat beschränken sollen.[574] Gerade die Beschränkung des Ausschlusses auf Zuchtmittel zeige, dass hier erzieherische Gedanken und Absichten maßgebend gewesen seien. Auch die Bestärkung der Autorität des Jugendrichters gegenüber dem Jugendlichen verfolge erzieherische Zwecke. Im Übrigen verletze die Vorschrift auch keine Grundrechte der bayerischen Verfassung, die keine Bestimmung kenne, durch die in jedem Falle ein zweiter Rechtszug gewährleistet werde.

Drei Jahre nach Erlass des Jugendgerichtsgesetzes erklärte das BayObLG, dass die Rechtsmittelbeschränkung des 55 Abs. 2 JGG den Gleichheitsgrundsatz des Art. 3 Abs. 1 GG nicht verletze.[575] Die Beschränkung der Rechtsmittel

---

571 *Ostendorf*, ZJJ 2016, 120 [123].

572 BT-Drs. 16/13142, S. 168.

573 OLG München, Beschl. v. 26.1.1948 – Ws 160/48, teilweise abgedruckt in MDR 1948, 429.

574 Das dürfte grundsätzlich richtig sein, nachdem die Regelung, wie oben gezeigt, kein Novum des nationalsozialistischen Strafverfahrensrechts war, sondern so ähnlich schon im JGG 1923 existiert hatte. Allerdings erwähnt der Beschluss mit keinem Wort die alleine dem Staatsanwalt offenstehende Möglichkeit, ein freisprechendes Urteil zulasten des Jugendlichen anzufechten. Dies beschränkte die Rechte des Einzelnen sehr wohl gegenüber dem Staate.

575 BayObLGSt 1956, 163

habe nach der gesetzgeberischen Intention ihren Grund in dem Bedürfnis, das Jugendstrafverfahren zur Erzielung bestmöglicher erzieherischer Wirkungen zu beschleunigen. Durch zahlreiche Vorschriften im JGG habe der Gesetzgeber klar erkennen lassen, dass er gerade im Hinblick auf die wesentliche Verschiedenheit der Jugendlichen von den Erwachsenen für die Jugendlichen das Strafrecht grundlegend verschieden gestalten habe wollen. Er habe damit dem Gleichheitsgrundsatz nicht nur nicht zuwidergehandelt, sondern im Gegenteil der Bedeutung des Gleichheitsgrundsatzes, dass wesentlich Verschiedenes nicht gleich behandelt werden dürfe, Rechnung getragen.

Im Jahr 1988 schloss sich auch das Bundesverfassungsgericht dieser Sichtweise an.[576] Zur Begründung führte es zunächst aus, dass von Verfassungswegen ein Instanzenzug nicht gewährleistet sei. Die Einschränkung der Anfechtbarkeit jugendgerichtlicher Urteile beruhe auch auf sachlich einleuchtenden Gründen. Denn im Jugendstrafverfahren komme es um der erzieherischen Wirkung Willen in besonderem Maße auf eine möglichst baldige rechtskräftige Entscheidung an.

2007 hat das Bundesverfassungsgericht diese Ansicht bestätigt und (implizit) auch für § 55 Abs. 1 JGG eine Verletzung des Gleichheitsgrundsatzes verneint.[577] Dessen Beschränkung zulässiger Rechtsmittelziele diene – wie die in § 55 Abs. 2 JGG angeordnete generelle Einschränkung der Anfechtbarkeit jugendgerichtlicher Urteile – der Beschleunigung des Jugendstrafverfahrens. Nach dem Willen des Gesetzgebers komme es hier um der erzieherischen Wirkung Willen in ganz besonderem Maße auf eine möglichst baldige rechtskräftige Entscheidung an. Dabei liege der gesetzlichen Beschränkung zulässiger Rechtsschutzziele in § 55 Abs. 1 JGG die zusätzliche Annahme zu Grunde, dass der erstinstanzliche Richter den Erziehungsbedürfnissen am besten Rechnung tragen könne und seine Entscheidung im Interesse einer wirksamen und schnellen Erziehung endgültig sein dürfe, sofern es sich um leichtere, die Zukunft nicht belastende Maßnahmen handele.

Die Sichtweise des Bundesverfassungsgerichts zur verfassungsrechtlichen Zulässigkeit der Regelung wurde von den Obergerichten, soweit ersichtlich, bislang ausnahmslos gebilligt.[578] Eine Entscheidung auf europäischer Ebene zur Vereinbarkeit von § 55 JGG mit EU-Recht steht indes noch aus.

576 BVerfG NJW 1988, 477.

577 BVerfG NStZ-RR 2007, 385 [386].

578 Vgl. etwa OLG Oldenburg NStZ 2009, 451: „verfassungsrechtlich unbedenklich“.

2. Zur Anwendbarkeit bei Heranwachsenden

Die ambivalente Rolle der Heranwachsenden im Jugendstrafrecht machte eine differenzierte Rechtsprechung zu den damit zusammenhängenden Fragen notwendig. Während der Jugendliche nämlich stets den Regelungen des JGG, der Erwachsene über 21 Jahren ausschließlich denjenigen der StPO unterfällt, hängt die konkrete Ahndung des Heranwachsenden davon ab, ob der Richter ihn entweder als einem Jugendlichen gleichstehend ansieht oder aber seine Tat als jugendtypische Verfehlung einstuft (§ 105 Abs. 1 JGG). Nachdem es sich vor allem bei der „Gesamtwürdigung" der Persönlichkeit des Jugendlichen um eine höchst subjektive Frage handelt, kann es freilich ohne weiteres passieren, dass verschiedene Gerichte – selbst in ein und demselben Fall – zu unterschiedlichen Einschätzungen gelangen. Eine Bindung des Gerichts an seine eigenen oder andere Entscheidungen wird insofern verneint.[579] In solchen Fällen fragt sich allerdings, wann und inwieweit die Rechtsmittelbeschränkung gilt, die ja immer nur denjenigen Heranwachsenden betreffen darf, der nach Jugendstrafrecht verurteilt wird.

Mehrfach wurde bereits folgerichtig entschieden, dass die Anwendbarkeit von § 55 JGG entfällt, wenn die Berufungsinstanz (erstmals) Erwachsenenstrafrecht auf den Heranwachsenden anwendet.[580] Umgekehrt soll die Beschränkung wieder aufleben, wenn das Berufungsgericht den Heranwachsenden (erstmals) nach Jugendstrafrecht verurteilt.[581] Diese Folge ergibt sich zwar fraglos aus dem Wortlaut und der Systematik der Regelungen, führt jedoch zu dem bisweilen als ungerecht empfundenen Ergebnis, dass der Heranwachsende, der zunächst noch in dem „Glauben" in die Rechtsmittelinstanz geht, ihm stünde notfalls noch die Revision offen, und in der Berufungsinstanz dann erstmals nach Jugendstrafrecht geahndet wird, das Urteil doch nicht mehr anfechten kann. Im Zweifel – nämlich wenn der Heranwachsende freigesprochen wird und daher nicht nachvollzogen werden kann, ob das Gericht materielles Jugendstrafrecht angewendet hätte – steht allen Verfahrensbeteiligten[582] allerdings eine weitere

579 BGH NStZ 2005, 644; *Eisenberg* § 105, Rn. 12.

580 Vgl. schon OLG Celle NdsRpfl 1962, 88 [89]; OLG Köln NJW 1963, 1073 [1074]; OLG Saarbrücken BeckRS 2016, 04548.

581 OLG Düsseldorf NJW 1986, 1887; BayObLG NStZ 1989, 194; OLG Karlsruhe StV 2001, 173; BVerfG NJW 2004, 209 [210].

582 Also auch dem Staatsanwalt und dem Nebenkläger.

Instanz offen.[583] Gleiches gilt nach der Rechtsprechung auch bei Aufhebung und Zurückverweisung durch das Revisionsgericht.[584]

Weiterhin fragt sich, ob die umfängliche Rechtsmittelbefugnis eines Heranwachsenden erst durch eine Sachentscheidung der Berufungsinstanz verbraucht wird oder ob dafür schon eine Verwerfung ohne Verhandlung zur Sache gemäß § 329 Abs. 1 StPO genügt. Das OLG Celle hatte diese Entscheidung 1979 unter ausdrücklicher Aufgabe seiner früheren Ansicht[585] noch zugunsten des Rechtsmittelführers gefällt:[586] Der Gesetzgeber habe sich von den weitergehenden Regelungen im JGG 1943 abkehren wollen, was mit dem gleichzeitig verfolgten Beschleunigungsgrundsatz in Jugendsachen konkurriere. Die Vorschrift sei insofern teleologisch auszulegen. Auch impliziere die Formulierung „zulässige Berufung“ in § 55 Abs. 2 JGG, dass dem Rechtsmittelführer eine zweite Sachprüfung garantiert werden solle. Ebenso wie ein Urteil, dass die Zulässigkeit der Berufung verneine, verhindere jedoch auch ein Verwerfungsurteil gemäß § 329 StPO eine erneute Sachprüfung. Daher sei es sachgerecht, auch für ein solches Verwerfungsurteil die Möglichkeit einer Revision zu bejahen.

Dem hat der Bundesgerichtshof auf einen Vorlagebeschluss des Oberlandesgerichts Hamm hin jedoch wenig später eine klare Absage erteilt:[587] Eine Revision sei schon dann nicht mehr statthaft, wenn durch die Einlegung einer zulässigen Berufung die *Möglichkeit* einer erneuten Sachentscheidung eröffnet gewesen sei; das Gesetz stelle lediglich auf die Einlegung der Berufung, nicht auf deren Durchführung ab. In diesem Zusammenhang hat der Bundesgerichtshof auch nochmals ausdrücklich klargestellt, dass der Gesetzgeber bei Schaffung der Regelung im Jugendgerichtsgesetz auf die Notverordnung von 1932 zurückgegriffen habe und die Vorschrift deshalb in diesem Sinne auszulegen sei.[588] Damals sei die Formulierung aber allgemein so verstanden worden, dass eine Revision des Angeklagten auch dann ausgeschlossen sein sollte, wenn die von ihm eingelegte Berufung ohne Sachentscheidung gem. § 329 Abs. 1 StPO verworfen worden war. Der Beschluss endet schließlich mit der bemerkenswerten Feststellung:

---

583 OLG Celle NdsRpfl 1962, 88 [89]; OLG Düsseldorf NZV 1988, 151 [152]; OLG Frankfurt a.M. NStZ-RR 2003, 327.

584 OLG Celle MDR 1992, 286, das im Übrigen auch wieder ausführt, der Grund für die Abkürzung des Rechtsmittelzuges in Jugendsachen liege „auf der Hand“.

585 OLG Celle NJW 1968, 1297; vgl. auch OLG Saarbrücken MDR 1974, 161 [162].

586 OLG Celle JR 1980, 37.

587 BGH NJW 1981, 2422.

588 BGH NJW 1981, 2422 [2423].

„Letztlich entspricht es heutigen rechtspolitischen Vorstellungen, nicht mehr Rechtsmittelmöglichkeiten zu eröffnen als aus rechtsstaatlichen Gründen unbedingt geboten ist. Bestehende gesetzliche Rechtsmitteleinschränkungen sollten deshalb nicht ohne zwingende Gründe durch die Rechtsprechung beseitigt werden.“

Eine Ausnahme soll nach dem KG nur dann gelten, wenn der Angeklagte zunächst (teilweise) freigesprochen und dann erst auf die Berufung (auch) der Staatsanwaltschaft hin in der Berufungsinstanz erstmalig verurteilt wurde, weil er den freisprechenden Teil des erstinstanzlichen Urteils mangels Beschwer ohnehin nicht anfechten habe können und es sich insofern um die erstmalige Einlegung eines Rechtsmittels handele.[589]

3. Zum Umfang der Anfechtung bei § 55 Abs. 1 JGG

§ 55 Abs. 1 Satz 1 JGG verbietet es dem Verurteilten, eine Entscheidung, in der lediglich Erziehungsmaßregeln oder Zuchtmittel angeordnet oder die Auswahl und Anordnung von Erziehungsmaßregeln dem Familiengericht überlassen sind, deswegen anzugreifen, weil andere oder weitere Erziehungsmaßregeln oder Zuchtmittel hätten angeordnet werden sollen. Es geht also um das „Wie“, nicht um das „Ob“. Bringt der Angeklagte – durch ausdrückliche Beschränkung oder konkludent – zum Ausdruck, dass er nur den Rechtsfolgenausspruch anfechten wolle, wird das Rechtsmittel daher als unzulässig verworfen.[590] Zulässig bleibt es dagegen stets, den Schuldspruch als solchen anzugreifen,[591] woraufhin das Rechtsmittelgericht auch die angeordneten Erziehungsmaßregeln oder Zuchtmittel abändern darf.[592] Das mag den Rechtsmittelführer mitunter leicht dazu verleiten, das Urteil selbst dann im Ganzen anzugreifen, wenn er den Schuldspruch akzeptiert und nur eine andere Rechtsfolge begehrt.[593] Dem begegnet die Rechtsprechung inzwischen mit erhöhten Anforderungen: Um für das Rechtsmittelgericht ersichtlich zu machen, worauf der Angeklagte mit seiner Anfechtung abzielt, und ob möglicherweise eine Umgehung der Rechtsmittelbeschränkung im Raum steht, wird verlangt, dass der Beschwerdeführer sein Begehren eindeutig klarstellt – dies soll sich unmittelbar aus § 344 Abs. 1

589 KG NStZ-RR 2007, 216 [217].

590 Vgl. KG BeckRS 2014, 12480.

591 *Eisenberg* § 55, Rn. 46; *Schaffstein/Beulke/Swoboda*, Rn. 817.

592 BGH NJW 1957, 998; BayObLG NJW 1992, 1520; a.A. noch OLG Frankfurt a.M. NJW 1956, 32.

593 *Bartsch*, ZJJ 2016, 112 [114]; *Mann*, S. 223.

StPO ergeben.[594] Das Bundesverfassungsgericht hat diese verschärften Anforderungen ausdrücklich gebilligt.[595] Das Grundrecht auf effektiven Rechtsschutz werde dadurch nicht verletzt, vielmehr handele es sich bei der Verhinderung der Umgehung um ein legitimes Ziel, das dem erklärten Willen des Gesetzgebers zur Durchsetzung verhelfe und an den Beschwerdeführer weder unerfüllbare noch unzumutbare Anforderungen stelle.[596] Bisweilen greift die Rechtsprechung insofern jedoch „korrigierend" ein und hilft dem Rechtsmittelführer mit der Heranziehung außerhalb der Rechtsmittelerklärung selbst liegender Umstände. So hat etwa das OLG Hamm erst kürzlich eine Revision zugelassen, die diesen Anforderungen an sich nicht genügte.[597] Dazu hat es maßgeblich auf das bisherige Prozessverhalten des Angeklagten abgestellt. Dieser hatte die Tat als solche nämlich zunächst in Abrede gestellt bzw. sich später nicht mehr zur Sache eingelassen, und auch sein Verteidiger hatte jeweils Freispruch beantragt, so dass es für das Gericht nahe lag, dass mit der Revision das Ziel verfolgt werden sollte, den Schuldspruch selbst und nicht lediglich Art und Umfang der angeordneten Zuchtmittel anzufechten.

Auch in anderen Fällen wird § 55 Abs. 1 Satz 1 JGG von den Gerichten allerdings nicht „anfechtungsfreundlich" ausgelegt. So soll von der qualitativen Rechtsmittelbeschränkung auch das Begehren des Angeklagten erfasst sein, gemäß 29 Abs. 5 BtMG von Rechtsfolgen abzusehen oder das Verfahren nach § 31a BtMG einzustellen.[598] Zwar schließe § 55 Abs. 1 Satz 1 JGG ausdrücklich nur die Anfechtung wegen des „Umfangs" der Maßnahmen aus. Zum Umfang der Maßnahmen gehöre jedoch nach allgemeinem Sprachverständnis auch die Frage, ob Maßnahmen überhaupt angewendet würden oder nicht.[599]

---

594 Vgl. OLG Celle NStZ-RR 2001, 121; OLG Dresden, Beschl. v. 31.1.2003 – 1 Ss 708/02; BGH NStZ 2013, 659 [660]; BGH, Beschl. v. 7.9.2017 – 5 StR 407/17; OLG Hamm StV 2017, 723. Dies wird in aller Regel nur im Revisionsverfahren relevant, wo die Revision zwingend begründet werden muss, § 344 StPO. Im Berufungsverfahren existiert aktuell keine Begründungspflicht, so dass das die Berufung nur in dem Fall ersichtlich unzulässig wird, wenn der Angeklagte (oder sein Verteidiger) ausdrücklich eine Beschränkung vornimmt, vgl. *Eisenberg* § 55, Rn. 53; zum Teil wird daher vorgeschlagen, in bestimmten Fällen den Verteidiger zu dem Berufungsziel zu befragen, vgl. KG, Beschl. v. 08.04.2010 – 4 Ws 42/10.

595 BVerfG ZJJ 2007, 309.

596 BVerfG ZJJ 2007, 309 [310].

597 OLG Hamm StV 2017, 723; vgl auch OLG Hamm BeckRS 2020, 9088.

598 OLG Stuttgart: Beschl. v. 19.3.2002 – 2 Ss 651/01; vgl. auch *Brunner/Dölling* § 55, Rn. 19.

599 So schon LG Mainz NStZ 1984, 121.

4. Zum Verstoß gegen das Verschlechterungsverbot

Einen weiteren Streitpunkt stellt der Verstoß gegen das Verbot der *reformatio in peius* in der Berufungsinstanz dar. Hat lediglich der Angeklagte, die Staatsanwaltschaft zu seinen Gunsten oder sein gesetzlicher Vertreter Berufung eingelegt, so verbietet § 2 Abs. 2 JGG i. V. m. § 331 StPO (§ 358 Abs. 2 Satz 1 StPO im Falle der Revision) eine Verschlechterung des Rechtsfolgenausspruchs. Diese Regelung gilt für die Rechtsfolgen des materiellen Jugendstrafrechts grundsätzlich genauso wie für diejenigen des allgemeinen Strafrechts,[600] wobei das Berufungsgericht allerdings nicht an die erstinstanzlich verhängten Erziehungsmaßregeln oder Zuchtmittel gebunden ist.[601] Während indes die Bewertung, ob und ab wann tatsächlich eine Verschlechterung vorläge, im Erwachsenenstrafrecht meist leicht fällt (etwa Höhe der Geld- oder Länge der Freiheitsstrafe), ist eine Katalogisierung im Jugendstrafrecht, insbesondere wenn innerhalb der Instanzen von Jugend- zu Erwachsenenstrafrecht oder umgekehrt gewechselt wird, diffizil.[602] So soll etwa ein erstinstanzlich verhängter Jugendarrest ohne Verstoß gegen das Verschlechterungsverbot in der Berufungsinstanz durch eine Geldstrafe nach Erwachsenenstrafrecht[603] oder auch eine Freiheitsstrafe durch Jugendstrafe[604] ersetzt werden können, und sogar ein (stets zu vollstreckender, § 87 Abs. 1 JGG) Jugendarrest soll nicht schwerer wiegen als eine zur Bewährung ausgesetzte Jugendstrafe[605]. Auf der anderen Seite sieht man das Verböserungsverbot verletzt, wenn etwa in der Berufungsinstanz von der erstinstanzlichen Einbeziehung eines Jugendarrests abgesehen wird[606] oder wenn erst zweitinstanzlich eine nicht zur Bewährung ausgesetzte – kürzere – Freiheitsstrafe durch einen längeren Freiheitsentzug unter – völliger oder teilweiser – Aussetzung der Vollstreckung zur Bewährung ersetzt wird.[607] Somit mag ein Verstoß gegen das Verschlechterungsverbot dem Berufungsgericht bisweilen sogar bei gründlicher Prüfung verborgen bleiben. Das Revisionsrecht begegnet dem grundsätzlich mit erleichterten Voraussetzungen für den Revisionsführer: Ein Verstoß gegen das

600 Vgl. schon OLG Düsseldorf NJW 1964, 216; OLG Köln NJW 1964, 1684.

601 Vgl. BGH NJW 1957, 998.

602 Vgl. BeckOKJGG/*Kunkel* § 55, Rn. 31 u. 51; *Brunner/Dölling* § 55, Rn. 37 ff.; *Eisenberg* § 55, Rn. 73 ff.

603 BayObLGSt 1970, 159

604 BGH NJW 1980, 1967 [1968].

605 OLG Düsseldorf NJW 1961, 891; OLG Hamm NJW 1971, 1666.

606 OLG Celle NStZ-RR 2001, 90.

607 OLG Brandenburg NStZ-RR 2008, 388.

Verschlechterungsverbot wird stets von Amts wegen berücksichtigt, ohne dass es hierfür einer ausdrücklichen Rüge bedürfte.[608] Da liegt es nahe, eine Ausnahme von der Rechtsmittelbeschränkung zumindest für die Fälle zuzulassen, in denen das Berufungsgericht gegen das Verbot der *reformatio in peius* verstößt. Eine solche Ausnahme – wohl in Form einer teleologischen Reduzierung – hat die Rechtsprechung allerdings bislang abgelehnt; ein Verstoß gegen § 331 StPO kann demzufolge allenfalls noch von der Staatsanwaltschaft gerügt werden.[609] Ebenso wenig soll der Angeklagte die Möglichkeit zur weiteren Anfechtung haben, wenn das Urteil auf die beiderseitige Berufung hin in der Rechtsmittelinstanz sowohl hinsichtlich des Schuld- als auch hinsichtlich des Rechtsmittelausspruchs zu seinen Ungunsten abgeändert wurde[610] oder wenn erstmals im Berufungsrechtszug frühere, auch zur Bewährung ausgesetzte Strafen in eine neu gebildete Einheitsjugendstrafe mit oder ohne Strafaussetzung zur Bewährung einbezogen werden.[611] Unbeschränkt zulässig soll die Revision dagegen bleiben, wenn das Berufungsgericht zwei Verfahren miteinander verbunden und daraufhin eine Einheitsjugendstrafe verhängt hat, wenn von den beiden vorausgegangenen erstinstanzlichen Entscheidungen eine von dem Angeklagten und eine von der Staatsanwaltschaft angegriffen worden ist.[612]

5. Zur Revisionserstreckung auf Mitverurteilte

Wird ein Urteil auf die Revision eines Rechtsmittelführers hin wegen sachlichrechtlicher Mängel aufgehoben, so erstreckt sich die Aufhebung gemäß § 357 StPO von Amts wegen zu ihren Gunsten auch auf die Mitangeklagten, die selbst keine Revision eingelegt hatten, soweit der Rechtsfehler sie ebenfalls betrifft.[613] Fraglich ist freilich, ob § 55 Abs. 2 JGG der Anwendbarkeit von § 357 StPO entgegensteht. Dieser spricht nämlich grundsätzlich nur von *„Angeklagten, die nicht Revision eingelegt haben"*, und davon, dass im Hinblick auf diese zu erkennen sei, *„als ob sie gleichfalls Revision eingelegt hätten"*, so dass rein vom Wortlaut her noch nichts darüber ausgesagt ist, ob ihnen auch – jedenfalls theoretisch – die

608 Vgl. nur BGH NJW 1960, 732.
609 BayObLG NStZ 1989; 194.
610 OLG Hamm NJW 1955, 1609; BayObLG NJW 1964, 1084 [1085]; BayObLG, Beschl. vom 22. Oktober 2004 – 1St RR 150/04 –, juris; KG NStZ-RR 2007, 216.
611 OLG Stuttgart MDR 1976, 1043 [Ls.]; OLG Oldenburg StraFo 2009, 160; OLG Bamberg NStZ 2012, 165.
612 OLG Hamm NStZ 1990, 140, m. Anm. Neuhaus.
613 *Pfeiffer*, StPO § 357, Rn. 2 ff.

Möglichkeit des weiteren Rechtsmittels noch offenstehen musste. Schon das OLG Oldenburg erkannte jedoch in der Formulierung *„die nicht Revision eingelegt haben"* einen Hinweis auf die dem Nichtrevidenten verbliebene Wahl der Anfechtung und verneinte daher eine Revisionserstreckung.[614] Das OLG Karlsruhe sah sich später durch diese entgegenstehende Rechtsprechung gehindert, anders zu entscheiden, und legte die Frage dem Bundesgerichtshof zur Entscheidung vor.[615] Der Senat des OLG Karlsruhe nahm insoweit Bezug auf die herrschende Meinung in der Literatur und hielt dafür, dass das Ziel schnellerer Verfahrensbeendigung hinter dem Gebot der Herstellung materieller Gerechtigkeit, dem obersten Ziel des Strafprozesses, zurücktreten müsse.[616] Andernfalls würde nicht nur der Zweck des § 357 StPO, sondern auch der Erziehungsgedanke des JGG verletzt. Gerade gegenüber Jugendlichen sei es aus erzieherischen Gründen wichtig, Entscheidungen zu verhindern, die das Rechts- und Gerechtigkeitsgefühl der betroffenen Jugendlichen erheblich – und unter Umständen in noch viel krasserem Maße als im vorliegenden Falle – verletzten könnten. Die Nichterstreckung der Urteilsaufhebung würde eine unverständliche und unbegründete Schlechterbehandlung des jugendlichen Mitangeklagten bedeuten. Nach dem Wortlaut des § 357 StPO sei es nicht von Bedeutung, warum der Nichtrevident keine Revision eingelegt habe.[617] Zudem gelte § 357 StPO trotz des scheinbar entgegenstehenden Wortlauts auch in den Fällen, in denen die Nichtrevidenten auf Rechtsmittel verzichtet hätten oder deren eigene Revision vor der Entscheidung über die des Mitangeklagten als unzulässig oder unbegründet verworfen worden seien. Den Vorlagebeschluss hat der Bundesgerichtshof indes im Sinne des Oberlandesgerichts Oldenburg entschieden.[618] § 357 StPO sei nicht präzise formuliert, für den Jugendlichen, der schon Berufung eingelegt habe, sei die Revision von vornherein allgemein unzulässig, die Rechtsnatur des § 357 StPO als rechtskraftdurchbrechende Ausnahmeregelung spreche für eine enge Auslegung, und auch teleologische Erwägungen stünden einer analogen Anwendung entgegen.[619] § 55 Abs. 2 JGG diene um der erzieherischen Wirkung willen der Verfahrensbeschleunigung, der Gesetzgeber habe zu diesem Zwecke erhöhtes Risiko von fehlerhaften Verurteilungen in Kauf nehmen müssen.[620]

614 OLG Oldenburg NJW 1957, 1450.
615 OLG Karlsruhe ZJJ 2006, 74.
616 OLG Karlsruhe ZJJ 2006, 74 [75].
617 OLG Karlsruhe ZJJ 2006, 74 [76].
618 BGH NJW 2006, 2275.
619 BGH NJW 2006, 2275 [2276 f.].
620 BGH NJW 2006, 2275 [2277].

§ 357 StPO diene im Übrigen der Idee der materiellen Gerechtigkeit, weniger dem Interesse des Nichtrevidenten, weshalb eine Argumentation, die die analoge Anwendung mit der subjektiven Sicht des Nichtrevidenten begründe, nicht überzeuge.[621] Das verhält sich – konsequenterweise – nach einem Urteil des OLG Koblenz nur dann anders, wenn der nicht anfechtende Jugendliche sein Rechtsmittel vorher noch nicht „verbraucht" hat, weil die Berufung etwa ausschließlich von der Staatsanwaltschaft angestrengt worden war.[622] Denn dann hätte der Jugendliche sein Recht zur Revision ja noch gehabt und dieses lediglich nicht wahrgenommen.

6. Sonstige Beschränkungen

Darüber hinaus soll die Beschränkung in § 55 Abs. 2 JGG nach der Rechtsprechung über ihren Wortlaut hinaus auch auf die Beschwerdemöglichkeit in § 59 Abs. 1 und Abs. 3 JGG betreffend die Bewährungsentscheidungen angewendet werden.[623] So kann ein Jugendlicher die abgelehnte Aussetzung einer Freiheitsstrafe zur Bewährung nicht mehr mit der sofortigen Beschwerde angreifen, wenn er gegen das erstinstanzliche Urteil bereits Berufung eingelegt hat. Fernerhin soll § 55 Abs. 2 JGG analog auch für die sofortige Beschwerde gegen die Kostenentscheidung in der Berufungsinstanz gelten,[624] und zwar selbst nach Berufungsrücknahme.[625] Wurde demnach noch in erster Instanz von der Auferlegung der Kosten abgesehen (§ 74 JGG) und trifft das Berufungsgericht dann – etwa unzulässiger Weise zu Sanktionierungszwecken[626] – eine Kostenentscheidung zulasten des Jugendlichen bzw. Heranwachsenden, ist diese unanfechtbar. Selbst der Beschluss, mit dem der Antrag auf Ablehnung eines Richters wegen Befangenheit zurückgewiesen worden ist, wird (im Hinblick auf § 2 Abs. 2 JGG i. V.

621 BGH NJW 2006, 2275 [2278].

622 OLG Koblenz StV 2009, 90.

623 OLG Düsseldorf NStZ 1994, 198 f.; OLG Celle NStZ 1993, 400 f.; OLG Frankfurt NStZ-RR 2003, 27; OLG Saarbrücken StraFo 2003, 431; OLG Hamm ZJJ 2007, 416; OLG Bamberg NStZ 2012, 165.

624 OLG Stuttgart Justiz 1970, 190; OLG Stuttgart Justiz 1972, 42; OLG Frankfurt Zbl 1976, 131; OLG Dresden NStZ-RR 2000, 224; OLG Oldenburg NStZ-RR 2006, 191; KG NStZ-RR 2008, 263; OLG Hamm NStZ-RR 2014, 96.

625 OLG Hamm NStZ 2014, 412.

626 Vgl. BGH NStZ-RR 2006, 224: „Zur Unterstützung von Strafzwecken dient die Kostenentscheidung nicht."

m. § 28 Abs. 2 Satz 2 StPO) der Anfechtbarkeit entzogen, sofern das Recht zur Revision nicht mehr besteht.[627]

7. Kritik

Neben der Vereinbarkeit der Rechtsmittelbeschränkung mit sonstigem/höherrangigem Recht, die später in einem gesonderten Kapitel noch tiefergehend behandelt werden soll, wird vor allem die Rechtspraxis zum Ausschluss der Revision auch bei einem Verstoß gegen das Verschlechterungsverbot sowie die Handhabung des § 357 StPO durch den BGH scharf kritisiert.

So vermutet etwa *Ostendorf* in seiner Anmerkung zur Entscheidung des BayObLG zum Verstoß gegen das Verschlechterungsverbot[628] ein veraltetes autoritäres Erziehungsverständnis und meint, die Akzeptanz eines solchen Urteils sei schwerlich zu erwarten, die Zielsetzung des § 55 Abs. 2 Satz 1 JGG werde dadurch geradezu torpediert.[629]

Zumindest in den Beiträgen zum Jugendstrafrechte wird dies weitgehend ähnlich gesehen. So plädieren u.a. *Bode*,[630] *Laubental/Baier/Nestler*,[631] *Penkuhn*,[632] *Streng*[633] und *Bartsch*[634] für eine Durchbrechung der Rechtsmittelbeschränkung,[635] nachdem ein solches Urteil und die damit verbundenen Rechtsfolgen von dem Betroffenen kaum akzeptiert werden dürften, wenn sie auf einem groben Verstoß gegen die Verfahrensordnung beruhten.[636] Für diese

627 OLG Köln Zbl 1976, 308.
628 S.o. E) IV. 4.
629 *Ostendorf*, NStZ 1989, 194 [196]; vgl. auch NK-JGG/*Schady* § 55, Rn. 38.
630 *Bode*, S. 144.
631 *Laubenthal/Baier/Nestler*, Rn. 400.
632 *Penkuhn*, ZJJ 2014, 371 [375].
633 *Streng*, Rn. 584.
634 *Bartsch*, ZJJ 2016, 112 [114 f.]
635 So auch schon *Nothacker*, GA 1982, 451 [462], unter Bezugnahme auf die h.M.
636 So auch HK-JGG/*Laue* § 55, Rn. 35; *Schaumann*, S. 170 f. Anders, allerdings kaum überzeugend, *Burscheidt*, S. 137, die den Vergleich mit einem nach Erwachsenenrecht Verurteilten anstellt, dem im Falle der Sprungrevision gegen ein amtsgerichtliches Urteil ebenfalls kein Rechtsmittel mehr zustehe, wenn das Revisionsgericht gegen das Verschlechterungsverbot verstoße. Denn ein Fall, in dem das OLG als (Sprung-) Revisionsinstanz gegen das Verschlechterungsverbot verstößt, ist kaum vorstellbar. Geht es um falsche Strafzumessungserwägungen, verweist das Revisionsgericht die Sache grundsätzlich zurück und entscheidet nicht selbst. In den Fällen, in denen das Revisionsgericht selbst entscheiden kann gemäß § 354 Abs. 1 StPO, kommt ein Verstoß gegen das Verschlechterungsverbot nur bei der Verhängung einer absoluten

Sichtweise streitet im Übrigen auch der Hinweis des Bundesverfassungsgerichts, dass es trotz der angenommenen Verfassungsmäßigkeit der Rechtsmittelbeschränkung in Ausnahmefällen doch zur Durchführung eines Berufungs- und eines Revisionsverfahrens kommen könne,[637] ohne dass das Bundesverfassungsgericht sich zu diesen Ausnahmefällen freilich näher auslässt. *Kunkel*[638] will eine solche Ausnahme – wie der Großteil der Stimmen im allgemeinen Strafverfahrensrecht[639] – allerdings nicht zulassen.

Meyer-Goßner meint im Hinblick auf die Entscheidungen zu § 357 StPO gar, es müsse jedem *„billig und gerecht Denkenden die Zornesröte ins Gesicht treiben, dass ein erwachsender Angeklagter die [...] Wohltat einer Aufhebung einer materiell-rechtlich (möglicherweise) unrichtigen Entscheidung erfährt [...], ein jugendlicher Mitangeklagter aber nicht"*.[640]

Und mit ihm lehnen letztlich sämtliche Besprechungen der entsprechenden Entscheidung des Bundesgerichtshofs[641] – durch *Altenhain*,[642] *Mohr*,[643] *Prittwitz*,[644] *Satzger*[645] und *Swoboda*[646] – wie auch große Teile der Literatur[647] das Ergebnis einhellig ab.[648]

Auch die Einbeziehung der sofortigen Beschwerde in § 59 Abs. 1 und Abs. 3 JGG findet keine ungeteilte Zustimmung, da sowohl der Wortlaut („Revision"

Strafe, also nach § 211 StGB, in Betracht, wobei diese Fälle erstinstanzlich nicht beim AG verhandelt werden und demzufolge auch nicht zum OLG kommen. Es handelt sich daher lediglich um ein formales Argument.

637 BVerfG NJW 1988, 477.

638 BeckOKJGG/*Kunkel* § 55, Rn. 105.

639 Vgl. KK-StPO/*Gericke* § 357 Rn. 12; *Benninghoven*, S. 27, unter Berufung auf den Wortlaut.

640 *Meyer-Goßner*, in: FS Eisenberg I, S. 399 [S. 401].

641 S.o. E) IV. 5.

642 *Altenhain*, NStZ 2007, 283.

643 *Mohr*, JR 2006, 499 [501 f.].

644 *Prittwitz*, StV 2007, 52: „inakzeptabel".

645 *Satzger*, in: FS Böttcher, S. 181 ff.

646 *Swoboda*, HRRS 2006, 376. S. auch *Schaffstein/Beulke/Swoboda*, Rn. 814.

647 *Dallinger*, MDR 1963, 539 [540]; *Dallinger/Lackner* § 55, Rn. 60; *Schaumann*, S. 184; *Wohlers/Gaede*, NStZ 2004, 9; *Laubenthal/Baier/Nestler*, Rn. 400; HK-JGG/*Laue* § 55, Rn. 40; dagegen allerdings *Benninghoven*, S. 27 f. u. 116 f., der im Wesentlichen die Argumente der Rechtsprechung übernimmt.

648 Wobei *Meyer-Goßner* die Entscheidung des BGH zwar für ungerecht, aber rechtlich korrekt hält und daher die Abschaffung des § 55 Abs. 2 JGG – und des § 357 StPO (!) – fordert, in: FS Eisenberg I, S. 410.

statt „sofortige Beschwerde") als auch das systematische Verhältnis von § 55 JGG und § 59 JGG gegen die entsprechende Auslegung sprächen und eine solche extensive Auslegung auch kaum mit einer erzieherisch verstandenen Verfahrensbeschleunigung zu rechtfertigen sei.[649]

Nothacker sieht die analoge Anwendung von § 55 Abs. 2 JGG auf die Anfechtbarkeit der Kostenentscheidung zudem kritisch, da mit der Kostenentscheidung im Jugendstrafrecht mitunter auch eine erzieherische Zweckverfolgung verknüpft sei.[650] *Eisenberg* verneint noch weitergehend sogar generell die Anwendbarkeit von § 464 Abs. 3 Satz 1 Halbsatz 2 StPO (Ausschluss der Anfechtbarkeit der Kostenentscheidung bei fehlender Rechtsmittelmöglichkeit) im Jugendstrafrecht aufgrund der zusätzlichen Schlechterstellung durch § 55 Abs. 2 JGG.[651] Die erzieherisch motivierte Begründung gehe fehl, da sich der Beschleunigungsgrundsatz im Jugendstrafrecht nur auf die Verhängung und Vollziehung einer Rechtsfolge in der Hauptsache, nicht aber auf die Prozessökonomie beziehe, ebenso wenig könne die richterliche Autorität leiden, da die Entscheidung in der Hauptsache dadurch nicht tangiert werde.[652] Die Unanfechtbarkeit des auf einen Befangenheitsantrags folgenden ablehnenden Beschluss hält *Eisenberg* ebenfalls für erzieherisch nicht begründbar.[653] Und auch die Einbeziehung von § 29 Abs. 5 BtMG sowie § 31a BtMG in den Anwendungsbereich von § 55 JGG wird von ihm kritisiert.[654] Der weiteren von *Eisenberg* vertretenen Kritik, ein Gericht dürfe sich nicht selbst für *„unanfechtbar"* erklären können, indem es in der Berufungsinstanz erstmals Jugendstrafrecht auf einen Heranwachsenden anwende, so dass in diesen Fällen entgegen § 55 Abs. 2 JGG die Revision zulässig sein müsse,[655] hat sich inzwischen auch *Beulke* angeschlossen.[656]

---

649 *Eisenberg* § 55, Rn. 71; NK-JGG/*Ostendorf* § 59 Rn. 2; *Brunner/Dölling* § 59 Rn 5; HK-JGG/*Laue* § 55, Rn. 41; Schaffstein/Beulke/Swoboda, Rn. 808; für die Auslegung der Rechtsprechung aber Brunner/Dölling § 59, Rn. 3; HK-JGG/*Meier* § 59 Rn. 1; D/S/S/*Schatz*, § 55, Rn. 93.

650 *Nothacker*, GA 1982, 451 [466]; vgl. auch NK-JGG/*Schady* § 55, Rn. 23.

651 *Eisenberg*, NStZ 2014, 410 [412]; *ders.* § 55, Rn. 72.

652 *Eisenberg/Wedel*, NStZ 1985, 522 [523].

653 *Eisenberg* § 55, Rn. 72a.

654 *Eisenberg*, in: FS Weber, S. 505 ff.

655 *Eisenberg* JGG § 109, Rn. 41.

656 *Beulke*, in: FS Eisenberg II, S. 200.

V. Zusammenfassung

Der Blick auf die Rechtsprechung zeigt eindrücklich, dass die Gerichte der Rechtsmittelbeschränkung in § 55 JGG nicht etwa mit einer besonders großzügigen Auslegung begegnen. Vielmehr wird die Regelung auch in Zweifelsfällen entgegen der lauten Kritik in der Literatur nahezu immer zulasten des Jugendlichen/Heranwachsenden extensiv interpretiert.[657] So genügt bereits die Verwerfung der Berufung gemäß § 329 Abs. 1 StPO, um die Rechtsmittelbefugnis zu verlieren, dem Rechtsmittelführer wird ohne Grundlage im Gesetz die Pflicht auferlegt, das Ziel seiner Anfechtung ausdrücklich zu benennen, Verstöße gegen das Verschlechterungsverbot können nicht mehr gerügt werden, und selbst offensichtlich fehlerhafte Urteile führen nicht zur Aufhebung gemäß § 357 StPO. Überdies wird der Tatbestand der Rechtsmittelbeschränkung auf Bereiche wie die Kostenentscheidung oder den Befangenheitsantrag ausgedehnt, was mit der erzieherischen Begründung des Gesetzgebers ersichtlich nicht mehr legitimiert werden kann. Auch wenn sich für jede Einzelentscheidung der Gerichte fraglos systematische Argumente finden lassen, zeigt sich in der Gesamtschau somit dennoch die Tendenz, die Rechtsmittelmöglichkeit so weit wie möglich zu beschneiden, was der BGH in der oben angeführten Entscheidung ja auch ausdrücklich so kommuniziert hat. Das führt zur Frage, ob denn überhaupt stichhaltige Argumente existieren, die eine so rigide Ungleichbehandlung im Rechtsmittelrecht rechtfertigen können.

---

657 So auch *Nothacker*, GA 1982, 451 [457] und *Eisenberg/Wedel*, NStZ 1985, 522 [523]; die Änderung dieser Praxis fordernd, auch schon *Scheffler*, RdJB 1981, 451 [459]; speziell im Hinblick auf § 55 Abs. 1 JGG *Eisenberg*, in: FS Weber, S. 510; anders *Mann*, S. 223 f., der insbesondere die Rechtsprechung zur möglichen Umgehung von § 55 Abs. 1 JGG durch eine Anfechtung auch des Schuldspruchs kritisiert. „Aus dem Blickwinkel der Verfahrensbeschleunigung" könne ein solches Vorgehen nicht befürwortet werden.

F) Gründe für die Unterscheidung zwischen Jugendlichen und Erwachsenen

Wer entweder die Abschaffung oder die Übernahme einer Regelung in oder aus einem anderen (Teil-)Rechtsgebiet beabsichtigt, hat sich im Vorfeld mit der Frage auseinanderzusetzen, weshalb eine geplante Vereinheitlichung bislang unterblieben war, welche Gründe für die Unterscheidung existieren und – vor allem – ob sich diese Unterscheidung nicht möglicherweise zwingend aus der Natur der Sache ergibt. Oder konkreter: Verlangen die Unterschiede zwischen Jugendlichen und Erwachsenen eine Beschränkung der Rechtsmittel, oder sind die diese Unterschiede – jedenfalls für die Frage der Anfechtbarkeit von Entscheidungen – tatsächlich überhaupt nicht ausschlaggebend?

I. Kontinuität

Wie bereits oben ausgeführt, mehrten sich nach der Kodifizierung der StPO bald die Stimmen, die ein eigenes Jugendstrafrecht forderten. Indes wurden Kinder und jugendliche Straftäter schon lange vor den ersten Entwürfen eines eigenen JGG anders als Erwachsene behandelt, was sich nicht zuletzt an den Strafmündigkeitsgrenzen und entsprechenden Milderungsvorschriften sowie der Einrichtung von besonderen Jugendgerichten[658] zeigte.[659] Ein natürliches Bedürfnis für die differenzierte Ahndung von sich noch in der Entwicklung befindlichen Jugendlichen und Erwachsenen erkannte man mithin schon lange vor dem frühen 20. Jahrhundert.

Bemerkenswerter Weise enthielt dann auch schon das erste JGG von 1923 in seinem § 35 eine Beschränkung der Rechtsmittel gegen Urteile, in denen Erziehungsmaßregeln angeordnet wurden. Zur Begründung dieser Einschränkung führte man die These ins Feld, dass die Maßnahme häufig an Wert verliere, wenn sie erst lange Zeit nach der Tat umgesetzt werde. Auch wenn dies für sich natürlich noch kein Beleg für ihre Richtigkeit sein kann, fällt doch ins Auge, dass diese Behauptung im Grundsatz von keinem der wahrlich unterschiedlichen Gesetzgeber ernstlich in Zweifel gezogen wurde. So übernahmen

---

658 Vgl. NK-JGG/*Schady/Sommerfeld* Grundl. zu den §§ 33-38, Rn. 2.
659 Vgl. *Stolp*, S. 25 ff.; ausführlich auch *Schaffstein/Beulke/Swoboda*, S. 39 ff.

die Nationalsozialisten die Rechtsmittelbeschränkung der liberalen Legislative der Weimarer Republik genauso in ihr RJGG wie später die Bundesrepublik in das JGG von 1953, die seit inzwischen 65 Jahren im Kern unverändert geblieben ist. Freilich hat diese Erkenntnis kaum Gewicht, denn dass eine bestimmte Vorschrift über einen langen Zeitraum hinweg beibehalten wurde, muss noch lange nicht für deren inhaltliche Richtigkeit sprechen. Vielmehr kann sie sich für die Praxis auch unter anderen (etwa verfahrensökonomischen) Gesichtspunkten „bewährt" haben, was ihrer Abschaffung dann entgegengestanden haben mag.

II. Zuständigkeitsverschiebung

Im Hinblick auf die Unterscheidung bezüglich der Rechtsmittelvorschriften können daneben aber systematische Unterschiede in den Verfahrensordnungen angeführt werden: Die §§ 39-41 und 108 JGG regeln die sachliche Zuständigkeit der Gerichte nämlich abweichend von der Zuständigkeitsverteilung im GVG. Demnach sind zwar für die schwereren Taten ebenfalls Kollegialgerichte unter Einbeziehung von Laienrichtern zuständig, jedoch wird die Zuständigkeit im Vergleich zum Erwachsenenstrafverfahrensrecht hin zum Schöffengericht verschoben.[660]

Die große Jugendkammer beim Landgericht ist dagegen nur ausnahmsweise erstinstanzlich tätig. Sie ist gemäß § 41 Abs. 1 JGG zuständig

- in Sachen, die normalerweise in die Zuständigkeit des Schwurgerichts fallen würden,
- die sie nach Vorlage des Jugendschöffengerichts aufgrund des besonderen Umfangs übernimmt,
- bei gemeinsamer Verhandlung von Jugend- und Erwachsenensachen, wenn für den Erwachsenen die Strafkammer zuständig wäre,
- in Fällen, in denen die Staatsanwaltschaft wegen der besonderen Schutzbedürftigkeit des Verletzten Anklage zur Strafkammer erhoben hat, sowie
- bei Taten, wegen derer die Sicherheitsverwahrung vorbehalten werden könnte, wenn eine höhere Strafe als fünf Jahre Jugendstrafe oder die Unterbringung in einem psychiatrischen Krankenhaus zu erwarten ist,

sowie gemäß § 108 Abs. 3 Satz 2 JGG in Verfahren gegen Heranwachsende, in denen allgemeines Strafrecht anzuwenden ist, und im Übrigen, wenn eine Freiheitsstrafe von mehr als vier Jahren zu erwarten ist. Sofern nicht ausnahmsweise

660 *Schaffstein/Beulke/Swoboda*, S. 223; *Schaumann*, S. 14.

die Jugendkammer zuständig ist, kann das Jugendschöffengericht also sogar eine Jugendstrafe von bis zu zehn Jahren verhängen.[661]

Im Erwachsenenstrafrecht ist die Strafkammer demgegenüber zuständig für alle Straftaten bei einer Straferwartung von über vier Jahren, für eine Unterbringung in einem psychiatrischen Krankenhaus oder in Fällen, in denen die Staatsanwaltschaft wegen der besonderen Schutzbedürftigkeit von Verletzten der Straftat, die als Zeugen in Betracht kommen, wegen des besonderen Umfangs oder der besonderen Bedeutung des Falles gemäß § 24 Abs. 1 Satz 1 Nr. 3 GVG Anklage beim Landgericht erhebt, § 74 Abs. 1 Satz 2 GVG.

Die Zuständigkeitsvorschriften wurden im JGG von 1953 abweichend geregelt, um die Einheit von Jugendrichter und Vormundschaftsrichter weitgehend sicherzustellen und nur dort die Zuständigkeit der Jugendkammer zu begründen, wo dies angesichts des Umfangs oder der Bedeutung der Sache als unentbehrlich erschien.[662] Ursprünglich bestimmte nämlich § 34 Abs. 2 JGG noch, dass der Jugendrichter zugleich Vormundschaftsrichter sein sollte.[663] Von dieser historischen Ur-Forderung nach einer richterlichen Personalunion im Jugendstrafrecht erhoffte man sich letztlich eine besonders effektive Behandlung des straffällig gewordenen Jugendlichen.[664] Idealerweise sollte derselbe Richter den Jugendlichen auf diese Weise von der Kindheit bis zur Reife in allen seinen Erscheinungen als Gefährdeten, Verwahrlosten und Straffälligen behandeln.[665]

Mit dem Inkrafttreten des *Kindschaftsrechtsreformgesetzes* vom 16. Dezember 1997[666] wurden indes die bisherigen vormundschaftsrichterlichen Aufgaben teilweise auf den Familienrichter verlagert und die Verbindung von Jugend- und Vormundschaftsrichter gemäß § 34 Abs. 2 JGG auf die Übertragung der familien- und vormundschaftsrichterlichen Erziehungsaufgaben begrenzt.[667] Das *Gesetz zur Reform des Verfahrens in Familiensachen und in den Angelegenheiten der freiwilligen Gerichtsbarkeit* vom 17. Dezember 2008[668] löste die Vormundschaftsgerichte dann endgültig auf und wies die dem Vormundschaftsgericht nach dem JGG obliegenden Aufgaben als sog. Kindschaftssachen den Familiengerichten

661 Vgl. BeckOKStPO/*Walther* § 40 JGG, Rn. 1; *Eisenberg* § 40, Rn. 7.
662 BT-Drs. 01/3264, S. 38 u. 45.
663 *Eisenberg* § 34, Rn. 3.
664 Zur historischen Entwicklung des § 34 Abs. 2 JGG vgl. ausführlich *Schmidt*, S. 107 ff.
665 *Dallinger/Lackner* § 34, Rn. 6.
666 BGBl. I, 2942.
667 NK-JGG/*Schady/Sommerfeld* Grundl. zu den §§ 33-38, Rn. 4.
668 BGBl. I, 2586.

zu (§ 151 FamFG, §§ 23a Abs. 1 Satz 1 Nr. 1, 23b Abs. 1 GVG).[669] Nachdem die Personalunion von Jugend- und Familienrichter mit den Neuregelungen also aufgegeben wurde,[670] greift die gesetzgeberische Intention heutzutage allenfalls noch bedingt durch. § 34 Abs. 2 Satz 1 JGG bestimmt zwar weiterhin, dass dem Jugendrichter für die Jugendlichen die familiengerichtlichen Erziehungsaufgaben übertragen werden sollen. Allerdings verlangt dies nicht mehr zwingend nach einer Zuständigkeitsverschiebung zum Amtsgericht. Denn schon gesetzestechnisch handelt es sich um eine bloße „Soll"-Vorschrift, die in der Praxis zudem offenbar mehr als Ausnahme denn als Regel verstanden wird. So ergab etwa eine bundesweite Befragung von *Höynck* und *Leuschner* im Jahr 2013, dass tatsächlich nur 8,5 % der befragten Jugendrichter zusätzlich im Familienrecht tätig waren.[671]

Ohne die Existenz der Rechtsmittelbeschränkung in § 55 Abs. 2 JGG würden also Rechtsmittel gegenüber dem Erwachsenenstrafverfahrensrecht in einem viel größeren Ausmaße gegen erstinstanzliche Entscheidungen zulässig. In der ganz überwiegenden Anzahl der Verfahren entscheiden nämlich zunächst die Amtsgerichte über den Fall, deren Entscheidungen dann grundsätzlich kumulativ mit der Berufung und der Revision angegriffen werden könnten. Gleichzeitig kann diese Erweiterung der Rechtsmittelbefugnis durch die Zuständigkeitsverschiebung nicht mehr mit der notwendigen Personalunion von Jugend- und Familienrichter gerechtfertigt werden. Vor diesem Hintergrund liegt es vordergründig nahe, die Rechtsmittelmöglichkeiten durch eine Beschränkung in § 55 Abs. 2 JGG wieder an das Erwachsenenstrafverfahrensrecht anzugleichen,[672] um einer „Inflation der Rechtsmittel"[673] vorzubeugen, sofern man nicht ohnehin gleich die Zuständigkeitsregelungen aus dem GVG übernehmen will. Insbesondere scheint die eigentliche Beschränkung den Rechtsmittelführer gegenüber

669 NK-JGG/*Schady/Sommerfeld* Grundl. zu den §§ 33-38, Rn. 4.

670 NK-JGG/*Schady/Sommerfeld* § 34, Rn. 3; allerdings könnte man überlegen, ob es pädagogisch nicht sinnvoller ist, den Jugendlichen in der Hauptverhandlung einem bloßen Einzelrichter vorzuführen, da er sich ansonsten womöglich schnell wie vor einem Tribunal fühlen mag (die große Strafkammer kann etwa mit bis zu drei Berufsrichtern und zwei Schöffen besetzt werden, so dass bis zu fünf Personen auf der Richterbank sitzen). Dieses Argument wurde jedoch, soweit ersichtlich, in der Literatur bislang nicht aufgegriffen.

671 *Höynck/Leuschner*, S. 49.

672 Auf diese Begründung verweist auch D/S/S/*Schatz* § 55, Rn. 8; zustimmend auch *Asbrock*, S. 179.

673 Vgl. *Dallinger/Lackner* § 55, Rn. 1: „Hypertrophie".

dem Erwachsenen, der erstinstanzlich vom Landgericht verurteilt wurde, sogar noch insoweit zu begünstigen, als sie ihm zwar ebenfalls nur ein Rechtsmittel an die Hand gibt, ihm dabei aber noch die Wahl zwischen der Berufung und der Revision lässt.

Momsen weist jedoch mit Recht darauf hin, dass es sich wegen der unterschiedlichen Besetzung der Gerichte nur scheinbar um einen Vorteil handelt.[674] Wird der Jugendliche etwa eines Verbrechens wegen vor dem Jugendschöffengericht angeklagt, das nach allgemeinem Strafverfahrensrecht in die Zuständigkeit des Landgerichts fiele, so wird die Sache nur von einem Berufsrichter und zwei Schöffen behandelt (§ 33a Abs. 1 Satz 1 JGG), wohingegen die Strafkammer beim Landgericht mit zwei bis drei Berufsrichtern und zwei Schöffen besetzt wäre (§ 76 GVG). Tatsächlich bietet also eine erstinstanzliche Hauptverhandlung vor dem Jugendschöffengericht – gemessen an der Zahl der Berufsrichter – nicht die gleichen Garantien wie ein Verfahren vor der Strafkammer, so dass eine zweite Tatsacheninstanz vor der großen Jugendstrafkammer schon aus Gründen der Gleichbehandlung notwendig sein dürfte, ohne dass dies durch die Rechtsmittelbeschränkung sogleich wieder „sanktioniert" werden muss. Zudem wird durch die gegenüber dem Landgericht erweiterte Zuständigkeit des Schöffengerichts der Anwendungsbereich der notwendigen Verteidigung beschnitten (§ 140 Abs. 1 Nr. 1 StPO). *Nothacker* überzeugt darüber hinaus mit einem weiteren Argument: Der Gesetzgeber habe die Ausgestaltung der Vorschrift ausschließlich auf eine Abwägung zwischen erzieherischen Zwecken und rechtsstaatlichen Erfordernissen gestützt, weshalb eine unterschiedliche Behandlung von Jugendlichen und Erwachsenen auch ausschließlich auf dem Erziehungsbedürfnis, nicht aber auf verfahrensökonomischen Gründen beruhen dürfe.[675] Dem ist beizupflichten. Betrachtet man nämlich auch die später ergangene Entscheidung des Bundesverfassungsgerichts,[676] so erkennt auch

---

674 *Momsen*, ZJJ 2004, 49 [50], der allerdings etwas missverständlich formuliert, die Berufung gehe (immer) zur kleinen Strafkammer, die nur mit einem Berufsrichter und zwei Schöffen besetzt sei. Das ist insofern nicht ganz korrekt, als die kleine Strafkammer nur zuständig ist für Berufungen gegen Urteile des Jugendrichters (§ 33b Abs. 1 Halbsatz 2 JGG). Im Berufungsverfahren gegen Urteile des Jugendschöffengerichts, die regelmäßig die Strafkammersachen nach allgemeinem Strafverfahrensrecht behandeln, ist dagegen die große Strafkammer zuständig, die mit zwei oder drei Berufsrichtern besetzt ist, so dass sich insoweit kein besetzungsmäßiger Unterschied zum Erwachsenenstrafverfahrensrecht ergibt.

675 *Nothacker*, GA 1982, 451 [467]; so auch *Neuhaus*, NStZ 1990, 140 [141].

676 BVerfG NJW 1988, 477.

dieses die Unterscheidung zwischen Jugendlichen und Erwachsenen ausschließlich unter dem Aspekt des erzieherischen Bedürfnisses einer schnellen rechtskräftigen Entscheidung an. Kritisch wird zudem darauf hingewiesen, dass selbst das Erziehungsargument als solches seit Schaffung des Jugendstrafrechts häufig nur als Deckmantel für umstrittene Reformbestrebungen missbraucht werde.[677] Umso mehr gilt es daher, vordergründige Behauptungen genau auf ihre erzieherische Notwendigkeit hin zu überprüfen, um vermeintlichen bloßen „Nebenfolgen", wie der erwünschten Reduzierung von als zu häufig empfundenen Urteilsanfechtungen, nicht auf Umwegen zum Durchbruch zu verhelfen. Eine de facto Schlechterstellung von Jugendlichen lässt sich folglich nicht mit dem gesetzessystematischen Argument rechtfertigen, ein Wegfall der Beschränkung führe ansonsten zu dem – unliebsamen – Ergebnis, dass Jugendliche noch öfter Berufung einlegen dürften als nach Erwachsenenstrafrecht Verurteilte.

III. Geringeres praktisches Bedürfnis

Darüber hinaus wird mitunter auch auf das geringere praktische Bedürfnis einer erneuten Überprüfung der Entscheidung abgestellt.[678] Jugendliche begingen weniger „komplizierte" Straftaten und seien obendrein geständnisfreudiger.[679] Die Richtigkeit dieser Thesen soll dabei im Grunde nicht bezweifelt werden. Dass Jugendliche häufiger Geständnisse ablegen als Erwachsene, ist empirisch bewiesen.[680] Und dass sie sich an einem Umsatzsteuerkarussell beteiligen, Straftaten nach § 399 AktG begehen oder etwa unerlaubt eine kerntechnische Anlage betreiben, dürfte eher eine fernliegende Möglichkeit darstellen.

---

677 Vgl. ausführlich *Pieplow*, in: Walter, Erziehung, S. 5 ff.: „Erziehung als Chiffre"; *Nix*, NStZ 1993, 400 [401]: „Die ratio legis der § 55 ff. JGG, im Jugendstrafverfahren bestehe ein besonderes Bedürfnis, schnell zu rechtskräftigen und daher erziehungswirksamen Entscheidungen zu gelangen, ist eines von zahlreichen Beispielen, wie Rechtsweggarantien im Jugendstrafrecht auf Kosten eines ominösen Erziehungsideals aufgegeben werden."

678 Vgl. *Verrel*, in: FS Heinz, S. 521.

679 Vgl. *Dallinger/Lackner* § 55, Rn. 2; *Schaumann*, S. 103 f.; s. auch *Verrel*, in: FS Heinz, S. 521; *Peters*, 52. DJT, Bd. I, C 54.; vgl. auch *Middendorf*, Zbl 1952, 70 [71]: „Erfahrungsgemäß sind die Jugendlichen nach einigem Zureden fast immer geständig und auch die von ihnen begangenen Delikte bieten keine besonderen Schwierigkeiten."

680 Vgl. etwa *Ludwig-Mayerhofer*, in: Albrecht, S. 156; *Becker/Lugan*, in: Becker/Kinzig, S. 167 f.: 91 % gegenüber 67 %.

Allerdings kann natürlich *erstens* alleine eine geringe praktische Bedeutung kein Argument für die Rechtsmittelbeschränkung sein. Mit der gleichen Begründung könnte man schließlich auch die Sprungrevision oder das Adhäsionsverfahren gleich mit abschaffen. Umgekehrt müsste man sich doch vielmehr fragen, ob die geringe praktische Bedeutung nicht gerade *dafür* spräche, die Rechtsmittelbefugnis wieder zu erweitern. Immerhin bedeutete dies einen Gewinn an Rechtsstaatlichkeit um einen kleinen Preis. Schließlich würden dadurch zusätzliche Überprüfungsinstanzen für mögliche Fehlurteile geschaffen, und auch die Gewährleistung eines fairen Verfahrens könnte durch die Aufsicht der Obergerichte stärker kontrolliert werden, ohne dass zugleich eine überbordenden Inanspruchnahme der neu gewonnenen Möglichkeiten befürchtet werden müsste.

Zweitens rechtfertigt das angeblich geringere Bedürfnis für eine Nachprüfung allenfalls die Rechtsmittelbeschränkung in § 55 Abs. 1 JGG, die eine Anfechtung zumindest für einen Teilbereich komplett ausschließt. Im Hinblick auf das Wahlrechtsmittel geht sie dagegen ein Stück weit an der Realität vorbei: In der Regel wählt der Verurteilte nämlich ohnehin die Berufung anstelle der Revision.[681] Die Berufung führt aber zum einen zu einer „Überprüfung" gerade des kompletten Sachverhalts in Form einer Neuverhandlung, die dann auch die „unstreitigen" Tatsachen betrifft. Zum anderen dürfte die Berufung – bei Vorliegen eines Geständnisses und einfachen Sachverhalten – in der Regel zumindest am Schuldspruch wenig ändern.[682] Konsequenterweise müsste dementsprechend allenfalls die Berufung abgeschafft werden, da sie häufig zur überflüssigen „Überprüfung" ohnedies feststehender Sachverhalte führt, während die Revision nur bei festgestellten Rechtsfehlern eine Aufhebung bzw. Änderung des Urteils zur Folge hat.

Drittens können aber auch tatsächlich „einfache" Tatbestände rechtlich falsch bewertet werden. Man denke hier nur an Beleidigungen, die die Gerichte im Lichte des Art. 5 GG auslegen müssen und die sie insofern häufig zu Unrecht vorschnell als Schmähkritik einordnen.[683] Für diese Berufungsurteile kann sonach durchaus ein Bedürfnis für die erneute (rechtliche) Nachprüfung bestehen, unabhängig davon, ob der Jugendliche geständig war oder nicht.

681 Vgl. *Momsen*, ZJJ 2004, 49 [50].

682 Anderes kann freilich für die Strafzumessung gelten, wenn der Jugendliche bis zur zweitinstanzlichen Hauptverhandlung neue Tatsachen schafft, also z.B. einen Täter-Opfer-Ausgleich durchführt, eine Therapie antritt oder eine Ausbildungsstelle findet.

683 Vgl. nur *Putzke*, ZJS 2016, 391.

Ebenfalls an dem Argument des geringen praktischen Bedürfnisses zweifelnd, weist *Schaumann* darauf hin, dass Geständnisse Jugendlicher häufig nicht verlässlich seien und deshalb (öfter) überprüft werden müssten.[684] Und tatsächlich zeigt eine Untersuchung von *Becker* und *Lugan*, dass Berufungen in Jugendstrafverfahren zwar vergleichsweise seltener, aber doch zu einem nicht unerheblichen Anteil (16%) erfolgreich sind.[685] Ein noch stärkeres Indiz sind freilich veröffentlichte Revisionsentscheidungen die offenbaren, dass etwa die Sanktionszumessung im Jugendstrafrecht vielfach fehlerhaft ist,[686] was wohl nicht zuletzt an der gegenüber dem Erwachsenenstrafrecht größeren Sanktionsauswahl liegen dürfte.[687]

Demzufolge steht bereits die Grundannahme dieser Position auf tönernen Füßen. Bezieht man ferner noch die fehlende erzieherische Legitimation dieses Arguments in die Betrachtung mit ein, so verwundert es kaum, dass es heutzutage, soweit ersichtlich, nicht mehr vertreten wird.[688]

IV. Erzieherische Gründe

Nachdem der Gesetzgeber bei Ausgestaltung des JGG insbesondere vom Erziehungsgedanken geleitet[689] war, den er inzwischen ausdrücklich im Gesetzestext verankert hat,[690] und er dementsprechend auch ein *„Erziehungsstrafrecht"* in Abgrenzung zum Vergeltungsstrafrecht für Erwachsene formulierte,[691] bilden

684 *Schaumann*, S. 104. Dieses Argument spricht allerdings nicht zwingend gegen die Rechtsmittelbeschränkung, auch wenn sie die Möglichkeit aufzeigt, dass ein Jugendlicher sein Geständnis erst nach der erstinstanzlichen Hauptverhandlung widerruft. Denn ein Geständnis kann in aller Regel nur in den beiden Tatsacheninstanzen überprüft werden, die dem Jugendlichen durch § 55 Abs. 2 JGG – wegen der häufigen Wahl der Berufung – nicht entzogen werden.

685 *Becker/Lugan*, in: Becker/Kinzig, S. 167.

686 *Becker/Lugan*, in: Becker/Kinzig, S. 165.

687 *Bartsch*, ZJJ 2016, 112 [116].

688 So noch *Dallinger/Lackner* § 55, Rn. 2; *Middendorf*, Zbl 1952, 70 [72] im Hinblick auf § 40 RJGG; vorsichtig formulierend noch *Eisenberg*, in: FS Weber, S. 515: „Rechtsverkürzung[…], die allenfalls in verhältnismäßig einfach gelagerten Fällen von vornherein durch den sachlichen Differenzierungsgrund des Alters gerechtfertigt sein mag […]."

689 Vgl. *Schatz*, in: FS Ostendorf, S. 804; *Kreuzer*, NJW 2002, 2345 [2346].

690 Mit dem Inkrafttreten des 2. JGGÄndG zum 1.1.2008 in § 2 Abs. 1 Satz 2 JGG, BGBl. I 2007, 2894.

691 NK-JGG/*Ostendorf* Grdl. z. §§ 1 und 2, Rn. 4; § 2, Rn. 5; *ders.* in: Walter, Strafverteidigung, S. 109.

erzieherische Motive bis heute das Herzstück der Argumentation um die besondere Rechtsmittelbeschränkung.

1. Autorität des Gerichts

Zunächst wird bisweilen ein Verlust der gerichtlichen Autorität durch divergierende Entscheidungen der Gerichte befürchtet, die einer erzieherischen Wirkung abträglich seien.[692]

Kaufmann erläutert dies 1958 in einer Entscheidungsanmerkung ausführlich und liefert zum Beleg gleich anschauliche Beispiele der täglichen Erziehung:

> *„Die Erziehung straffällig gewordener Jugendlicher ist ohnehin schon ein Problem; sie wird aber nachgerade zur Unmöglichkeit, wenn die staatlichen Straforgane dem jugendlichen Delinquenten ein Bild der Unsicherheit und Uneinigkeit geben – genau wie Eltern ihre Autorität verspielen, wenn sie vor ihren Kindern ihre Meinungsverschiedenheiten in Erziehungsfragen austragen. Ganz besonders mißlich ist es, wenn die Unterschiede in der Beurteilung nicht die Verfehlung als solche betreffen, sondern nur die Art und das Maß ihrer Anordnung, wenn also etwa – um beim obigen Beispiel zu bleiben – das von dem einen Elternteil wegen einer Unart des Kindes angeordnete achttägige Badeverbot von dem anderen Elternteil als zu hart wieder rückgängig gemacht und durch Entzug von Süßigkeiten ersetzt wird. Wer von Erziehung etwas versteht, wird zugeben, daß damit dem Kind letzten Endes kein Gefallen erwiesen wird. Nicht anders verhält es sich aber auch, wenn die Jugendkammer trotz übereinstimmender Schuldfeststellungen den vom Jugendschöffengericht verhängten zweiwöchigen Dauerarrest in drei Freizeitarreste umwandelt, wie das in der dem BGH vorgelegten Strafsache geschehen ist. Mit solchen Manipulationen wird kaum jemals etwas gut gemacht, in aller Regel aber nur geschadet. Denn ein junger Mensch verwindet es meist sehr rasch, wenn er einmal etwas härter angefaßt wird, als er es vielleicht verdient; dagegen wirkt es sich für seine Erziehung oft sehr nachteilig aus, wenn sich hinter der Strafe nicht die Sicherheit und Überlegenheit, eben die Autorität des Strafenden spürbar wird.“*[693]

Als Beleg für die Richtigkeit seiner These stellt *Kaufmann* im Übrigen auf die besprochene Entscheidung des Bundesgerichtshofs ab, in der dieser bemerkt, das Berufungsgericht werde – bei im Wesentlichen gleicher tatsächlicher und rechtlicher Beurteilung – in vielen Fällen schon aus erzieherischen Gründen keine Veranlassung haben, die getroffenen Maßnahmen abzuändern.[694]

---

692 *Dallinger/Lackner* § 55, Rn. 6 a.E.; *Middendorf*, Zbl 1952, 70 [72]; zustimmend auch *Asbrock*, S. 177.

693 *Kaufmann*, JZ 1958, 8 [11].

694 BGH NJW 1957, 998 [1000].

Potrykus teilt diese Ansicht und findet, gerade in Jugendsachen sollten die Berufungsgerichte sich schon grundsätzlich tunlichst von einer Abänderung der Entscheidung des Erstrichters aus erzieherischen Gründen zurückhalten.[695] Zustimmend erklären auch *Dallinger* und *Lackner*, durch die Rechtsmittelbeschränkung werde die Autorität des Erstrichters gestärkt – nicht obrigkeitlichem Denken zuliebe, sondern im Interesse des Jugendlichen und seiner Erziehung.[696] Anknüpfend an die historischen Stimmen, gehen auch *Schaffstein, Beulke* und *Swoboda* davon aus, die erzieherische Autorität und die pädagogische Verantwortungsfreudigkeit des erstinstanzlichen Richters müssten leiden, wenn der Jugendliche sein Urteil nur als eine zunächst unverbindliche Vorentscheidung anzusehen brauche. [697] Weil *Schaumann* keine Argumente finden kann, die gegen die Annahme sprechen, dass voneinander abweichende Entscheidungen zu einer erzieherisch abträglichen Minderung der gerichtlichen Autorität führen können, stimmt sie dieser These letztlich zu.[698] *Bottke* begnügt sich wiederum mit dem Umkehrschluss, dass der Gesetzgeber die Rechtsmittelbeschränkung nicht geregelt hätte, wenn er dem Rechtsmittelverfahren eine (positive) erzieherische Wirkung zugesprochen hätte.[699]

Diese Sichtweise stößt indessen auf starke Kritik. *Nix* bemerkt ohne weitere Begründung, das Argument der leidenden gerichtlichen Autorität werde von *Schaffstein* und *Beulke* *„ernsthaft noch vertreten"*.[700] *Eisenberg* führt zwar aus, dass eine Nichtbestätigung des erstinstanzlichen Jugendgerichts geeignet sei, dessen Autorität zu untergraben.[701] An anderer Stelle verweist er jedoch auch zweifelnd darauf, dass diesem Gesichtspunkt nur auf der Grundlage eines autoritär verstandenen Erziehungskonzepts erhöhtes Gewicht zukommen könne,[702] und empfiehlt Verteidigern sogar, das Urteil bei falscher Tatsachengrundlage aus *„erziehungspsychologischen Gründen"* anzufechten, selbst wenn die Rechtsfolge voraussichtlich stehenbleibe, da eine Akzeptanz durch den Jugendlichen unter diesen Voraussetzungen nicht erwartet werden könne.[703] *Laue* zufolge sei die

695 *Potrykus*, NJW 1956, 35.

696 *Dallinger/Lackner* § 55, Rn. 6 a.E.

697 *Schaffstein/Beulke/Swoboda*, S. 281.

698 *Schaumann*, S. 102.

699 *Bottke*, ZStW 95 [1983], 69 [103].

700 *Nix*, NStZ 1993, 400 [401].

701 *Eisenberg/Höynck*, ZJJ 2013, 320 [321].

702 *Eisenberg* § 55, Rn. 36; so auch schon *Nothacker*, GA 1982, 451 [453]; zustimmend *Mertens*, S. 147.

703 *Eisenberg*, NJW 1984, 2913 [2920]; ähnlich bereits *Dallinger/Lackner* § 55, Rn. 4: „Anfechtung ist empfehlenswert, [...] wenn in einem entscheidenden Punkt

Angst des Autoritätsverlustes mit einem modernen, auf konstruktive Erziehung ausgelegten Jugendstrafrecht ohnehin nur schwer vereinbar.[704] *Ostendorf* erinnert in diesem Zusammenhang an die gleichlautende Argumentation bereits im Rahmen der Einführung des § 40 RJGG in der NS-Zeit und stellt fest, dass ein solches Erziehungsverständnis, das den Betroffenen zum bloßen Objekt mache und nicht „zu einer eigenverantwortlichen und gemeinschaftsfähigen Persönlichkeit" im Sinne des § 1 SGB VIII erziehe, heute nicht mehr gelten und als legitimes Ziel des Rechtsmittelausschlusses anerkannt werden könne.[705] Durch eine Rechtsmittelbefugnis werde umgekehrt die Akzeptanz des Urteils erhöht, wohingegen die Erfahrung der unfairen Behandlung durch Entziehung der Anfechtungsmöglichkeit eine schlechte Bedingung für einen Kehrtwandel im Sinne von künftiger Straftatvermeidung sei.[706] Wie er vermuten auch *Albrecht*[707], *Neuhaus*[708] und *Penkuhn*[709] eine kontraproduktive Wirkung in spezialpräventiver Hinsicht. *Bartsch*[710] und *Schady*[711] stellen ebenfalls heraus, dass sich eine Korrektur des Ersturteils umgekehrt sogar erzieherisch positiv auswirken könne, da sie verdeutliche, dass auch Jugendgerichte fehlerhaft handeln könnten und dass durch ein rechtsstaatliches Verfahren sichergestellt werde, dass fehlerhafte Entscheidungen korrigierbar seien.[712] Und auch *Pieplow* meint, ein fair erlebtes Verfahren sei ein Friedensangebot des Staates mit der Chance für junge Menschen, sich mit einem solchen Staat und seinem Anspruch auf rechtstreues Verhalten zu identifizieren.[713]

---

ernste Zweifel an der Richtigkeit des dem Urteil zugrunde liegenden Sachverhalts bestehen. Ein solches Urteil wäre erziehungswidrig, da es der Jgl. nicht als gerecht hinnehmen könnte […]."

704 HK-JGG/*Laue* § 55, Rn. 4.

705 *Ostendorf*, ZJJ 2016, 120 [122]; übereinstimmend auch *Penkuhn*, ZJJ 2014, 371 [373]; ebenfalls kritisch zur Wiederholung der aus der NS-Zeit bekannten Wendungen *Scheffler*, RdJB 1981, 451 [458].

706 *Ostendorf*, ZJJ 2016, 120 [122].

707 *Albrecht*, S. 385.

708 *Neuhaus*, NStZ 1990, 140 [141].

709 *Penkuhn*, ZJJ 2014, 371 [373].

710 *Bartsch*, ZJJ 2016, 112 [115].

711 NK-JGG/*Schady* § 55, Rn. 24.

712 So auch *Mann*, S. 226; ähnlich auch *Ostendorf*, S. 126 f.: „Unter erzieherischen Gesichtspunkten kann zudem die Erfahrung und Einübung eines rechtsstaatlichen Verfahrens wertvoll sein."

713 *Pieplow*, ZJJ 2009, 381 [382].

Tatsächlich findet also das „Autoritätsargument" in der zeitgenössischen Literatur kaum mehr Anklang. Zwar steht ihm grundsätzlich weder die Gesetzesbegründung noch die verfassungsgerichtliche Rechtsprechung eindeutig entgegen. Denn auch die Befürchtung des Autoritätsverlustes ist zumindest vordergründig erzieherisch motiviert. Indessen hängt die fehlende Zustimmung wohl vor allem mit den geänderten Ansichten zur Erziehung seit Ende der 1960er Jahre zusammen, als die autoritären Vorstellungen zunehmend demokratischen und emanzipatorischen Konzepten wichen und sich schließlich die bis heute herrschende Auffassung durchsetzte, dass Erziehung primär auf Dialog gründet (vgl. auch § 1626 Abs. 2 Satz 2 BGB[714]).[715]

Deutlich wird dieser Meinungsumschwung, wenn etwa *Kaufmann*, wie gesehen, 1958 noch die vor dem Kind ausgetragenen Meinungsverschiedenheiten kritisiert und es insofern für sinnvoll hält, das Kind lieber einmal zu fest anzufassen, als den Eindruck der Überlegenheit einzubüßen, während man inzwischen das „beinharte Beharren" auf gegebene Anordnungen sogar als delinquenzfördernd erachtet.[716] Vor allem hat sich aber auch die Erkenntnis durchgesetzt, dass es für Jugendliche besonders wichtig ist, anhand von Vorbildern die konstruktive Bewältigung von Problemen zu erlernen.[717] Das muss dann freilich auch

---

714 Vgl. dazu die Gesetzesbegründung, BT-Drs. 7/2060, S. 17: „Absatz 2 Satz 2 konkretisiert die Pflicht zur Rücksichtnahme auf den Willen des einsichtsfähigen Kindes bzw. des heranwachsenden jungen Menschen. Die von den Eltern beabsichtigten Maßnahmen dürfen dem Kind nicht aufgezwungen, sondern müssen mit ihm erörtert werden mit dem Ziel, Verständnis und Einsicht zu wecken; darüber hinaus sollen Gegenargumente berücksichtigt und eine Einigung zwischen Eltern und Kind angestrebt werden. Kommt eine Einigung nicht zustande – etwa weil das Kind jede Mitwirkung verweigert – so entscheiden die Eltern allein. Diese Regelung entspricht modernen Grundsätzen der Kindererziehung und wird weitgehend bereits praktiziert. Die gesetzliche Neuregelung schließt daher eine Lücke, die sich zwischen dem Selbstverständnis der Eltern-Kind-Beziehungen und dem geltenden Recht gebildet hat, das den Eltern das alleinige, von der Rücksichtnahme auf den Kindeswillen unabhängige Entscheidungsrecht einräumt."; BeckOKBGB/*Veit* § 1626, Rn. 77: „Ein autoritärer Erziehungsstil ist mit Abs. 2 jedoch ebenso wenig vereinbar wie die Abwälzung der Erziehungsverantwortung auf das Kind, indem seinem Willen überall nachgegeben wird"

715 Vgl. *Plewig*, ZJJ 2013, 240 ff.

716 Vgl. *Brumlik*, ZJJ 2013, 244, unter Verweis auf die innere Widersprüchlichkeit des „ausländerfeindlichen" Wahlkampfs der hessischen CDU, da die Debatte über die Gewaltdelinquenz junger Männer mit Migrationshintergrund vor allem zu Tage gebracht habe, dass in deren Familien häufig noch autoritäre Erziehungsstile vorherrschten.

717 Vgl. *Lösel*, ZJJ 2013, 260 [266]; vgl. auch *Eisenberg* § 2, Rn. 9a.

den Umgang mit der eigenen Fehlbarkeit umfassen. Wird dem Jugendlichen dagegen in jungen Jahren ständig vorgelebt, dass Entscheidungen Erwachsener unumstößlich seien, wird dies seine Kompetenz zur Selbstreflektion im Erwachsenenalter kaum erhöhen und mitunter zu erheblichen Frustrationen führen.

Abgesehen von den unterschiedlichen Theorien zu den Erziehungskonzepten fehlt es darüber hinaus an einem wissenschaftlichen Beleg für den tatsächlichen Autoritätsverlust durch divergierende Entscheidungen zweier Gerichte.[718] Dafür müsste freilich zunächst überhaupt eine einheitliche Definition der erwünschten Autorität gefunden werden, die immer auch vom jeweiligen dahinterstehenden Erziehungskonzept abhängen wird.[719] Schließlich kann das Verständnis von Autorität von der bloßen erzwungenen Anerkennung über die faktisch akzeptierte Autorität bis hin zur freiwilligen Bewunderung reichen.[720] Plakativ

718 Dies dürfte letztlich auch kaum zu realisieren sein. Befragt man etwa Jugendliche nach der Berufungsentscheidung, ob sie die Autorität des Erstrichters nun größer oder kleiner als zuvor empfänden, wird dies vor allem auch davon abhängen, wie die Entscheidung jeweils ausgefallen ist. Zudem entscheidet der Berufungsrichter ja aufgrund einer neuen Hauptverhandlung, so dass ein anderer Ausgang des Verfahrens womöglich eher den veränderten Zeugenaussagen oder ähnlichem zugeschrieben wird statt der „falschen“ Entscheidung des Erstrichters. Eine Möglichkeit ergäbe sich allenfalls durch Befragungen im Rahmen des Revisionsverfahrens, wo die Entscheidung regelmäßig nur aufgehoben und dann an dasselbe Gericht (nicht aber denselben Richter) zurückverwiesen wird, wenn Rechtsfehler gesehen wurden, oder im Rahmen der Durchführung von Experimenten.

719 Siehe schon ausführlich *Schaffstein*, MSchrKrim 61 [1978], 313 [315]: „Die Anschauungen darüber, welche erzieherische Bedeutung einer durch die Würde des Gerichts geprägten, förmlichen und feierlichen Hauptverhandlung zukommt, haben sich in den 35 Jahren seit der Einführung des vereinfachten Verfahrens gewandelt. Noch in den 50er Jahren ging der Trend dahin, gerade schon einer eindrucksvollen, durch die traditionellen Ritualien bestimmten Verhandlungsführung des Richters eine wichtige Erziehungsfunktion zuzuerkennen. Seither hat sich aufgrund neuerer psychologischer und sozialpädagogischer Einsichten, aber auch neuerer ideologischer Doktrinen ein Tendenzumschwung vollzogen. Abbau der strengen und ritualisierten Verfahrensformen, Auflockerung der Verhandlung in Richtung einer freien, nicht durch Einschüchterung, Hemmungen und Sprachbarrieren beeinträchtigten Kommunikation zwischen den Verfahrensbeteiligten, vor allem aber zwischen Richter und Angeklagtem, scheint heute ‚jugendgemäße‘ Gestaltung des Verfahrens zu kennzeichnen.“

720 Zum Autoritätsbegriff sehr ausführlich *Geißler*, S. 55 ff.

gesprochen, bedeutet das: Will man einen „*Richter Gnadenlos*“[721] oder vielmehr einen „*Kuschelpädagogen*“[722] als idealen Vorsitzenden, der sich also seinen Respekt entweder durch drakonische, unabänderliche Strafen verschafft oder vielmehr durch eine verständnisvolle Begegnung auf Augenhöhe[723] ? Hier kann letztlich nur eine modifizierbare Zwischenlösung das Ziel sein, denn weder braucht es stets das „scharfe Schwert“ noch wird eine Hauptverhandlung, an deren Ende möglicherweise die Verhängung einer mehrjährigen Jugendstrafe droht, immer konsensual am „runden Tisch“ geführt werden können,[724] womit dann häufig auch die Gefahr des Autoritätsverlusts einhergehen wird. *Penkuhn* weist an dieser Stelle freilich zutreffend darauf hin, dass sich ein (grundlegend) autoritäres Erziehungsverständnis ohnedies nicht mit dem Ziel des JGG vereinbaren lasse.[725] Und nach der Rechtsprechung soll in Einzelfällen sogar der Verzicht auf die Richterrobe bei befürchtetem nachteiligem Einfluss auf die Prozessbeteiligten zulässig sein,[726] was die so verstandene gerichtliche Autorität nicht unbedingt beflügeln dürfte. *Röhling* imponiert zudem mit dem Argument, der Jugendliche erlebe in einem zweigliedrigen Instanzenzug ohnehin schon eine positive Art der Konfliktlösung, bei der zwar das oberste Gericht letztlich die endgültige Entscheidung treffe, zuvor aber ein sachlicher Dialog ermöglicht und dem Jugendlichen die Chance zur Äußerung gewährt werde.[727]

Doch auch das Gesetz selbst zeigt, dass die richterliche Entscheidung ungeachtet der Rechtsmittelmöglichkeiten für den Jugendlichen nicht immerhin (sofort) bindend und unabänderlich sein muss: Gemäß § 27 JGG kann nämlich nicht nur die Vollstreckung der Jugendstrafe zur Bewährung ausgesetzt werden, sondern schon die *Verhängung* der Jugendstrafe als solche, sofern sich das Gericht nicht in der Lage sieht, sich aus dem Inbegriff der Hauptverhandlung

721 Vgl. dazu etwa die Bücher von *Müller*: „Schluss mit der Sozialromantik!: Ein Jugendrichter zieht Bilanz.“; und *Heisig*: „Das Ende der Geduld – Konsequent gegen jugendliche Gewalttäter“.

722 Vgl. *Kinzig*, in: FS Eisenberg I, S. 382 f.

723 S. zum Idealbild *Ohder*, in: FS Eisenberg I, S. 435 ff.; vgl. auch *Beulke*, in: FS Ostendorf, S. 57 ff.

724 Generell kritisch zur erzieherischen Wirkung der Hauptverhandlung jedoch BVerfG FPR 2003, 266 [267] unter Hinweis darauf, dass bis zum Abschluss des Verfahrens weder Erziehungsbedürftigkeit durch Nachweis einer konkreten Straftat festgestellt noch Festsetzung einer daran orientierten Rechtsfolge erfolgt sei.

725 *Penkuhn*, ZJJ 2014, 371 [373].

726 Vgl. OLG Frankfurt NJW 1987, 1208.

727 *Röhling*, ZRP 2009, 17.

die Überzeugung vom Vorliegen der Voraussetzungen für die Verhängung von Jugendstrafe zu verschaffen. Diese Regelung erlaubt es dem Gericht mithin, von der Verhängung der Jugendstrafe zunächst abzusehen und die weitere Entwicklung des Jugendlichen abzuwarten, ehe es dann bis zu zwei Jahre später (§ 28 Abs. 1 JGG) eine endgültige Entscheidung trifft.[728] Auch hier setzt sich der Jugendrichter unter Umständen, zumindest aus Sicht des Jugendlichen, in Widerspruch zu einer früheren – und zwar seiner eigenen – Entscheidung, so dass nach der obigen Argumentation ebenfalls ein Verlust richterlicher Autorität befürchtet werden müsste, den das Gesetz aber offenbar zugunsten sachlich richtiger Entscheidungen in Kauf nimmt.

Entgegen *Schaumann* könnte man nach alledem also zuvörderst fragen: Warum einer Behauptung überhaupt zustimmen, nur weil sich keine Argumente dagegen finden lassen? Tatsächlich spricht nämlich allenfalls noch eine verstaubte Alltagstheorie im Hinblick auf einen gummiartigen Autoritätsbegriff für die Richtigkeit der angeführten These. Insofern ist *Kaufmann* durchaus zugute zu halten, dass er seine Argumentation immerhin mit Beispielen unterfüttert. Dieser Versuch wird von den sonstigen Befürwortern noch nicht einmal unternommen. Im Gegensatz dazu deuten sowohl die neueren erziehungswissenschaftlichen Konzepte, die immerhin Eingang in die Bestimmungen über die elterliche Sorge gefunden haben, wie auch das Gesetz selbst auf ein Fehlgehen dieser Begründung hin. Sie ist deshalb entschieden abzulehnen.

2. Beschleunigungsgrundsatz

Wie bereits gesehen, ist ein *besonderer Beschleunigungsgrundsatz* im Jugendstrafrecht nicht tragfähig zu begründen. Wie für Erwachsene gilt auch im Jugendstrafrecht – allerdings mit Einschränkungen, denn mitunter sind durchaus Verzögerungen gegenüber dem allgemeinen Strafverfahrensrecht denkbar (s.o. D) II. 2.) – lediglich der allgemeine Beschleunigungsgrundsatz. Dieser hält freilich in erster Linie die Justiz an, aus Gründen des Beschuldigtenschutzes das Strafverfahren nicht unnötig in die Länge zu ziehen, und bezweckt eher ein Verzögerungsverbot. Nachdem der besondere Beschleunigungsgrundsatz aber nach wie vor als *das* alleingültige Argument in der herrschenden Meinung angesehen wird, fragt sich, ob – einen solchen besonderen Beschleunigungsgrundsatz unterstellt – sich dieses Ziel mit einer Abkürzung des Rechtsmittelzuges überhaupt erreichen ließe. *Ostendorf* hat bereits dargestellt, dass die Dauer des

728 HK-JGG/*Meier* § 27, Rn. 1.

Jugendstrafverfahrens vor den Jugendgerichten vom Tag des Eingangs bis zur Erledigung 2005 im Durchschnitt bei den Jugendgerichten insgesamt 3,1 Monate (bei den Jugendschöffengerichten 3,7 Monate, bei den Jugendkammern dagegen 5,5 Monate) dauerte.[729] Freilich stellt dies erst den letzten Verfahrensschritt dar. Hinzu kommen sowohl die Bearbeitungszeiten für die Polizei und die Staatsanwaltschaft wie auch die Zeit bis zur Vollstreckung.[730] Schon *Bottke* hat deshalb darauf hingewiesen, dass der Zeitraum zwischen Tatbegehung und rechtskräftiger Verurteilung (und erst recht der Vollstreckung) auch ganz ohne Rechtsmittelverfahren schon so lang sei, dass ein besonderes Bedürfnis, den Sinnzusammenhang zwischen Tat und Aburteilung gerade durch eine Rechtsmitteleinschränkung zu wahren, bezweifelbar sei.[731] Diese Umstände mögen ansatzweise noch die Regelung des § 55 Abs. 1 JGG rechtfertigen (die allerdings leicht umgangen werden kann). Denn in diesen Fällen ist, anders als beim Wahlrechtsmittel, immerhin keine weitere erhebliche Verzögerung mehr durch das Berufungsverfahren zu erwarten. Klar ist allerdings auch, dass Beschleunigungsbestrebungen wesentlich früher ansetzen müssten, um in diesem Sinne überhaupt wirksam zu sein. Wurde der Jugendliche erst verurteilt, ist das Kind schon sprichwörtlich in den Brunnen gefallen, und die Effekte der zusätzlichen Verzögerung dürften marginal sein. In einem Modellprojekt in Münster, mit dem man Strafverfahren gegen jugendliche Intensivtäter beschleunigen wollte, war man sich etwa einig, dass ein zügiges Verfahren, um die erwarteten positiven Effekte zu erreichen, nach spätestens zehn Wochen abgeschlossen sein sollte.[732] Unabhängig davon, dass sich eine solche, maximal zehnwöchige Verfahrensdauer als sehr optimistisch darstellt,[733] wäre diese nach den dargestellten psychologischen Erkenntnissen ohnehin noch immer viel zu lang, um als „unmittelbar" zu gelten. Eine weitere Instanz würde daran kaum etwas ändern.[734]

---

729 *Ostendorf*, S. 65; vgl. auch die etwas älteren, aber ähnlichen Zahlen bei *Mann*, S. 35.

730 *Ostendorf*, S. 66.

731 *Bottke*, ZStW 95 [1983], 69 [102]; ähnlich auch *Niesing*, S. 213: „Dennoch muß konstatiert werden, daß in der heutigen Praxis des Kriminaljustizsystems der Zeitraum zwischen Begehung eines Delikts und dessen strafrechtlicher Sanktionierung so ausgedehnt ist, daß das Kontiguitätsprinzip des operanten Konditionierens als nicht mehr gewahrt anzusehen ist. Diese Mangel führt zu einer erheblichen Effektivitätseinbuße der Kriminalstrafe." Zustimmend auch *Eisenberg*, in: FS Weber, S. 509. Vgl. ferner *Kreuzer*, ZRP 2012, 101 [102], für den „Warnschussarrest".

732 *Khostevan*, S. 19.

733 Der gesteckte Zeitrahmen konnte selbst in dem Modellprojekt tatsächlich auch nicht eingehalten werden, vgl. *Khostevan*, S. 145 ff.

734 So auch *Meyer-Goßner*, in: FS Eisenberg I, S. 409.

V. Europäischer Vergleich

Ein weiteres – wenn auch schwaches – Argument für die unterschiedliche Behandlung Jugendlicher und Erwachsender im Rechtsmittelrecht könnte endlich der Umstand sein, dass vergleichbare Regelungen in fast jeder europäischen Rechtsordnung existieren. Denn wenn ein solches Bedürfnis unabhängig voneinander in verschiedensten Rechtssystemen gesehen wird, liegt es nahe, dass dies auf einleuchtenden Gründen bzw. allgemeingültigen, übergeordneten Prinzipien beruhen muss. Allerdings offenbart ein näherer Blick auf das europäische Ausland, dass in *keinem* Land eine Begrenzung der Rechtsmittel auf die Berufung oder Revision für Jugendliche vorgesehen ist.[735] Zwar findet sich in manchen Ländern per se nur ein zweistufiger Instanzenzug, Unterscheidungen zwischen Jugendlichen und Erwachsenen Verurteilten werden insofern aber nicht getroffen.[736] Lediglich in Griechenland fanden sich bis vor kurzem mit Deutschland vergleichbare Regelungen. So waren bis ins Jahr 2003 Urteile, in denen Jugendstrafen mit einer Mindestdauer von sechs Monaten bis zu einem Jahr, [737] und bis 2010 Urteile, in denen lediglich Erziehungs- oder Heilmaßnahmen verhängt worden waren,[738] – vergleichbar mit § 55 Abs. 1 JGG – nicht berufungsfähig. Diese Regelungen wurden jedoch durch zwei Reformgesetze wieder abgeschafft, so dass auch Griechenland insoweit nicht mehr zwischen Erwachsenen und Jugendlichen differenziert.[739] Eine § 55 Abs. 2 JGG entsprechende Regelung eines Wahlrechtsmittels gab es zu keinem Zeitpunkt. In Spanien wurde zwar erst im Jahre 2000 die Möglichkeit für Jugendliche geschaffen, ebenso wie Erwachsene überhaupt Rechtsmittel gegen eine Entscheidung einzulegen, nunmehr allerdings auch ohne jede Einschränkung.[740] Zumindest in Frankreich und Serbien ist es jedoch möglich – für ambulante Erziehungsmaßnahmen in Serbien sogar zwingend –, dass die sofortige Vollziehung der Maßnahme oder Strafe angeordnet wird.[741] Diese Aufhebung des Suspensiveffekts hat also ebenfalls zur Folge, dass das Urteil trotz eingelegtem Rechtsmittel sofort vollstreckt werden kann. Abgesehen von diesen Besonderheiten ist Deutschland demzufolge das einzige europäische Land, das den besonderen Beschleunigungsgrundsatz

---

735 *Gensing*, S. 740; *Dünkel*, in: FS Ostendorf, S. 285; *ders.*, RdJB 2014, 294 [296].
736 *Dünkel*, in: FS Ostendorf, S. 285.
737 Vgl. *Pitsela*, in: FS Heinz, S. 482 f.
738 Vgl. *Pitsela*, in: FS Heinz, S. 488.
739 Vgl. *Gensing*, S. 741.
740 Vgl. *Gensing*, S. 741.
741 Vgl. *Gensing*, S. 744 u. 746.

in Jugendstrafsachen im Rechtsmittelsystem implementiert und bis heute auch nicht wieder abgeschafft hat. Das Bedürfnis für ein Wahlrechtsmittel hat überhaupt keine andere Nation erkannt. Auch aus dieser Erkenntnis heraus lassen sich sonach keine Folgerungen für eine zwingende Unterscheidung zwischen Jugendlichen und Erwachsenen ableiten.

VI. Zusammenfassung

Das Bedürfnis für unterschiedliche Rechtsmittelmöglichkeiten erfährt also eine Begründung von ganz verschiedenen Blickwinkeln aus. Nicht erst seit Gründung der Bundesrepublik befand man, dass Jugendliche „anders" seien und deshalb auch anders behandelt werden müssten. Demzufolge behielt man entsprechende Regelungen bei oder erweiterte diese schlicht. Lediglich die Rechtfertigungsversuche für das besondere Rechtsmittelsystem wandelten sich teilweise im Laufe der Zeit mit den gesellschaftlichen Anschauungen. So ist insbesondere das ehemals vorgebrachte Argument, die richterliche Autorität schwinde mit gegenläufigen Entscheidungen, inzwischen wohl überholt, mag es in etlichen Köpfen auch noch verankert sein. Unverhohlen klingen dagegen weiterhin systematische Überlegungen an. Es könne schließlich nicht angehen, dass der Jugendliche letztlich sogar *mehr* Rechtsmittelmöglichkeiten habe als der Erwachsene, zumal sich die Zuständigkeitsverschiebung hin zum Amtsgericht eher als historisches Überbleibsel denn als sinnvolle Regelung präsentiert. Immerhin ist die Personalunion von Jugend- und Familienrichter faktisch aufgelöst. Sonach sei die Rechtsmittelbeschränkung nur ein notwendiges Korrektiv. Offensichtlich vor dem Hintergrund, dass man „es doch schon immer so gemacht" habe, wird dann zusätzlich angeführt, dass eine Abschaffung der Rechtsmittelbeschränkung schon wegen des geringeren praktischen Bedürfnisses für eine Nachprüfung im Jugendstrafrecht abzulehnen sei. Mit der gesetzgeberischen Begründung und der Entscheidung des Bundesverfassungsgerichts fehlt jenen Überlegungen freilich die Legitimation. Demzufolge verweisen Befürworter nachdrücklich auf die erzieherische Notwendigkeit einer raschen Bestrafung. Selbst wenn man diese These grundsätzlich unterstützen möchte, taugt sie nur bedingt als Beleg für eine erforderliche Verkürzung gerade des Rechtsmittelzuges. Denn die wesentlichen Verzögerungen sind zu diesem Zeitpunkt längst eingetreten. Zu denken geben sollten schließlich auch die Jugendstrafverfahrensvorschriften unserer europäischen Nachbarn, denen Rechtsmittelbeschränkungen für Jugendlichen entweder völlig fremd sind oder die entsprechende Regelungen inzwischen wieder abgeschafft haben. Sofern überhaupt Begründungsversuche unternommen werden, handelt es sich mithin entweder um Scheinargumente, rein verfahrensökonomische Erwägungen, die bei der Unterscheidung keine Rolle spielen dürfen, oder um eher praxisferne Konzepte. Ein natürliches Bedürfnis für eine Rechtsmittelunterscheidung zeigt sich demgegenüber auch nicht auf den zweiten Blick. Diese Erkenntnisse werfen mithin auch Zweifel an der Vereinbarkeit der deutschen Regelung mit höherrangigem Recht auf.

G) Verstoß von § 55 JGG gegen höherrangiges Recht

Angesichts der bisher gefundenen Ergebnisse interessiert nun, ob und inwieweit die derzeitige Regelung in § 55 JGG mit anderen nationalen und internationalen Rechtsnormen vereinbar ist. Dabei gilt es im Hinblick auf die Fragestellung der Arbeit allerdings zu unterscheiden: Verstoßen vergleichbare Regelungen *generell* gegen – insbesondere – höherrangiges Recht, spräche dies klar für eine Abschaffung der Rechtsmittelbeschränkung. Beruhen die Bedenken hinsichtlich der Rechtmäßigkeit dagegen vor allem auf der Ungleichbehandlung zwischen Jugendlichen und Erwachsenen, so dürfte dies gerade für Vereinheitlichung des Prozessrechts sprechen[742] – was natürlich auch bedeuten könnte, dass man die Beschränkungen in das allgemeine Strafverfahrensrecht übernimmt.

I. Grundgesetz

Zuvörderst sind die Regelungen am Grundgesetz zu messen. Das Bundesverfassungsgericht prüft in seiner Entscheidung zu § 55 JGG die mögliche Verfassungswidrigkeit dabei (allerdings „in lapidarer Kürze“[743]) an zwei (potentiellen) Grundrechten: dem *Recht auf einen Instanzenzug* und dem *allgemeinen Gleichbehandlungsgrundsatz.*

1. Recht auf einen Instanzenzug

Während § 55 Abs. 2 JGG dem Verurteilten eine Instanz nimmt, schließt § 55 Abs. 1 JGG die Rechtsmittelmöglichkeit für bestimmte Konstellationen ganz aus. Wenn nun allgemein ein *Recht auf einen Instanzenzug* bestünde, könnten beide Vorschriften insofern also mindestens problematisch sein. Allerdings wird ein solches Recht, jede richterliche Entscheidung von einer höheren Instanz überprüfen zu lassen, jedenfalls explizit im Grundgesetz nicht geregelt. Herauslesen lassen sich entsprechende Vorstellungen des historischen Gesetzgebers zwar aus Art. 95 Abs. 1 GG, der davon spricht, dass der Bund *oberste* Gerichtshöfe zu errichten habe. Dies impliziert mindestens einen zweistufigen Instanzenzug, denn wo es *oberste* Gerichtshöfe gibt, muss es jedenfalls sprachlogisch auch

---

742 Vgl. *Röhling*, ZRP 2009, 17 [19].
743 So zu Recht *Meyer-Goßer*, in: FS Eisenberg I, S. 408 [Fn. 37].

„untere“ geben.[744] Allerdings leitet die herrschende Meinung aus dieser Auslegung kein subjektives Recht auf die Eröffnung einer zweiten Instanz ab, sondern sieht darin lediglich einen Regelungsauftrag an den Gesetzgeber, diese Gerichtshöfe weiterhin zu unterhalten.[745] Im Gegensatz dazu statuiert Art. 19 Abs. 4 Satz 1 GG tatsächlich ein echtes (subjektives) Grundrecht auf effektiven Rechtsschutz.[746] Der Grundrechtsträger erhält damit einen lückenlosen gerichtlichen Rechtsschutz gegen den Staat.[747] Freilich sagt auch ein bestehendes Recht auf effektiven Rechtsschutz für sich betrachtet noch nichts über ein korrespondierendes *Recht auf einen Instanzenzug* aus. Ob der Rechtsschutz des Bürgers auch *gegen* den Richter greift, wird man deshalb im Wesentlichen davon abhängig machen müssen, ob man die Judikative selbst unter den Begriff der „öffentlichen Gewalt“ in Art. 19 Abs. 4 Satz 1 GG subsumiert, gegen deren Akte der Rechtsweg offenstehen soll. Das Bundesverfassungsgericht lehnt dies allerdings seit jeher ab.[748] Verfassungsrechtlich erfasse Art. 19 Abs. 4 Satz 1 GG lediglich den Schutz gegen Maßnahmen der Exekutive.[749] In der Literatur werden zwar zum Teil Bedenken hinsichtlich des Wortlauts geäußert, dasselbe Ergebnis wird dann aber gleichwohl vermittels einer entsprechenden teleologischen Reduktion befürwortet.[750] Dahinter steht offenbar in erster Linie die Angst vor

---

744 *Jarrass/Pieroth*, Art. 95, Rn. 2; SK-StPO/*Frisch* vor § 296, Rn. 19.

745 BVerfG NJW 1976, 1837 [1838]; NJW 1981, 39 [41]; vgl. *Degenhart*, HStR V, § 114, Rn. 29; *Kloepfer*, I, § 23, Rn, 78. Zum Teil finden sich jedoch explizite Regelungen in einzelnen Landesverfassungen, vgl. etwa Art. 74 Abs. 2 der Verfassung für das Land NRW: „Die Verwaltungsgerichtsbarkeit wird durch selbständige Gerichte in mindestens zwei Stufen ausgeübt.“ In Baden-Württemberg wurde der Art. 67 Abs. 3 der Landesverfassung, der bestimmte: „Gegen Entscheidungen der Verwaltungsgerichte im ersten Rechtszug ist ein Rechtsmittel gegeben“, mit Gesetz zur Änderung der Verfassung des Landes Baden-Württemberg vom 1.9.2015 aufgehoben.

746 BeckOKGG/*Enders* Art. 19, Rn. 51.

747 *Kloepfer*, II, § 74, Rn. 3.

748 „Rechtsschutz *durch*, nicht *gegen* den Richter.“ Vgl. BVerfG NJW 1963, 803; NJW 1979, 154 [155]; s. auch den Plenumsbeschluss in NJW 2003, 1924. Anders bei Tätigkeit der Gerichte außerhalb der Rechtsprechung, BVerfG NJW 2006, 2613; zustimmend *Jarass/Pieroth*, Art. 19, Rn. 45. Für die Ungeeignetheit dieser Formel für den Strafprozess *Schulz*, in: FS Schwind, S. 442. Ähnlich auch *Schünemann*, in: FS Geppert, S. 653.

749 BVerfG NJW 1979, 154 [155].

750 So *Schenke*, JZ 2005, 116 [117].

einem „*Rechtsschutz ad infinitum*", der zu einer Überlastung der Gerichte führen würde.[751] Hiergegen hat sich insbesondere *Voßkuhle* gewandt. Er hält dafür, dass letztlich jede Form staatlicher Machtausübung in einem Rechtsstaat der Kontrolle bedürfe, zu der er auch das richterliche Urteil zählt.[752] Demgemäß bejaht *Voßkuhle* einen Anspruch auf eine zweite Instanz in Form eines Revisionsverfahrens.[753] Er kritisiert, dass sich der Gesetzgeber nach der Rechtsprechung des Bundesverfassungsgerichts bei Ausgestaltung des Instanzenzugs an keinerlei verfassungsrechtliche Vorgaben zu halten brauche, was zu immer rigideren Rechtsmittelbeschränkungen führe.[754] Der verfassungsrechtliche Streit braucht an dieser Stelle indessen nicht entschieden zu werden. Selbst die Befürworter eines Rechts auf einen Instanzenzug akzeptieren nämlich vereinzelte Ausnahmen[755] und fordern insbesondere auch keinen schrankenlosen Zugang zu den Rechtsmittelgerichten.[756] Das Wahlrechtsmittel in § 55 Abs. 2 JGG ist insofern frei von Bedenken, denn es garantiert dem Verurteilten in jedem Fall eine weitere Instanz.[757] § 55 Abs. 1 JGG nimmt dem Verurteilten die Rügemöglichkeit demgegenüber völlig, aber eben nur für den Fall, dass der Rechtsmittelführer nur Art oder Umfang der Erziehungsmaßnahme überprüfen lassen will. Die

---

751 Vgl *Krugmann*, ZRP 2001, 306 [307]; *Papier*, HStR VIII, § 177, Rn. 43; *Schenke*, JZ 2005, 116 [117]. Dagegen *Schulz*, in: FS Schwind, S. 443: „juristisch nicht haltbare [...] Alles-oder-Nichts-Argumentation".

752 *Voßkuhle*, S. 255 ff., 310; *ders.*, NJW 1995, 1377 [1382]; zustimmend *Krugmann*, ZRP 2001, 306 [307]; dagegen wiederum *Schenke*, JZ 2005, 116 [117 ff.].

753 *Voßkuhle*, S. 310 f.: „Eine weitere richterliche Kontrolle, wie etwa die Installation einer Berufungsinstanz zwischen Ausgangsinstanz und Revisionsinstanz, mag der Gesetzgeber zwar vorsehen, er ist dazu aber nicht verpflichtet."

754 *Voßkuhle*, NJW 2003, 2193 [2194].

755 Äußerst bedenklich ist allerdings die Billigung des umfassenden Rechtsmittelausschlusses in Asylsachen in § 78 Abs. 1 Satz 1 AsylG, der Urteile des Verwaltungsgerichts, durch die die Klage als offensichtlich unzulässig oder als offensichtlich unbegründet abgewiesen wird, für unanfechtbar erklärt. Dieser wird vom BVerfG, NVwZ 1983, 405 f., insbesondere vor dem Hintergrund der Überlastung dem sprunghaften Anstieg der Verfahren in diesem Bereich abgesegnet. Vgl. dazu kritisch, aber zustimmend *Bergmann*, in: Bergmann/Dienelt § 78, Rn. 6. Ebenso *Voßkuhle*, S. 334 f.

756 Vgl. *Ibler*, in: Berliner Kommentar zum GG, Art. 19, Rn. 191, 321; *Voßkuhle*, S. 316 ff.

757 Die Entscheidung des BVerfG in NJW 1959, 1123 betraf demgegenüber den Fall einer „Wahlklage", in der der Betroffene also entweder Beschwerde oder Klage erheben konnte, wobei erstere nur zu einem Bescheid der höheren Verwaltungsbehörde, mithin wieder nur zu einem Akt der Exekutive, geführt hätte, der dann nicht mehr von einem Gericht überprüft werden hätte können.

Möglichkeit, das Urteil insgesamt anzufechten und somit mittelbar auch Art und Umfang neu zur Entscheidung zu stellen, bleibt ihm, wie gezeigt, in jedem Fall unbenommen. Damit schafft § 55 JGG den Instanzenzug für Jugendliche und Heranwachsende nicht ab, sondern modifiziert ihn lediglich, was de lege lata in den verschiedensten Verfahrensvorschriften vorgesehen ist. So ist die Berufung im Zivilprozess nur zulässig, wenn sie vom erstinstanzlichen Gericht zugelassen wird oder wenn der Wert des Beschwerdegegenstandes 600 Euro übersteigt (§ 511 Abs. 2 ZPO). Im (allgemeinen) Strafverfahrensrecht muss die Berufung vom Rechtsmittelgericht angenommen werden, sofern der Angeklagte nur zu einer Geldstrafe von nicht mehr als 15 Tagessätzen verurteilt worden ist (§ 313 Abs. 1 Satz 1 StPO). Und im Verwaltungsverfahren ist in einer Art Vorschaltverfahren zunächst die Zulassung der Berufung zu beantragen und – ähnlich sorgfältig wie eine Revision[758] – zu begründen, wenn diese nicht schon durch das Verwaltungsgericht zugelassen worden ist (§ 124a Abs. 4 Satz 1, 3 VwGO). Die Rechtsmittelbeschränkung im JGG ist unter diesem Gesichtspunkt also unbedenklich.

2. Allgemeiner Gleichheitssatz

Kritischer wird in der Literatur die Vereinbarkeit mit Art. 3 Abs. 1 GG gesehen.[759] Das Bundesverfassungsgericht hat hierzu allgemein klargestellt, dass der Gesetzgeber, wenn er Rechtsmittel und Instanzen bereitstellt und ordnet, unabhängig von einem Recht auf einen Instanzenzug auch an den Gleichheitsgrundsatz gebunden sei.[760] Er dürfe für einzelne Fallgruppen oder Sachgebiete sonach unterschiedliche Verfahrensregelungen (nur) dann treffen, wenn es hierfür sachliche Gründe gebe.[761] Im Einzelfall bedient sich das Bundesverfassungsgericht dann aber eines relativ großzügigen Maßstabes. Bei dem Rechtsmittelausschluss in Asylverfahren gemäß § 78 Abs. 1 Satz 1 AsylG genügte es etwa, dass in diesem Bereich eine sprunghafte, bisher bekannte Dimensionen sprengende Zunahme der Verfahren sowie ein ungewöhnlich hoher Anteil an aussichts- und

758 BeckOKVwGO/*Roth* § 124a, Rn. 63.

759 Vgl. *Bode*, S. 142; *Meyer-Goßner*, in: FS Eisenberg I, S. 408; *Dünkel*, in: FS Ostendorf, S. 284 f.; *Eisenberg*, in: FS Weber, S. 516; *Bartsch*, ZJJ 2016, 112 [116]; NK-JGG/*Schady* Grundl. z. den §§ 55 und 56, Rn. 6; *Albrecht*, S. 385; dagegen etwa *Beulke*, in: FS Eisenberg II, S. 188.

760 BVerfG NJW 1981, 39 [41]; NVwZ 1983, 405.

761 BVerfG NJW 1958, 2011 [2013]; Beschl. v. 9.5.1962 – 2 BvL 13/60 –, Rn. 59, zit. nach juris.

erfolglosen Rechtsmitteln zu verzeichnen waren.[762] Die Entscheidung zur Verfassungsmäßigkeit von § 55 Abs. 2 JGG beschränkt sich im Kern ebenfalls auf einen einzelnen Satz, wenn es mit Blick auf die *„sachlich einleuchtenden Gründe"* heißt, im Jugendstrafverfahren komme es um der erzieherischen Wirkung willen in besonderem Maße auf eine möglichst baldige rechtskräftige Entscheidung an.[763] Folglich empfiehlt sich eine gründlichere Betrachtung.

a) Vergleichbare Personengruppen

Dass es sich bei jugendlichen und erwachsenen Angeklagten im Strafverfahren um grundsätzlich gleiche Personengruppen handelt, bedarf im Grunde keiner näheren Erörterung. Besonders deutlich wird dies, wenn man den Personenkreis der Heranwachsenden mit in die Betrachtung einbezieht, die nicht einmal alters-, sondern nur *„wertungsmäßig"* in eine der beiden Gruppen einsortiert werden, was selbst zwischen den Instanzen in ein und demselben Verfahren variieren kann. Deshalb gehen offenbar sowohl das Bundesverfassungsgericht[764] wie auch das BayObLG[765] ohne weiteres von vergleichbaren Gruppen aus. Denn andernfalls hätten sie die Ebene der Rechtfertigung der Ungleichbehandlung gar nicht erst betreten müssen.[766]

Einzig diskutabel bleibt in diesem Zusammenhang der *Strafcharakter* der Erziehungsmaßregeln und Zuchtmittel, deren Anfechtung § 55 Abs. 1 JGG einschränkt. *Böhm* und *Feuerhelm* verneinen anhand dieser Unterscheidung eine Schlechterstellung Jugendlicher, da es sich von vornherein um keine Strafen *„im Rechtssinn"* handele.[767] Eine solche Sichtweise erscheint indes formalistisch.

---

762 BVerfG, NVwZ 1983, 405 [406]; s. dazu die Gesetzesbegründung in BT-Drs. 9/875, S. 29: „Die bisherigen Erfahrungen zeigen, daß Asylbewerber von den zur Verfügung stehenden Rechtsmitteln in sehr starkem Maße Gebrauch machen. Das geschieht häufig, um Zeit zu gewinnen. Berufungen und Beschwerden gegen die Nichtzulassung der Revision hatten bisher in sehr geringem Umfang Erfolg. Im ersten Halbjahr 1981 ist eine Berufung nur in 0,3 v.H. der erledigten Berufungsverfahren (1,1 v. H. der durch Urteil erledigten Verfahren) erfolgreich gewesen. Von den Beschwerden gegen die Nichtzulassung der Revision zum Bundesverwaltungsgericht hatten 3,1 v. H. Erfolg, von den Revisionen 3,3 v.H."

763 BVerfG NJW 1988, 477.

764 BVerfG NJW 1988, 477.

765 BayObLGSt 1956, 163.

766 Vgl. *Röhling*, ZRP 2009, 17 [20].

767 *Böhm/Feuerhelm*, S. 95; vgl. zu dieser Sichtweise auch schon *Middendorf*, Zbl 1952, 70 [71].

Schließlich fallen auch die Geldauflage und der bis zu vierwöchige Jugendarrest unter die Kategorie der Zuchtmittel. Der Jugendarrest greift auch vergleichbar empfindlich in das Freiheitsrecht des Jugendlichen ein wie eine Jugendstrafe, zumal der Arrest – anders als die Jugendstrafe – auch nicht zur Bewährung ausgesetzt werden kann. Es handelt sich folglich sowohl bei jugendlichen als auch bei erwachsenen Verurteilten jeweils um Personen, gegen die bestimmte Rechtsfolgen durch ein Strafgericht wegen begangener Straftaten verhängt werden. Diese Rechtsfolgen bedeuten für beide Gruppen ein „Übel" mit repressiver Wirkung. Deswegen verfängt auch der Hinweis auf § 13 Abs. 3 JGG nicht, der tatsächlich postuliert, Zuchtmittel hätten „nicht die Rechtswirkung einer Strafe". Diese Vorschrift regelt zugunsten des Jugendlichen lediglich, dass die Verhängung von Zuchtmitteln etwa nicht als „Rückfall" angesehen wird und der Betroffene somit nicht als vorbestraft gilt.[768] Wegen der vergleichbaren Folgen (und der erzieherischen Ungeeignetheit des Jugendarrestes) handelt es sich bei den in § 55 Abs. 1 Satz 1 JGG genannten Maßnahmen also jedenfalls *inhaltlich* dennoch um Strafen. Ansonsten wäre die Klarstellung in § 13 Abs. 3 JGG auch überflüssig.[769] Endlich wird ja selbst von den Befürwortern der Rechtsmittelbeschränkung expressis verbis vorgebracht, die *Strafe* solle der Tat auf dem Fuße folgen. Deshalb greift die rein semantische Argumentation für diese Frage erkennbar zu kurz. Jugendliche und Erwachsene Verurteilte sind also *wesentlich gleich*.

b) Ungleichbehandlung

Diese beiden Gruppen werden durch die Regelungen in § 55 JGG auch unterschiedlich behandelt, weil § 55 Abs. 1 JGG die Rechtsmittebefugnis für bestimmte Konstellationen ganz ausschließt und § 55 Abs. 2 JGG – bei einer Verurteilung durch das Amtsgericht[770] – die Anzahl der Instanzen verringert.

Die Ungleichbehandlung lässt sich auch nicht damit ablehnen, dass die Rechtsmittelbeschränkung auch für die Staatsanwaltschaft gelte.[771] *Zum einen* sagt dieser Umstand nämlich für das Verhältnis von Jugendlichen und Erwachsenen überhaupt nichts aus. Und *zum anderen* tritt sogar noch eine zusätzliche Ungleichbehandlung Jugendlicher dadurch ein, dass die Staatsanwaltschaft (sofern sie „ihr" Rechtsmittel noch nicht verbraucht hat) gegen ein

---

768 *Eisenberg* § 13, Rn. 8.

769 Vgl. dazu *Eisenberg* § 13, Rn. 8 u. 10. Kritisch zur Vergleichbarkeit hinsichtlich ambulanter Maßnahmen *Petersen*, S. 214.

770 *Burscheidt*, S. 124 f.

771 So aber Böhm/Feuerhelm, S. 95; Schaffstein/Beulke/Swoboda, Rn. 806.

Berufungsurteil mit dem Zweck Revision einlegen können soll, eine höhere Strafe zu erreichen.

c) Rechtfertigung

Die Ungleichbehandlung bedarf mithin einer Rechtfertigung. Das grundrechtliche Prüfschema für eine Verletzung des Gleichheitssatzes hat sich im Laufe der Geschichte des Bundesverfassungsgerichts allerdings gewandelt.[772] Gleich geblieben ist zwar der erste Schritt, in dem herausgearbeitet werden muss, ob es sich bei zwei ungleich behandelten Sachverhalten oder Rechtssubjekten überhaupt um „wesentlich Gleiches" handelt.[773] Auf der Ebene der Rechtfertigung einer festgestellten Ungleichbehandlung ergeben sich dann aber Differenzierungen hinsichtlich der *Prüfungstiefe*. Nach der traditionellen Willkürformel des Bundesverfassungsgerichtes liegt ein Verstoß gegen Art. 3 Abs. 1 GG erst dann vor, wenn wesentlich Gleiches *willkürlich* ungleich behandelt wurde. Willkür ist aber erst dann gegeben, wenn sich schlechterdings keine vernünftigen Erwägungen oder sachliche Gründe für die Unterscheidung finden lassen, die sich aus der Natur der Sache ergeben oder sonst wie einleuchten.[774] Dieses „Willkürverbot" bietet mithin ein verfassungsrechtliches Korrektiv für misslungene Gesetzgebung, wenn diese unvertretbar erscheint und einen Verfassungsmaßstab verletzt.[775] Nachdem die *„Willkür-Formel"* in der Vergangenheit vielfach als zu eng empfunden wurde, weil sie allenfalls Extremfälle erfasst, hat das Bundesverfassungsgericht im Laufe der Zeit die so genannte *„Neue Formel"* entwickelt. Nach dieser Formel ist das Gleichheitsgebot (bereits) dann verletzt, wenn eine Gruppe von Normadressaten anders behandelt wird, obwohl zwischen beiden Gruppen keine *Unterschiede von solcher Art und solchem Gewicht* bestehen, dass sie die ungleiche Behandlung rechtfertigen können.[776] Damit findet also eine ausdrückliche Abwägung im Sinne einer Verhältnismäßigkeitsprüfung statt.[777] Allerdings hat das Bundesverfassungsgericht dabei nicht etwa eine vollständige Kehrtwende vollzogen und ist von einem zum anderen übergegangen. Vielmehr verwendet das Bundesverfassungsgericht inzwischen einen dynamischen Prüfungsmaßstab, der von der bloßen Willkürformel bis hin zu strengen

---

772 Ausführlich dazu *Britz*, NJW 2014, 346.

773 *Schmidt*, Rn. 326.

774 Vgl. BVerfG NJW 1960, 235 [236].

775 Maunz/Dürig/*P. Kirchhof* Art. 3, Rn. 265.

776 BVerfG NJW 1981, 271 f.

777 *Schmidt*, Rn. 338.

Verhältnismäßigkeitserfordernissen reichen kann.[778] Die Kontrolldichte steigt bei dieser Prüfung mit der Schwere der Ungleichbehandlung,[779] wobei diese unter anderem daran gemessen wird, ob die Ungleichbehandlung Freiheitsgrundrechte betrifft, ob sich die Anknüpfungstatsachen den in Art. 3 Abs. 3 GG genannten Merkmalen annähern und inwieweit der Betroffene in der Lage ist, die relevanten Merkmale zu beeinflussen.[780] Es kommt mithin auf den jeweiligen Einzelfall an, wobei das Bundesverfassungsgericht hier nicht immer einer klaren Linie folgt.[781]

Fraglich ist somit, ob die Ungleichbehandlung im Rechtsmittelrecht alleine anhand des Willkürverbotes gerechtfertigt werden kann oder ob die Thematik eine gründlichere Verhältnismäßigkeitsprüfung erfordert. Die Eingriffsintensität als solche bewegt sich etwa im mittleren Bereich. *Einerseits* ist die Beeinträchtigung in der Mehrzahl der Fälle wohl kaum spürbar, denn auch im Erwachsenenstrafverfahren kommt es nur selten zu einer dritten Instanz, die dem nach Jugendstrafrecht Verurteilten dann versagt wäre. Die Einschränkung in § 55 Abs. 1 JGG lässt sich, wie gesehen, zudem relativ einfach umgehen (was über die „Nachfragen“ des Rechtsmittelgerichts gerade beim unverteidigten Jugendlichen freilich wieder eine Einschränkung erfährt). *Andererseits* können insbesondere die nach der Rechtsprechung des Bundesgerichtshofs verwehrte Revisionserstreckung nach § 357 StPO in Fällen, in denen eigentlich ein Freispruch erfolgen müsste, oder auch der Verstoß gegen das Verschlechterungsverbot in der Berufungsinstanz empfindlich in das Freiheitsgrundrecht aus Art. 2 Abs. 2 Satz 2 GG des Verurteilten eingreifen.[782] Vergleichbare Auswirkungen hat der Umstand, dass ein Jugendrichter erstinstanzlich ohne weiteres Jugendarrest in Form von einschneidendem Dauerarrest, § 16 Abs. 1 JGG, anordnen kann, obwohl in der Sache eher eine (erheblich milder wirkende) Auflage gemäß § 15 JGG in Betracht gekommen wäre oder gar eine Weisung, § 10 JGG, genügt hätte.[783] In diesem Fall mag es dem Jugendlichen zwar theoretisch helfen, dass er notfalls

---

778 So BVerfG NJW 2015, 303 [306].

779 BeckOKGG/*Kischel* Art. 3, Rn. 26.

780 Vgl. *Britz*, NJW 2014, 346 [349]; BVerfG NJW 2015, 303 [306].

781 *Schmidt*, Rn. 341.

782 *Burscheidt*, S. 127, meint insofern, § 55 Abs. 2 Satz 1 JGG könne zwar im Einzelfall nicht unerheblich in die Rechte des jugendlichen Betroffenen eingreifen, jedoch werde hierbei die Grenze des Zumutbaren nicht überschritten, weil der Jugendliche immerhin in zwei Instanzen die Möglichkeit habe, sich gegen den strafrechtlichen Vorwurf zu verteidigen.

783 Vgl. *Eisenberg*, § 55, Rn. 33.

den gesamten Urteilsspruch anfechten könnte. Allerdings sind durchaus Fälle denkbar, in denen die Tatbegehung weder zweifelhaft noch bestritten ist und es dem Angeklagten lediglich darum geht, nicht eingesperrt zu werden, ohne dass es dafür einer unter Umständen zeitaufwändigen Beweisaufnahme in der Berufungsinstanz bedürfte (auf den Rechtsfolgenausspruch kann er seine Berufung wegen § 55 Abs. 1 JGG aber nicht beschränken[784]). Die Frage, ob sich das Alter darüber hinaus den in Art. 3 Abs. 3 GG genannten Kriterien annähert, dürfte demgegenüber eher zu verneinen sein. Prominente (meist die Berufsfreiheit tangierende) Entscheidungen, in denen die „Altersdiskriminierung" tatsächlich problematisiert wurde, betrafen regelmäßig die umgekehrte Konstellation, in denen ältere Menschen benachteiligt worden sind.[785] Jedenfalls zählt das Alter im Allgemeinen nicht zu den generell verpönten, per se verdächtigen Differenzierungskriterien, sondern ist vielfach durchaus sachgerecht.[786] Während nämlich eine Differenzierung nach der Abstammung oder dem Glauben kaum vorstellbar auf einem sachlich einleuchtenden Grund beruhen kann, dienen die Regelaltersgrenze bei Piloten[787] oder das Alkoholverbot in § 9 Abs. 1 JuSchG[788] durchaus berechtigten Anliegen. Wiederum einschränkend muss allerdings berücksichtigt werden, dass der Jugendliche sein Alter und der Heranwachsende die Würdigung seiner Tat und Persönlichkeit letztlich in keiner Weise beeinflussen können. Insgesamt überwiegen mithin die Gründe, die dafür sprechen, dass es bei der allgemeinen Willkürformel hier nicht sein Bewenden haben kann. Vor allem scheint eine nur oberflächliche Prüfung indessen schon deshalb gefährlich, weil das, was vermeintlich einleuchtet, und das, was tatsächlich sinnvoll ist, besonders bei der Verfahrensbeschleunigung offensichtlich divergiert. Wie gesehen, leuchtet nämlich offenbar einer Heerschar von Juristen ein, dass die Strafe der Tat *„auf dem Fuße folgen"* müsse – sei es aufgrund von Alltagstheorien oder eigenen Erfahrungen in der Haustier- und Kindererziehung. Dass dafür freilich keine wissenschaftliche Grundlage existiert, darf nicht vorschnell außer Acht gelassen werden. Daraus folgt: Nachdem es sich bei der Rechtsmittelbeschränkung in § 55 JGG um keinen unwesentlichen Eingriff handelt, der zudem

---

784 Was nebenbei auch den Beschleunigungsgrundsatz unterminiert.

785 S. aber *Mörsdorf*, NJW 2010, 1046, zur Unanwendbarkeit von § 622 Abs. 2 Satz 2 BGB wegen Benachteiligung von Arbeitnehmern unter 25 Jahren nach entsprechender Auslegung durch den EuGH NJW 2010, 427.

786 BeckOKGG/*Kischel* Art. 3, Rn. 140.

787 Dazu EuGH EuZW 2017, 729.

788 S. Erbs/Kohlhaas/*Liesching* § 9 JuSchG, Rn. 1.

an ein Kriterium anknüpft, das der Betroffene nicht beeinflussen kann, ist im Mindesten eine abgestufte Verhältnismäßigkeitsprüfung erforderlich.

Zweck der Rechtsmittelbeschränkung ist die Verfahrensbeschleunigung, wobei sich zuvörderst schon fragt, ob dieses Ziel – angesichts des bloßen Wegfalls in der Regel der Revisionsinstanz – in den meisten Fällen überhaupt erreicht wird. Die Verfahrensbeschleunigung ist insofern aber auch kein Selbstzweck, sondern soll primär vor dem Hintergrund der besseren erzieherischen Wirksamkeit erfolgen.[789] Dass eine Strafe bei Wegfall der Revisionsinstanz erzieherisch wirkungsvoller ist als eine Strafe, bei der dem Angeklagten sämtliche Rechtsmittel wie einem Erwachsenen zur Verfügung stehen, ist jedoch in keiner Weise belegt. Die empirischen Befunde deuten eher darauf hin, dass die zusätzliche Verfahrensdauer überhaupt keinen Einfluss auf die Rückfälligkeit der Delinquenten hat. Es bleiben damit alleine die besonderen Belastungen durch das andauernde Strafverfahren, die einen Jugendlichen, gerade in Haftsachen, schwerer treffen mögen als einen Erwachsenen.[790] Dieser Umstand allein stellt aber noch keinen Unterschied von solcher Art und solchem Gewicht dar, der eine Ungleichbehandlung zwischen Jugendlichen und Erwachsenen rechtfertigen könnte, zumal das Argument eines gewissen Zynismus nicht entbehrt[791] und ohnehin nur für § 55 Abs. 2 JGG angeführt werden kann. Der Rechtfertigungsgrund steht schließlich in keinem angemessenen Verhältnis zu dem Grad der Ungleichbehandlung. Besonders haftempfindliche Personen gibt es unter Erwachsenen genauso, wie es unter Jugendlichen „robuste" Charaktere gibt. Im Übrigen tragen die in § 72 JGG getroffenen Regelungen (Subsidiaritäts-,

789 Vgl. *Schatz*, in: FS Ostendorf, S. 812.

790 Vgl. BR-Drs. 464/89, S. 87: „Diese Forderung des Gesetzes beruht in erster Linie auf erzieherischen Bedenken gegen die Verhängung und Vollstreckung der Untersuchungshaft wegen der negativen Folgen einer Inhaftierung. Gerade bei jugendlichen Gefangenen, die aufgrund ihrer noch in der Entwicklung begriffenen Persönlichkeit kaum in der Lage sind, die belastenden Situationen während der Untersuchungshaft, insbesondere die Trennung von der gewohnten sozialen Umwelt, zu verarbeiten, werden die nachteiligen Folgen von Untersuchungshaft deutlich. Unter der räumlichen Unfreiheit leiden junge Menschen besonders stark, weil sie in eine Lebensphase fällt, die durch das Streben nach Entfaltung und Eigenständigkeit charakterisiert ist. Abgesehen von Gefahren krimineller Ansteckung können die Folgen von Identitätsverlusten bishin zu dauernden Störungen der seelischen Entwicklung reichen."

791 Indem dem Jugendlichen letztlich gesagt wird, er könne eine Strafe aufgrund der besonderen Belastungen durch deren Vollzug, den er möglicherweise mit dem eigens eingelegten Rechtsmittel gerade vermeiden will, nicht mehr anfechten.

Verhältnismäßigkeitsprinzip, besonderer Beschleunigungsgrundsatz[792]) den mit der Untersuchungshaft verbundenen besonderen Belastungen bereits ohnehin Rechnung. Auch andere sachliche Gründe, wie etwa ein dem Asylrecht vergleichbarer dramatischer Anstieg der Rechtsmittel, sind nicht ersichtlich. Vielmehr werden im Jugendstrafrecht insgesamt sogar erheblich weniger Rechtsmittel eingelegt als im Erwachsenenstrafrecht.[793] Hinzu kommt, dass Jugendliche aufgrund ihres allgemein geringeren Wissensstandes und der größeren Geständnisbereitschaft eigentlich noch stärker als Erwachsene prozessualen Schutzes bedürfen.[794] Demnach verstößt § 55 JGG gegen den allgemeinen Gleichheitsgrundsatz.[795]

II. Internationale Regelungen und Übereinkommen

Allerdings muss sich eine Rechtsmittelbeschränkung nicht nur am Grundgesetz messen lassen. Bei den meisten internationalen „Empfehlungen und Grundsätzen“[796] handelt es sich zwar völkerrechtlich nur um sog. *„soft law“*, das unmittelbar keine subjektiven Rechte zu begründen vermag.[797] Doch betrachtet etwa das Bundesverfassungsgericht das Nicht-Beachten oder Unterschreiten von völkerrechtlichen Vorgaben oder internationale Standards mit Menschenrechtsbezug, wie sie in den im Rahmen der Vereinten Nationen oder von Organen des Europarats beschlossenen einschlägigen Richtlinien und Empfehlungen enthalten sind, inzwischen als gewichtiges Indiz für einen Grundrechtsverstoß.[798]

---

792 Vgl. dazu *Eisenberg* § 72, Rn. 3 ff.

793 *Eisenberg*, in: FS Weber, S. 515; vgl. auch *Meyer-Goßner*, in: FS Eisenberg I, S. 409. Die Jugendkriminalität geht allerdings auch insgesamt zahlenmäßig zurück, vgl. ausführlich *Albrecht*, RdJB 2016, 395 ff.

794 *Eisenberg*, in: FS Weber, S. 516.

795 Anders allerdings für § 55 Abs. 1 JGG *Burscheidt*, S. 117 f., mit dem Argument, dass es im Erwachsenenstrafrecht keine entsprechenden Rechtsfolgen gebe und die Verfahren daher nicht vergleichbar seien, und für § 55 Abs. 2 JGG *dies.*, S. 126, da der Gedanke des Gesetzgebers „plausibel“ sei.

796 Mit Ausnahme der EMRK, dem IPBPR und der KRK.

797 Vgl. *Pruin*, ZJJ 2011, 127 [128]; *Dünkel*, in: FS Streng, S. 418.

798 So insbesondere BVerfG NJW 2006, 2093 [2097]; vgl. auch *Rabe von Kühlewein*, ZJJ 2011, 134 [135]; *Schmahl*, RdJB 2014 125 [126].

1. EMRK

Die Europäische Menschenrechtskonvention enthält – ebenso wenig wie das Grundgesetz – konkrete Aussagen zum Instanzenzug[799] oder zur Gleichbehandlung Jugendlicher. Lediglich der Zugang zu einem (bereits vorhandenen) Rechtsmittelgericht darf nicht in einer Weise beschränkt werden, die mit dem Wesensgehalt des Überprüfungsrechts unvereinbar ist oder es unverhältnismäßig antastet.[800]

Eine spezifische Aussage zu Rechtsmitteln in Strafsachen findet sich jedoch in Art. 2 des 7. Zusatzprotokolls zur EMRK:

> *„(1) Wer von einem Gericht wegen einer Straftat verurteilt worden ist, hat das Recht, das Urteil von einem übergeordneten Gericht nachprüfen zu lassen. Die Ausübung dieses Rechts und die Gründe, aus denen es ausgeübt werden kann, richten sich nach dem Gesetz."*

Allerdings werden in Abs. 2 auch gleich entsprechende Ausnahmen zugelassen:

> *„(2) Ausnahmen von diesem Recht sind für Straftaten geringfügiger Art, wie sie durch Gesetz näher bestimmt sind, oder in Fällen möglich, in denen das Verfahren gegen eine Person in erster Instanz vor dem obersten Gericht stattgefunden hat oder in denen eine Person nach einem gegen ihren Freispruch eingelegten Rechtsmittel verurteilt worden ist."*

Auch nach dem Zusatzprotokoll ist somit – analog zur Rechtsprechung des Bundesverfassungsgerichts auf nationaler Ebene – kein absolutes Rechtsmittelrecht verbürgt. Vielmehr kann die Ausübung des Anfechtungsrechts von bestimmten Voraussetzungen abhängig gemacht werden, und für geringfügige Straftaten darf der Instanzenzug vollständig ausgeschlossen werden. In Deutschland ist das 7. Zusatzprotokoll indessen ohnehin nicht ratifiziert worden.[801]

2. Empfehlung des Ministerkomitees des Europarates

Nach Art. 15 lit. a) Satz 1 und 2 der Satzung des Europarates prüft das Ministerkomitee die Maßnahmen, die geeignet sind, die Aufgaben des Europarats zu verwirklichen, und fasst entsprechende Beschlüsse. Gemäß Art. 15 lit. b) Satz 1 können diese Beschlüsse auch in Form von Empfehlungen an die Regierungen gerichtet werden. In einer solchen Empfehlung *REC(2008)11* vom 5. November

---

799 OLG Köln, Beschl. v. 12.11.2010 – 2 Wx 165/10.
800 LR/*Esser* Art. 6 EMRK, Rn. 124.
801 *Gollwitzer* Art. 6 MRK, Rn. 261.

2008 hat das Ministerkomitee die *„Europäischen Grundsätze für die von Sanktionen und Maßnahmen betroffenen jugendlichen Straftätern und Straftäterinnen“ (ERJOSSM)* zusammengefasst, um die Rechte und das Wohl von Jugendlichen, die mit dem Gesetz in Konflikt geraten, nachhaltiger zu schützen und um in seinen Mitgliedsstaaten eine kinderfreundliche Justiz zu entwickeln.[802] In Nr. 13 Satz 2 der Empfehlungen heißt es zu den Grundprinzipien:

> *„Jugendliche dürfen nicht weniger Rechte und Rechtsgarantien haben als diejenigen, die erwachsenen Straftätern/Straftäterinnen im Strafverfahren zustehen.“*

Nachdem die besonderen Rechtsmittelvorschriften im deutschen Jugendstrafverfahrensrecht erklärtermaßen von den Vorschriften für das allgemeine Strafverfahren abweichen, sind diese mit der Empfehlung nicht in Einklang zu bringen.[803]

3. Internationaler Pakt über bürgerliche und politische Rechte

Der *Internationalen Pakt über bürgerliche und politische Rechte (IPBPR)* aus dem Jahre 1976[804] ist ein völkerrechtlicher Vertrag, der rechtsverbindlich grundlegende Menschenrechte garantiert und dabei vor allem auch das Institut der Individualbeschwerde[805] kennt. Dass insbesondere die Rechte in Art. 14 IPBPR individuelle Rechte sind, wird dabei in den *„Allgemeinen Bemerkungen“ (General Comments)* des Ausschusses zu Art. 14 ausdrücklich hervorgehoben.[806] Art. 14 Abs. 5 IPBPR sichert jedem, der wegen einer strafbaren Handlung verurteilt worden ist, das Recht zu, das Urteil entsprechend dem Gesetz durch ein höheres Gericht nachprüfen zu lassen. Nach einer weiten Ansicht muss die Rechtsmittelinstanz dann sowohl zur Überprüfung der Fakten- und Beweisermittlung als auch zur Überprüfung der Rechtsanwendung durch das Gericht befugt sein; eine Überprüfung, die sich auf formelle und rechtliche Fehler beschränkt (wie regelmäßig in der Revision), soll danach den Anforderungen des Abs. 5 gerade nicht genügen.[807] Nach dieser Auslegung verstieße freilich nicht nur § 55 Abs. 1

802 *Ministerkomitee*, S. 14.
803 So auch *Dünkel*, in: FS Eisenberg I, S. 276; *ders.*, ZJJ 2011, 140 [144]; *ders.*, RdJB 2014, 294 [296].
804 BGBl. II 1973, S. 1533.
805 Vgl. dazu ausführlich NK-IPBPR Einl., Rn. 5 ff.
806 Maunz/Dürig/*Schmidt-Aßmann* Art. 19, Rn. 36.
807 So NK-IPBPR Art. 14, Rn. 12, unter Verweis auf die Entscheidung Gómez Vázquez v. Spain, Nr. 701/1996, Ziff. 11.1.

JGG gegen den IPBPR, sondern auch ein Großteil der restlichen deutschen Rechtsmittelvorschriften per se (Berufungsausschluss in landgerichtlichen Verfahren, Rechtsbeschwerde in Ordnungswidrigkeiten-Verfahren usw.). Nach anderer – wohl herrschender – Meinung wird den Vertragsstaaten hingegen ein relativ großer Spielraum hinsichtlich Art und Umfang der Anfechtung eingeräumt.[808] Dem dürfte schon aus Gründen der Praktikabilität beizupflichten sein, denn die Unterhaltung einer weiteren *Tatsachen*instanz in *allen* Strafverfahren ohne Einschränkungen wäre wohl tatsächlich kaum zumutbar. Allerdings hat die Bundesrepublik ohnehin entsprechende Vorbehalte zu dem Vertrag erklärt. So ist nach Art. 1 Nr. 3 des Zustimmungsgesetzes Art.14 Abs. 5 IPBPR derart anzuwenden, dass ein weiteres Rechtsmittel nicht in allen Fällen allein deshalb eröffnet werden muss, weil der Beschuldigte erstmals in der Rechtsmittelinstanz verurteilt worden ist (lit. a); außerdem muss bei Straftaten von geringer Schwere nicht in allen Fällen die Überprüfung eines nicht auf Freiheitsstrafe lautenden Urteils durch ein Gericht höherer Instanz ermöglicht werden (lit. b).[809] Nachdem jedenfalls nach der weiteren Auslegung nur die Einrichtung einer zweiten Instanz überhaupt verlangt wird, dürfte angesichts der zusätzlichen Vorbehalte Deutschlands kein Verstoß von § 55 JGG gegen den IPBPR vorliegen.

4. „Beijing-Rules"

Im Jahre 1989 haben die Vereinten Nationen die sog. *„Beijing-Rules"* (eigentlich: *„Standard Minimum Rules for the Administration of Juvenile Justice"*) verabschiedet. Diese bestimmen unter Nr. 7.1 diverse Rechte Jugendlicher, wie etwa das Recht zu Schweigen oder auf einen Anwalt, und darunter auch das Recht auf Anfechtung einer Entscheidung (*„right to appeal to a higher authority"*). Nachdem es sich dabei allerdings um eine relativ unpräzise Empfehlung handelt, fällt es verhältnismäßig schwer, die nationalen Rechtsmittelvorschriften hieran zu messen.[810] Vollständig wird das Rechtsmittelrecht ja auch im Jugendgerichtsgesetz nicht ausgeschlossen, auch wenn vor allem § 55 Abs. 1 JGG vor dem Hintergrund dieser Regelung problematisch erscheint.[811]

---

808 *Gollwitzer* Art. 6 MRK, Rn. 266, unter Verweis auf die Entstehungsgeschichte.
809 *Gollwitzer* Art. 6 MRK, Rn. 262.
810 Zu den „weichen" Formulierungen vgl. auch *Pruin*, ZJJ 2011, 127 [128].
811 Für einen Verstoß *Dünkel*, in: FS Eisenberg I, S. 285.

5. Kinderrechtskonvention

Das Übereinkommen über die Rechte des Kindes, kurz *UN-Kinderrechtskonvention (KRK)*, trat am 2. September 1990 in Kraft und wurde auch von Deutschland ratifiziert. Ihr kommt daher als völkerrechtlichem Vertrag im Sinne des Art. 59 Abs. 2 Satz 1 GG grundsätzlich der Rang eines einfachen Bundesgesetzes zu.[812] Ursprünglich kannte die KRK zwar noch kein Individualbeschwerdeverfahren, so dass lediglich ein eingeschränktes Rechtsschutzsystem existierte.[813] Mit Inkrafttreten des auch von Deutschland ratifizierten 3. Fakultativprotokolls zur KRK im Jahre 2014 wurde nunmehr allerdings auch eine Individualbeschwerdemöglichkeit zum UN-Kinderausschuss eingeführt.[814]

In Art. 40 (Kinder im Strafrecht und im Strafverfahren) der KRK wird in Abs. 2 lit. b) v) geregelt:

> *„Zu diesem Zweck stellen die Vertragsstaaten unter Berücksichtigung der einschlägigen Bestimmungen internationaler Übereinkünfte insbesondere sicher, […] daß jedes Kind, das einer Verletzung der Strafgesetze verdächtigt oder beschuldigt wird, Anspruch auf folgende Mindestgarantien hat: […] wenn es einer Verletzung der Strafgesetze überführt ist, diese Entscheidung und alle als Folge davon verhängten Maßnahmen durch eine zuständige übergeordnete Behörde oder ein zuständiges höheres Gericht, die unabhängig und unparteiisch sind, entsprechend dem Gesetz nachprüfen zu lassen […].“*

Die überprüfende Stelle muss nach den Vorstellungen der Vereinten Nationen dabei zudem denselben Standards und Anforderungen genügen, wie die Stelle, die den Fall in erster Instanz behandelt hat.[815]

Zunächst erklärte Deutschland zwar noch den folgenden Vorbehalt zu dieser Bestimmung:

> *„3. Zu Artikel 40 des Übereinkommens*
> *Artikel 40 Abs. 2 b Ziffern ii und v werden derart angewandt, dass bei Straftaten von geringer Schwere nicht in allen Fällen*
>
> *a) ein Anspruch darauf besteht, einen rechtskundigen oder anderen geeigneten Beistand‘ zur Vorbereitung und Wahrnehmung der Verteidigung zu erhalten;*
>
> *b) die Überprüfung eines nicht auf Freiheitsstrafe lautenden Urteils durch ‚eine zuständige übergeordnete Behörde oder ein zuständiges höheres Gericht‘ ermöglicht werden muss.“*[816]

---

812 NK-KRK Einl., Rn. 25; *Schmahl*, RdJB 2014, 125 [126].
813 Vgl. *Pruin*, ZJJ 2011, 127 f.
814 Vgl. dazu *Schmahl*, RdJB 2014, 125.
815 Vgl. NK-KRK Art. 40, Rn. 14.
816 BGBl. 1992 II S. 991.

Dieser Vorbehalt wurde allerdings mit Wirkung zum 1. November 2010 wieder zurückgenommen,[817] weshalb Art. 40 Abs. 2 lit. b) v) KRK als sog. *„self-executing"-Norm* unmittelbar auch in Deutschland anwendbar ist.[818] Somit erscheint es mehr als zweifelhaft, ob § 55 Abs. 1 JGG noch mit der KRK vereinbart werden kann.[819] Jedenfalls der Thüringer Landtag sah darin freilich keine Probleme und beantwortete eine kleine Anfrage einer Abgeordneten der Linken wie folgt:

> *„Gegen Verurteilungen können grundsätzlich Rechtsmittel, über die ein zuständiges höheres Gericht, das unabhängig und unparteiisch ist, eingelegt werden. Lediglich eine Entscheidung, in der nur Erziehungsmaßregeln oder Zuchtmittel angeordnet sind, kann nicht wegen des Umfangs der Maßnahmen oder der Art und Auswahl solcher Maßnahmen angefochten werden (§ 55 Abs. 1 Satz 1 JGG). Diese Rechtslage widerspricht nicht Artikel 40 Abs. 2 Buchst. b Nr. V der UN-Kinderrechtskonvention. Diese Bestimmung lässt sich auch dahin gehend verstehen, dass dem Beschuldigten lediglich die tatsächliche Möglichkeit verschafft werden muss, die gesetzlich (‚entsprechend dem Gesetz') bereits vorgesehenen Mittel auch auszuschöpfen."*[820]

Diese Auslegung erscheint gewagt, nachdem sich *„entsprechend dem Gesetz"* nicht zwingend auf den Zugang zur Rechtsmittelinstanz beziehen muss, sondern ohne weiteres auch den Prüfungsumfang des Rechtsmittelgerichts meinen kann. Ansonsten wäre die Regelung auch lediglich ein „zahnloser Tiger", denn dann verbliebe es den Staaten stets, das Gesetz entsprechend zu ändern und sie damit zu umgehen. Ebenfalls hätte der ursprüngliche Vorbehalt Deutschlands bei diesem Verständnis der Vorschrift nicht erfolgen müssen, so dass davon auszugehen ist, dass spätestens seit dessen Rücknahme mit § 55 Abs. 1 JGG auch gegen die KRK verstoßen wird.[821]

817 BeckOGK/*Amend-Traut* § 1626 BGB, Rn. 41.

818 NK-KRK Einl., Rn. 26; *Rabe von Kühlewein*, ZJJ 2011, 134.

819 Vgl. D/S/S/*Schatz*, § 55, Rn. 9.

820 Thüringer Landtag, Drs. 5/1195, S. 2. Richtigerweise muss es im ersten Satz wohl heißen: „[...] können grundsätzlich Rechtsmittel, über die ein zuständiges höheres Gericht [entscheidet], [...]."

821 So auch *Dünkel*, in: FS Eisenberg I, S. 285; ebenfalls deutlich *Rabe von Kühlewein*, ZJJ 2011, 134 [Fn. 7]: „Die Tage der Rechtsmittelbeschränkung des § 55 Abs. 1 JGG sind daher gezählt." Kritisch dazu auch *Bartsch*, ZJJ 2016, 112 [116 f.].

6. Model Law on Juvenile Justice

Bei dem 2013 vorgelegten „*Model Law on Juvenile Justice*“ *(MLJJ)* handelt es sich um ein von Experten auf der Grundlage der bisherigen internationalen Standards der Vereinten Nationen erarbeitetes Dokument, das den Staaten vor allem Richtlinien und Empfehlungen für die Gesetzgebung im Jugendstrafrecht geben will.[822] Es enthält also im Wesentlichen den internationalen Konsens für die strafrechtliche Behandlung Jugendlicher.[823] Da das MLJJ aber nicht förmlich von der Generalversammlung der Vereinten Nationen verabschiedet wurde, kommt ihm letztlich nur verhältnismäßig geringe Bindungswirkung zu.[824]

In Art. 14 Abs. 1 MLJJ heißt es zunächst:

> „*Children in conflict with the law shall not have fewer legal rights and safeguards than those provided for adult offenders. They are entitled to special protections and proceedings at all stages of the juvenile justice process.*“

Und Art. 48 Abs. 1 MLJJ („*Right to appeal*“) lautet:

> „*Every convicted child shall have the right to have the decision and any measures imposed reviewed by the appeals court [chamber] at the children's [juvenile] [youth] court according to Article 5(6).*“

Sonach empfiehlt auch das MLJJ eine (prozess-)rechtliche Gleichstellung von Jugendlichen und Erwachsenen und gibt dem verurteilten Jugendlichen das Recht an die Hand, jede Entscheidung und insbesondere auch jede Maßnahme des Gerichts durch ein Rechtsmittelgericht nachprüfen zu lassen. Hieran gemessen, läge auch insofern ein Verstoß von § 55 Abs. 1 und Abs. 2 JGG gegen internationale Standards vor,[825] denn einerseits enthalten diese Vorschriften limitierendes „Sonderrecht“, andererseits entziehen sie dem Jugendlichen zumindest teilweise auch die Rechtsmittelmöglichkeit in Bezug auf Erziehungsmaßnahmen.

7. EU-Richtlinie 2016/800

Am 11. Mai 2016 haben das Europäische Parlament und der Rat der Europäischen Union die „*Richtlinie 2016/800 über Verfahrensgarantien in Strafverfahren für Kinder, die Verdächtige oder beschuldigte Personen in Strafverfahren sind*“, erlassen. Diese Richtlinie bestimmt in Art. 19 („Rechtsbehelfe“):

---

822 *UN*, S. V.

823 *Dünkel*, in: FS Streng, S. 426.

824 *Dünkel*, in: FS Streng, S. 418.

825 So ist wohl auch *Dünkel*, in: FS Streng, S. 426, zu verstehen.

> *„Die Mitgliedsstaaten sorgen dafür, dass Kindern, die Verdächtige oder beschuldigte Personen in Strafverfahren sind, und Kindern, die gesuchte Personen sind, bei Verletzung ihrer Rechte nach dieser Richtlinie ein wirksamer Rechtsbehelf nach nationalem Recht zusteht."*

Nachdem im deutschem Recht jedenfalls einem Jugendlichen, der sich (nur) gegen Art und Umfang verhängter Erziehungsmaßregeln oder Zuchtmitteln wenden möchte, derzeit kein „wirksamer Rechtsbehelf" nach nationalem Recht zusteht, dieser vielmehr ausgeschlossen ist, dürften auch im Hinblick auf die Richtlinie 2016/800 Zweifel im Hinblick auf eine Vereinbarkeit mit § 55 Abs. 1 JGG bestehen.

Bemerkenswert ist insofern jedoch, dass das Bundesministerium der Justiz und für Verbraucherschutz in Bezug auf Art. 19 der Richtlinie zwar einerseits keinen Umsetzungsbedarf erkannt hat, weil dem Jugendlichen schon nach geltender Rechtslage „umfassende Rechtsbehelfe bei Verletzung seiner Rechte" zur Verfügung stünden.[826] Andererseits wurde der entsprechende Referentenentwurf für ein Gesetz zur Stärkung der Verfahrensrechte von Beschuldigten im Jugendstrafverfahren vom 11. Oktober 2018 dann doch zum Anlass genommen, eine Lockerung der Rechtsmittelbeschränkung des § 55 Abs. 1 JGG vorzuschlagen. Der Referentenentwurf hält dazu fest:

> *„In der Tat erscheint trotz eventueller Beschleunigungsgewinne der erzieherische Wert einer Sanktion zweifelhaft, wenn diese von dem oder der Betroffenen als ungerecht oder unangemessen empfunden und eine Überprüfung verwehrt wird."*[827]

Darüber hinaus wird in dem Referentenentwurf auch bezweifelt, ob die deutsche Rechtslage nach der Rücknahme der Interpretationserklärung zur UN-Kinderrechtskonvention noch Art. 40 Abs. 2 lit. b) v) entspreche.[828] Anstatt deshalb eine Streichung des § 55 Abs. 1 JGG zu empfehlen, spricht sich der Referentenentwurf indes dafür aus, dass bei einer Anfechtung alleine wegen Art oder Umfang der Erziehungsmaßregel oder eines Zuchtmittels künftig die *sofortige Beschwerde* statthaft sein solle.[829] Ein solcher Kompromiss zwischen erwünschter Beschleunigung auf der einen und Eröffnung eines „vollwertigen" Rechtsmittels auf der anderen Seite ist zwar innovativ und erscheint auf den ersten Blick auch durchaus plausibel. Allerdings passen das Mittel der sofortigen Beschwerde und die damit verbundene Entscheidung nach Aktenlage (§ 309 Abs. 1 StPO) durch

826 *BMJ*, Referentenentwurf, S. 43.
827 *BMJ*, Referentenentwurf, S. 46.
828 S. dazu o. unter G) II. 5.
829 *BMJ*, Referentenentwurf, S. 6.

das übergeordnete Gericht insbesondere mit der Überprüfung von Erziehungsmaßregeln und Zuchtmitteln schlecht zusammen. Gerade in diesen Fällen dürfte nämlich grundsätzlich eine mündliche Anhörung der Beteiligten erforderlich sein, um sich einen persönlichen Eindruck zu verschaffen und die Rechtsfolgen so sinnvoll bestimmen zu können.[830] Letztendlich hat dieser Vorschlag des Referentenentwurfs aber ohnehin keinen Eingang in das *„Gesetz zur Stärkung der Verfahrensrechte von Beschuldigten im Jugendstrafverfahren"*[831] gefunden. Zu einer Anpassung des Rechtsmittelsystems im deutschen Jugendstrafverfahrensrecht hat die Richtlinie 2016/800 also bedauerlicherweise nicht geführt.

III. Stellungnahme

Ein subjektives Recht auf einen bestimmten Instanzenzug wird von der herrschenden Meinung also verneint. Soweit vereinzelte Stimmen dies anders sehen, anerkennen sie jedenfalls Einschränkungen für bestimmte Fallgruppen. Insofern genügen die Rechtsmittelbeschränkungen im Jugendstrafverfahrensrecht den Maßstäben des Grundgesetzes. Mit dem allgemeinen Gleichheitsgrundsatz können § 55 Abs. 1 und Abs. 2 JGG allerdings mit guten Gründen als nicht mehr vereinbar angesehen werden. Bei gründlicher Prüfung offenbaren sich die insofern bestehenden Unterschiede zwischen Erwachsenen und Jugendlichen bzw. diesen gleichgestellten Heranwachsenden nämlich als so minimal, dass eine Ungleichbehandlung durch den Gesetzgeber nicht mehr gerechtfertigt werden kann. Diese Schlussfolgerung wird unterstrichen, wenn man die Verstöße gegen internationale Übereinkommen und Empfehlungen als Indizien für einen Grundrechtsverstoß mit in die Betrachtung einbezieht. Hier zeigt sich noch deutlicher, dass eine Einschränkung von Verfahrensrechten für Jugendliche nicht länger haltbar ist. Die daraus zu ziehenden Konsequenzen sind indessen nicht eindeutig: Einerseits kann man vor diesem Hintergrund ohne weiteres die ersatzlose Streichung von § 55 JGG fordern, wie dies etwa die DVJJ-Kommission schon 1992 für § 55 Abs. 1 JGG getan hat.[832] Andererseits wäre aber auch – wie eingangs bemerkt – eine Angleichung dergestalt möglich, dass die jugendstrafrechtlichen Vorschriften schlichtweg ins Erwachsenenstrafrecht übernommen werden. Dies wäre jedoch zumindest im Hinblick auf § 55 Abs. 1 JGG aufgrund der unterschiedlichen Rechtsfolgen kaum praktikabel, und die Verstöße gegen

830 So auch *DVJJ-Vorstand*, Stellungnahme, S. 7; *Eisenberg/Kölbl* § 55, Rn. 33.
831 BGBl. I S. 2146.
832 Vgl. *DVJJ-Kommission*, DVJJ-Journal 1992, 4 [24].

internationale Übereinkommen blieben bestehen. Lediglich das Wahlrechtsmittel könnte ohne weiteres in das allgemeine Strafverfahrensrecht implementiert werden. Erfahrungen damit liegen allerdings bereits aus der Zeit der Notverordnung von 1932 vor. Das nächste Kapitel beschäftigt sich folglich mit den zu erwartenden Konsequenzen, die eine vollständige Streichung der Rechtsmittelbeschränkung im Jugendstrafrecht zeitigen würden.

H) Konsequenzen der Abschaffung

Zu beleuchten bleibt nunmehr, wie sich eine kommende Reform des Rechtsmittelsystems im Jugendstrafrecht auswirken würde. Dabei ist es freilich notwendig, vor dem Hintergrund der bisher gefundenen Ergebnisse einen mehrdimensionalen Blickwinkel einzunehmen, der nicht bei der Hochrechnung von Verfahrenszahlen und -kosten stehenbleibt, sondern möglichst Folgen auf sämtlichen Ebenen einbezieht, um auf dieser Grundlage möglichst weitsichtige Prognosen treffen zu können.

I. Exkurs: Rechtsmittelsystem und Gerichtsaufbau

Angesichts der unterschiedlichsten Konsequenzen der Abschaffung einer Rechtsmittelbeschränkung für das allgemeine Rechtsmittelsystem erscheint es angezeigt, den nachfolgenden Überlegungen zunächst einen kurzen Exkurs zu Sinn und Umsetzung des Instanzenzuges in Strafsachen voranzustellen. Erst dadurch werden die sich anschließenden Überlegungen leichter nachvollziehbar und verständlich.

1. Notwendigkeit von Rechtsmitteln

Das (End-)Ziel des Strafverfahrens ist nach *Roxin* und *Schünemann* die materiell richtige, prozessordnungsgemäß zustande kommende, Rechtsfrieden schaffende Entscheidung über die Strafbarkeit des Beschuldigten.[833] Um dieses Ziel zu verwirklichen, müssen allerdings stets mögliche richterliche Irrtümer und Willkürentscheidungen so weit wie möglich ausgeschlossen werden. Im über Jahrhunderte in Europa herrschenden Inquisitionsprozess begegnete man dieser Gefahr der Fehlerhaftigkeit des Urteilsspruchs noch vor allem mit dem – ggf. durch Folter erpressten – Geständnis als sog. *„Königin der Beweismittel"* sowie strikten Beweisregeln.[834] Mit der Überwindung des gemeinrechtlichen Inquisitionsprozesses wurde schließlich die freie richterliche Beweiswürdigung eingeführt, die das Geständnis entbehrlich machte und den Richter nicht länger an gesetzliche Beweisregeln band.[835] Um diese schier grenzenlose Freiheit nicht

833 *Roxin/Schünemann*, § 1, Rn. 3.
834 Vgl. *Schünemann*, in: FS Geppert, S. 649 f.
835 *Rieß*, GA 1978, 257 [262 u. 264]; kritisch dazu BeckOKStPO/*Eschelbach* vor § 261.

ausufern zu lassen, war freilich auf andere Weise eine gewisse Kontrolle des erstinstanzlichen Richters zu gewährleisten. Dies gelang mittels der Pflicht, Urteile schriftlich zu begründen, um die Entscheidung auf dieser Grundlage überprüfen lassen zu können.[836] Wohl aus diesem Grunde war jedenfalls die Möglichkeit, Revision einzulegen, bei Schaffung der RStPO unumstritten.[837] Dass die schriftliche Niederlegung der Urteilsgründe in erster Linie der Kontrolle dient, zeigt dabei auch § 267 Abs. 4 StPO. Danach können die Urteilsgründe (nur dann) weitgehend abgekürzt werden, wenn das Urteil nicht angefochten wurde. Rechtsmittel dienen im heutigen System also ganz allgemein der Kontrolle des Gerichts und fördern dadurch die richtige und prozessordnungsgemäß zustande gekommene Entscheidung im Einzelfall, tragen daneben aber auch zur allgemeinen Verbesserung des Rechts bei und erhöhen zudem die Chancen, dass der Urteilsspruch dann auch akzeptiert wird.[838]

2. Gestaltung des Rechtsmittelzuges

Betrachtet man Rechtsmittel damit als notwendige Konsequenz der weitreichenden richterlichen Freiheit, fragt sich anschließend, wie die Rechtsmittel(-instanzen) beschaffen sein müssen, um dieser Funktion am besten Genüge zu tun.

a) Grundsätzliches

Während hinsichtlich der Frage der Rechtsmittelmöglichkeit per se noch weitgehend Einigkeit besteht, ist die Frage der konkreten Ausgestaltung der Rechtsmittel – wie nicht zuletzt die Thematik der vorliegenden Arbeit zeigt – seit jeher umstritten.[839] Dieser Streit rührt nicht zuletzt aus dem Umstand her, dass Rechtsmittel im Rahmen ihrer Kontrollfunktion ein ganz grundsätzliches Dilemma lösen müssen: Einerseits kann theoretisch *jede* Entscheidung – auch diejenige des Rechtsmittelgerichts – fehlerhaft, also materiell unrichtig, sein.[840] Andererseits erfordert es der Rechtsfriede aber dennoch, dass das Verfahren auch irgendwann beendet wird.[841] Die Diskussion um Rechtsmittel bedeutet

836 *Hammerstein*, 60. DJT, Bd. II/2, M 119.
837 S.o. C) I.
838 LR/*Jesse*, vor § 296, Rn. 6.
839 *Meyer-Goßner*, JZ 1978, 329.
840 Vgl. *Gössel*, GA 1979, 241 [244].
841 *Schünemann*, in: FS Geppert, S. 649.

daher immer auch eine Abwägung zwischen den Bedürfnissen nach Kontrolle/ Richtigkeit und Rechtsfrieden/Kosten, wobei der Bestand der Revision als „reine" Rechtskontrolle von der überwiegenden Anzahl der Stimmen zumindest nicht grundsätzlich infrage gestellt wird.[842] Das zeigt sich auch daran, dass das Rechtsmittelsystem de lege lata selbst in minderschweren Angelegenheiten lediglich hinsichtlich der tatsächlichen Nachprüfung Einschränkungen erfährt, die Rechtskontrolle indessen gleichwohl möglich bleibt. So existiert in Ordnungswidrigkeiten-Sachen zwar keine Berufung, aber eine – an das Revisionsrecht angelehnte – Rechtsbeschwerde.[843] Und auch im Bereich der Annahmeberufung bleibt die (Sprung-)Revision uneingeschränkt zulässig.[844]

Klassischer Konfliktpunkt der Auseinandersetzung im Rechtsmittelrecht ist vielmehr Ausgestaltung und Bestand der Berufung,[845] die im Gegensatz zur Revision das Urteil des Erstgerichts tatsächlich nicht einmal mittelbar kontrolliert,[846] sondern eine von der Erstentscheidung unabhängige[847] Neubewertung des Verfahrensstoffs in tatsächlicher und rechtlicher Hinsicht ermöglicht.[848] Möchte man die Rechtsmittel nicht in ihrem Bestand antasten und z.B. ein Einheitsrechtsmittel einführen,[849] so betrifft der Kern der Debatte um die Rechtsmittelreform demzufolge die Frage, ob eine zweite, neue Tatsacheninstanz für die Garantie einer materiell (möglichst) richtigen Entscheidung notwendig sei oder nicht. Unter dem alleinigen Blickwinkel der Kontrolle wäre eine zweite Tatsacheninstanz sicherlich abzulehnen. Denn anstatt die Erstinstanz zu kontrollieren, können durch die völlige Neuverhandlung etwaige Verfahrensverstöße sogar noch „geheilt" werden. Außerdem verschlechtert sich mit zunehmendem Zeitablauf regelmäßig der Wert der Beweismittel.[850] Die bloße Wiederholung hat daher keinen eigenständigen Wert. *Nagler* hat deshalb schon 1924

842 Vgl. *Bode*, S. 104.

843 S. auch den Vorschlag von *Gössel*, 60. DJT, Bd. I, C 47, bei Verurteilungen wegen Straftaten „minder schwerer Kriminalität" lediglich eine Rechtsbeschwerde vorzusehen.

844 Vgl. BeckOKStPO/*Eschelbach* § 313 Rn. 17.

845 Vgl. etwa *Günter*, DRiZ 1994, 303 [305]; *Meyer-Goßner/Ströber*, ZRP 1996, 354 [357]; Bode, S. 81 ff.

846 Anders aber *Gössel*, GA 1979, 241 [245]: „totale Kontrolle".

847 Dies freilich mit gewissen Ausnahmen. So ist es etwa gemäß § 325 StPO möglich, in der Berufungsinstanz in der Erstinstanz protokollierte Aussagen zu verlesen.

848 MüKoStPO/*Quentin* vor § 312, Rn. 1.

849 Vgl. dazu für das Jugendstrafrecht *Momsen*, ZJJ 2004, 49 [52 ff.]. Ablehnend dagegen *Meyer-Goßner*, JZ 1978, 329 [333].

850 KK-StPO/*Paul* § 312 Rn. 1; *Gössel*, GA 1979, 241 [245].

darauf hingewiesen, dass der Grundgedanke jedes Instanzenzuges die bessere Besetzung und daher die größere Leistungsfähigkeit des höheren Gerichts sein müsse.[851] Diese Aussage gilt heute genauso wie damals. Denn andernfalls könnte man letztlich auch eine Münze werfen,[852] ohne dass man im Ergebnis wüsste, welche Instanz nun die „richtige" Entscheidung getroffen habe und welche die „falsche". In der Tat ist den Kritikern der Berufung deshalb zuzugeben, dass eine bloße Wiederholung derselben Instanz dem Vorwurf des *„Rechtsschutzes ad infinitum"* begegnen müsste, wenn erste und zweite Instanz exakt dieselben verfahrensrechtlichen Garantien böten. Dann könnte man nämlich auch gleich noch eine dritte Tatsacheninstanz fordern, nach der dann die Stimmenmehrheit entscheiden soll. Es geht also um ein *Stufenverhältnis*. Eine Berufungsinstanz neben der Möglichkeit, Revision gegen das Urteil einzulegen, ist nur dann zu rechtfertigen, wenn sie einen Mehrwert bietet, weil ihr eine „schwächere" Instanz vorgeschaltet ist, der per se eine höhere Fehleranfälligkeit innewohnt und die damit weniger Gewähr für eine „richtige" Entscheidung bietet.[853] *Fornoff* reduziert dies trefflich auf eine grundsätzliche Dichotomie: Entweder stärkt man die erste Instanz und streicht dafür die Berufung, oder man gestaltet die erste Instanz lediglich als *„summarisches Verfahren"* zur Abschöpfung der unproblematischen Sachen aus und wertet dafür die zweite Instanz auf.[854] Ob die gegenwärtige Situation in der Bundesrepublik in dieses Schema passt, soll der nächste Punkt zeigen.

b) Situation im heutigen Strafverfahrensrecht

Im deutschen Strafprozessrecht scheint auf den ersten Blick keine der beiden Alternativen umgesetzt worden zu sein. Zwar gibt es gegen die landgerichtlichen Entscheidungen lediglich das Rechtsmittel der Revision. Allerdings gelten für die erstinstanzlichen Verfahren vor den Amtsgerichten, gegen deren Urteil dann zusätzlich Berufung eingelegt werden kann, seit 1932 keine anderen Verfahrensvorschriften als für die Kammerverfahren.[855] De facto zeigt sich indessen ein

851 *Nagler*, GS Bd. 90 [1924], 398 [409].

852 *Momsen*, ZJJ 2004, 49 [51] spricht etwa von einer „glückspielgleiche (Zufalls-)Chance".

853 Vgl. *Bode*, S. 24.

854 Vgl. *Fornoff*, S. 193 [Fn. 679].

855 Vgl. *Schulz*, in: FS Schwind, S. 439; Ausnahmen gelten aber für das beschleunigte Verfahren, vgl. § 420 StPO. Allerdings wird bisweilen auch gefordert, etwa auf das formelle Beweisantragsrecht in Verfahren vor dem Strafrichter zu verzichten, vgl. *Kintzi*, DRiZ 1994, 325 [328].

anderes Bild: Die Strafsachen, die am Amtsgericht – insbesondere vor dem Strafrichter – verhandelt werden, sind in der Regel Masseverfahren. Hier erledigt der Einzelrichter (dessen Zuständigkeit bei Schaffung der RStPO und des GVG bis zur Emminger Reform so noch gar nicht existierte[856]) teilweise bis zu zehn Hauptverhandlungen pro Tag.[857] Gebührenrechtlich soll der Ansatz einer Mittelgebühr für den Verteidiger bereits bei einer halbstündigen Hauptverhandlung nicht unbillig sein,[858] was zumindest indiziert, dass kurze Hauptverhandlungen insofern als „Normalfall“ angesehen werden. In den seltensten Fällen wird also überhaupt mehr als ein Hauptverhandlungstag benötigt, um ein Urteil zu fällen. Dabei muss der Amtsrichter, gleichviel ob als Strafrichter oder Vorsitzender des Schöffengerichts, auch noch mehrere Aufgaben auf einmal wahrnehmen: Er leitet die Verhandlung, führt die Beweismittel ein, befragt insbesondere die Zeugen, und begründet am Ende seine Entscheidung alleine.[859] Zur Verschlankung des Verfahrens werden zumindest am ersten Verhandlungstag häufig noch nicht alle verfügbaren Beweismittel hinzugezogen, vor allem aber nicht sämtliche Zeugen geladen.[860] Auch von Seiten der Verteidigung werden in vielen Amtsgerichtsverfahren noch nicht sämtliche sich bietende Verteidigungsmöglichkeiten ausgeschöpft, für die ja notfalls noch die Berufungsinstanz bliebe.[861] Gerichte verwenden die erste Hauptverhandlung bisweilen auch offen – quasi analog § 61 JGG – als „Vorbewährung“: Den Umstand, dass die Hauptverhandlung vor dem Amtsgericht häufig verhältnismäßig schnell anberaumt wird, nutzen sie im Falle

856 *Schulz*, in: FS Schwind, S. 432, vgl. dort auch Fn. 4 zu einer Ausnahme. S. aber auch *Nagler*, GS Bd. 90 [1924], 398 [409], der darauf hinweist, dass der Einzelrichter vor 1879 in manchen deutschen Staaten schon als sog. „Polizeirichter“ existierte.

857 So auch *Meyer-Goßner*, DRiZ 1996, 180 [181]; *Bode*, S. 90.

858 AG Trier, Beschl. v. 9.5.2005 – 8011 Js 20717/04.

859 Sollte dieser Aufgabenbereich künftig auch noch um das „Technische“ erweitert werden (so wurde in der Vergangenheit bereits vorgeschlagen, den Protokollführer auch im Strafverfahren abzuschaffen), wäre der Vorsitzende wohl so überlastet, dass ein ordnungsgemäßer Verhandlungsverlauf nicht mehr gewährleistet werden könnte, vgl. dazu *STRAUDA*, BRAK-Mitt. 1995, 233 [234].

860 Wird eine geständige Einlassung erwartet oder ist eine solche bereits im Ermittlungsverfahren erfolgt, wird häufig allenfalls der polizeiliche Sachbearbeiter geladen, um das Geständnis zu „verifizieren“. Vgl. auch *Becker/Lugan*, in: Becker/Kinzig, S. 170.

861 Vgl. *Sommer*, Rn. 2118. Dieses „abwartende“ Vorgehen kann dem Verteidiger freilich auch zum Verhängnis werden: Widerspricht er etwa der Verwertung der Aussage eines Zeugen erst in der Berufungsverhandlung, ist dieser Widerspruch trotz umfassender Neuverhandlung nach der Rechtsprechung verspätet und daher unbeachtlich! Vgl. OLG Stuttgart NStZ 1997, 405.

sich abzeichnender positiver Entwicklungen für die Verhängung einer (zunächst) unbedingten Freiheitsstrafe verbunden mit dem mündlichen Hinweis, dass der Angeklagte ja Berufung einlegen und sich bis dahin „bewähren" könne, so dass dem Landgericht, das regelmäßig länger für die Terminierung braucht, dann eine andere Beurteilung möglich sei. Das Verfahren wird mithin im Durchschnitt schlicht „lockerer" geführt.[862] Zwar kann gemäß § 335 StPO auch bereits gegen ein amtsrichterliches Urteil (Sprung-)Revision eingelegt werden, doch zeigt die Erfolgsquote[863] dieses verhältnismäßig selten genutzten Rechtsmittels,[864] dass amtsgerichtliche Entscheidungen gleichwohl nicht so sorgfältig begründet werden, dass sie revisionsrechtlichen Maßstäben genügten.[865] Zudem könnte die Staatsanwaltschaft eine revisionsrechtliche Überprüfung notfalls noch durch eine sog. „Sperrberufung" verhindern (§ 335 Abs. 3 Satz 1 StPO).[866] Auch die Sitzungsvertreter der Staatsanwaltschaft, die regelmäßig vor dem Amtsgericht auftreten, sind häufig noch Berufungsanfänger,[867] die bei evtl. Fehlern des Gerichts im Durschnitt seltener intervenieren werden. Unter den Betrachtern herrscht daher die einhellige Meinung vor, dass das Verfahren vor den Amtsgerichten insgesamt eher *„summarisch"* sei.[868] So gesehen, ist das Verfahren vor dem Amtsgericht also lediglich als Steigerung des *„Vorschaltverfahrens"* nach § 153a StPO oder des Strafbefehlsverfahrens zu sehen, in denen ebenfalls nur eine *summarische* Prüfung stattfindet. Es stellt jedoch – trotz formell gleichem Beweisrecht – in vielen Fällen keine vollwertige Tatsacheninstanz mehr dar.

---

862 Vgl. *Becker/Luczak*, in: Becker/Kinzig, S. 182: „[...] offener, gelassener, ergebnisorientiert, mehr auf gesunden Menschenverstand angelegt, formlos oder weniger formell, ‚hemdsärmelig', zupackend und praxisnah [...]."

863 Bei Sprungrevisionen der Staatsanwaltschaft z.B. über 60 %, BRAK-Stellungnahme Nr. 18/2005, S. 18.

864 Vgl. *Becker/Lugan*, in: Becker/Kinzig, S. 157 f.; und auch schon *Meyer-Goßner*, JZ 1978, 329 [331].

865 So auch *Dahs*, NStZ 1999, 321 [323].

866 Was eigentlich unzulässig ist, vgl. Nr. 147 RiStBV u. *Krumdiek*, StRR 2010, 84 [86], aber in der gerichtlichen Praxis dennoch vorkommt, vgl. nur die Entscheidung des OLG Karlsruhe NJW 2004, 1887, und den bei *Krumdiek* geschilderten Fall.

867 So schon *Nagler*, GS Bd. 90 [1924], 398 [409 f.], der von „bloßem Durchgangsposten" spricht, was insbesondere in Bayern bis heute zutrifft: Jeder Richter, auch wenn er später nur Zivilsachen bearbeiten möchte, verbringt zunächst ein paar Jahre bei der Staatsanwaltschaft und dort dann i.d.R. im „Verkehrs-" oder im „allgemeinen" Referat.

868 Vgl. *Roxin/Schünemann*, § 54, Rn. 4; *Meyer-Goßner*, DRiZ 1996, 180 [181 f.]; *ders./Ströber*, ZRP 1996, 354 [357 f.]; *Becker/Luczak*, in: Becker/Kinzig, S. 183; *Expertenkommission*, S. 153; *Sommer*, Rn. 2118; *Kudlich*, ZRP 2018, 9 [11].

Damit hat die Berufung heute durchaus ihre Berechtigung: Sie eröffnet in all den Fällen eine (erste) gründliche Hauptverhandlung vor dem Landgericht, in denen ein Verfahrensbeteiligter dies wünscht; umgekehrt erlaubt ihre Existenz den Akteuren eine eher oberflächliche, aber rasche Beendigung des Strafprozesses. Vor diesem Hintergrund erklärt sich übrigens auch der vermeintliche Widerspruch, dass bei kleinen Vergehen drei Instanzen zur Verfügung stünden, bei großen Verbrechen jedoch nur zwei,[869] von selbst: In landgerichtlichen Verfahren – die in der Regel auch vom Prozessstoff her wesentlich umfangreicher sind – wird der Sachverhalt so gründlich geprüft, dass eine zweite Tatsacheninstanz wirklich einem Münzwurf gleichkäme. Zumal dann auch der bis dahin eingetretene Beweismittelverlust wegen des Verfahrensumfangs vergleichsweise schwer wöge.[870] Die Strafkammer ist für diesen Zweck immerhin mit mindestens zwei Berufsrichtern besetzt, die nicht nur die rechtliche Bewertung untereinander diskutieren, sondern sich auch die administrativen Aufgaben in der Hauptverhandlung teilen können.[871] Durch die zusätzliche Beteiligung der Schöffen sind die Berufsrichter darüber hinaus gehalten, ihre Urteile nicht nur rechtlich zu begründen, sondern diese auch einer „Plausibilitäts- bzw. Realitätskontrolle“ zu unterziehen.[872] Angesichts der (gegenüber dem Amtsgericht ungleich häufigeren) Kontrolle durch die Revisionsinstanz legen die Strafkammern im Allgemeinen fernerhin weitaus größeren Wert auf die Einhaltung sämtlicher Verfahrensvorschriften.[873]

Während die Sinnhaftigkeit der Berufung sonach in Zeiten der RStPO und des GVG von 1877 durchaus infrage gestellt werden konnte, nachdem damals bereits für Bagatelldelikte das Schöffengericht zuständig war, gegen dessen Urteile die Berufung dann zur (mit fünf Berufsrichtern besetzten) Strafkammer führte,[874] ist sie als notwendiges, aber (für die Verfahrensbeteiligten) fakultatives Korrektiv heute unentbehrlich.[875] Zumal die Strafgewalt des Einzelrichters heute

869 Dazu schon *Tröndle*, GA 1967, 161 [180].

870 Vgl. *Gössel*, GA 1979, 241 [245]: Berufung besonders geeignet zur Überprüfung tatsächlich wie rechtlich einfacher Fälle der unteren bis mittleren Kriminalität; dagegen ungeeignet bei Großverfahren oder sonst umfangreichen Sachen sowie für Kapitalverbrechen.

871 Z.B. Verlesung von Urkunden, Befragung von Zeugen, Anfertigen von Mitschriften usw.

872 *Andoor*, S. 64.

873 Vgl. *Becker/Luczak*, in: Becker/Kinzig, S. 182.

874 S. *Schulz*, in: FS Schwind, S. 433.

875 So auch *Roxin/Schünemann*, § 54, Rn. 5: „[…] weil sie als notwendiges Korrektiv das vielfach summarische Verfahren auf der Amtsgerichtsstufe ermöglicht und dadurch

bis zu zwei Jahren Freiheitsstrafe reicht (§ 25 Nr. 2 GVG) und somit keinesfalls mehr auf Bagatellen beschränkt ist. Die oben gezeigte Alternative, nämlich alle erstinstanzliche Verfahren so gründlich wie vor dem Landgericht zu verhandeln und dafür die Berufungsinstanz abzuschaffen, wäre angesichts der Tatsache, dass die meisten amtsgerichtlichen Verurteilungen ohnedies rechtskräftig werden und damit Rechtsfrieden „im Schnellverfahren" herstellen,[876] mit einem unangemessenen Aufwand verbunden,[877] der die Justiz unnötig belasten würde.

Gewissermaßen einen Fremdkörper in diesem System stellt lediglich das Schöffengericht dar: Es ist gemäß § 29 Abs. 1 Satz 1 GVG mit einem Berufsrichter als Vorsitzendem und zwei Schöffen besetzt. Nach § 29 Abs. 2 Satz 1 GVG kann auf Antrag der Staatsanwaltschaft außerdem die Zuziehung eines zweiten Berufsrichters beschlossen werden, wenn dessen Mitwirkung nach dem Umfang der Sache notwendig erscheint. Über Berufungen gegen Urteile des Schöffengerichts entscheidet dann das Landgericht als sog. kleine Strafkammer in der Besetzung mit einem Vorsitzenden und zwei Schöffen (§ 76 Abs. 1 Satz 1 Halbsatz 2 GVG). Hat in erster Instanz das erweiterte Schöffengericht über die Sache entschieden, ist auch in der Berufungsinstanz ein zweiter Richter hinzuziehen (§ 76 Abs. 6 Satz 1 GVG). Folglich entscheidet das Landgericht in der zweiten Instanz in *genau derselben Besetzung* (ein oder zwei Berufsrichter plus zwei Schöffen) wie das Amtsgericht. Das leuchtet allerdings nicht ein,[878] weshalb der Gesetzgeber gefragt wäre, diesen Widerspruch zu beseitigen. Die Möglichkeiten wären dabei: (1) Abschaffung des (erweiterten) Schöffengerichts und Überantwortung des Zuständigkeitsbereichs auf den Strafrichter/das einfache Schöffengericht oder die Landgerichte;[879] (2) vollständige Abschaffung der Berufung gegen Schöffengerichtsurteile; (3) Entscheidung des Landgerichts in der Besetzung als große Strafkammer (drei Berufsrichter) gegen Urteile des erweiterten Schöffengerichts.[880] Am ehesten wäre im aktuellen Rechtsmittelsystem wohl die

---

in einer genialen Intuition des Schöpfers der RStPO Legitimation und Verfahrensökonomie verbindet."

876 *Meyer-Goßner/Ströber*, ZRP 1996, 354 [357]; *Meyer-Goßner*, DRiZ 1996, 180 [182].

877 S. hierzu etwa *Meyer-Goßner*, DRiZ 1996, 180 [181], der der Annahmeberufung (die ebenfalls zum Wegfall der Berufungsinstanz führen kann) attestiert, sie habe zu einem erhöhten Arbeitsaufwand bei den Amtsgerichten geführt und damit den intendierten Entlastungseffekt wieder aufgezehrt.

878 So auch *Meyer-Goßner/Ströber*, ZRP 1996, 354 [356]; *Bode*, S. 91; *Weigend*, 60. DJT, Bd. II/1, M 16.

879 Für eine weitgehende Übertragung auf die Strafkammern *Rieß*, 52. DJT, Bd. II, L 23.

880 Vgl. dazu auch den Vorschlag von *Gössel*, GA 1979, 241 [250].

(bloße) Abschaffung des erweiterten Schöffengerichts zu realisieren.[881] Dann würde das Schöffengericht immer nur in der Besetzung mit einem Berufsrichter und zwei Schöffen entscheiden. Die Berufung könnte dann (wie bisher nur bei Berufungen gegen das erweiterte Schöffengericht) zu der mit zwei Berufsrichtern besetzten Strafkammer gehen, womit in der Berufungsinstanz auch wieder die „Regelbesetzung" der erstinstanzlichen Landgerichtssachen gewährleistet wäre. Und wenn es der besondere Umfang oder die besondere Bedeutung des Falles erfordern, kann die Staatsanwaltschaft nach § 24 Abs. 1 Satz 1 Nr. 3 GVG weiterhin Anklage zum Landgericht erheben und erhält dadurch regelmäßig die gleichstarke Besetzung wie bei dem erweiterten Schöffengericht. Im Jugendstrafrecht besteht diese Problematik allerdings ohnehin nicht. Denn hier gibt es lediglich das mit einem Vorsitzenden besetzte, „einfache" Jugendschöffengericht, § 33a JGG.[882] Dadurch entscheidet die bei Urteilen des Jugendrichters kleine und bei Urteilen des Jugendschöffengerichts große Jugendkammer stets in personenstärkerer Besetzung als die Erstinstanz, §§ 33b, 41 Abs. 2 JGG.[883]

II. Allgemeine Konsequenzen der Abschaffung

Wiewohl sich die Folgen der Abschaffung von § 55 Abs. 1 und Abs. 2 JGG doch unterscheiden und sonach im Folgenden differenziert werden sollen, stehen gewissermaßen „vor der Klammer" zwei grundsätzliche Auswirkungen, die der Wegfall der Rechtsmittelbeschränkung im Jugendstrafrecht hätte, und zwar eine möglicherweise größere *pädagogische Wirksamkeit* und die *Reduzierung der Fälle der notwendigen Verteidigung.*

1. Erzieherische Wirksamkeit

Oben[884] wurde bereits aufgezeigt, dass das althergebrachte Argument des richterlichen Autoritätsverlustes durch zwei divergierende Entscheidungen nach heutigem pädagogischem Verständnis nicht mehr trägt. Schon bei Jugendlichen und erst recht bei Heranwachsenden sollte der Erziehungsgedanke auch und vor allem auf die Förderung von Eigenverantwortlichkeit des Subjekts gerichtet sein

881 Für eine Abschaffung des Schöffengerichts und Überantwortung des Zuständigkeitsbereichs auf die Landgerichte plädieren dagegen *Meyer-Goßner/Ströber*, ZRP 1996, 354 [358 f.].

882 *Brunner/Dölling* §§ 33-33b, Rn. 9.

883 Vgl. *Schäfer*, NStZ 1998, 330 [333].

884 S.o. F) IV. 1.

statt auf Drill und bloßen Gehorsam.[885] In der Gesetzesbegründung, mit der im Jahr 2007 das Ziel des Jugendstrafrechts in § 2 Abs. 1 JGG normiert worden ist, wird ausdrücklich darauf hingewiesen, dass es im Jugendstrafrecht nicht lediglich um eine äußere Reaktion auf begangenes Unrecht und die Befähigung zu rechtstreuem Verhalten etwa durch Vermittlung von Handlungskompetenzen oder von eher technischen Konfliktvermeidungsstrategien gehe. Vielmehr werde die Verhütung künftiger Straffälligkeit als Ziel des Jugendstrafrechts oft nicht erreichbar sein, ohne dass eine positive innere Beeinflussung – im Hinblick auf Unrechtseinsicht und Motivation zur Befolgung der Gesetze – und eine diesbezügliche Festigung der Jugendlichen erfolgten.[886] In den sog. „*Kölner Richtlinien*" zur notwendigen Verteidigung in Jugendstrafverfahren heißt es darüber hinaus, die Fairness, mit der jungen Menschen im gerichtlichen Verfahren begegnet werde, sei wegen der Vorbildhaftigkeit zugleich der glaubwürdigste Beitrag zur Erziehung.[887] *Putzke* hat ferner anhand des Gesetzestextes herausgearbeitet, dass es dem Jugendgerichtsgesetz weniger um passives Legalverhalten als vielmehr um auf moralischen Prinzipien gegründetes Verhalten gehe.[888] Deshalb umfasst das „Erziehungsprogramm" des Jugendgerichtsgesetzes nicht nur die Bestrafung, sondern auch die Verantwortungsübernahme des Delinquenten, zu der schließlich auch das Normlernen gehört.[889] Es erscheint allerdings fraglich, wie gut ein Individuum bestimmte (Verhaltens-)Normen lernt und gewillt ist, sich zunehmend wie eine erwachsene Persönlichkeit zu verhalten, wenn ihm andererseits Verfahrensrechte, die Erwachsenen zustehen, bewusst abgeschnitten werden. Nach dem status quo hat der Jugendliche etwa im Falle des § 55 Abs. 1 JGG die verhängten Rechtsfolgen zu akzeptieren, ob er will oder nicht, während der nach Erwachsenenrecht Verurteilte das Urteil durchaus auch mit dem Ziel angreifen kann, dass eine geringere Geldstrafe verhängt werde. Wenn dem Jugendlichen nun aber diese Möglichkeit nach der Abschaffung der Rechtsmittelbeschränkung ebenfalls zur Seite steht, er diese jedoch – was regelmäßig zu erwarten sein dürfte – nicht nutzt, sondern das Urteil trotz der Möglichkeit,

---

885 Vgl. *Pütz*, in: SZ v. 30.12.2017 über seine Arbeit als Jugendrichter: „Wenn ich keine Krankheitseinsicht habe, werde ich mich nicht therapieren lassen. Wenn ich keine Unrechtseinsicht habe, sprich: kein schlechtes Gewissen, dann werde ich auch angesichts von Strafen nur mit den Achseln zucken und sie über mich ergehen lassen, mich nicht ändern. Deshalb müssen wir an diese innere Einstellungen herankommen."

886 BT-Drs. 16/6293, S. 9.

887 *Arbeitsgruppe DVJJ*, NJW 1989, 1024 [1025].

888 *Putzke*, S. 52.

889 BeckOKJGG/*Putzke* § 2, Rn. 12.

es anzugreifen, aus freien Stücken akzeptiert, so hat er damit eigenverantwortlich die Entscheidung getroffen, die Konsequenzen seines Handelns zu tragen. Auch wenn zu dieser Frage noch kein empirisches Material existiert, so wäre zumindest zu erwarten, dass eine solche Entscheidung von dem Jugendlichen als fairer empfunden wird und mithin wohl erzieherisch wirksamer wäre als ein unanfechtbarer Richterspruch.[890]

2. Reduzierung der Fälle der notwendigen Verteidigung

Ebenfalls könnten sich durch den Wegfall der Rechtsmittelbeschränkung jedoch auch die Fälle reduzieren, in denen dem Jugendlichen von Amts wegen ein Verteidiger zu bestellen ist. Die notwendige Verteidigung in Jugendsachen ist in § 68 JGG geregelt. Nach § 68 Nr. 1 JGG ist dem Jugendlichen dabei insbesondere in den Fällen ein Verteidiger zur Seite zu stellen, in denen auch einem Erwachsenen ein Verteidiger zu bestellen wäre.[891] Dies ist – neben den in § 140 Abs. 1 StPO geregelten Konstellationen – immer dann erforderlich, wenn wegen der Schwierigkeit der Sach- oder Rechtslage die Mitwirkung eines Verteidigers geboten erscheint oder wenn ersichtlich ist, dass sich der Beschuldigte nicht selbst verteidigen kann (§ 140 Abs. 2 Satz 1 StPO). Im Jugendstrafrecht wird dabei tendenziell auch von den Gerichten eine weite Auslegung dieser Vorschrift befürwortet,[892] und zwar nicht nur aufgrund der allgemeinen Unterlegenheit im psychischen Bereich, sondern auch wegen der komplizierten Sonderregelungen unter anderem im Bereich der Rechtsmittelbeschränkung.[893] Dem ist fraglos

---

890 In diese Richtung tendierend auch *Ostendorf*, ZJJ 2016, 120 [122]; vgl. auch *Penkuhn*, ZJJ 2014, 371 [373].

891 Mit dem *„Gesetz zur Stärkung der Verfahrensrechte von Beschuldigten im Jugendstrafverfahren“* vom 9.12.2019, BGBl. I S. 2146, wurden, entsprechend den Anforderungen der Richtlinie 2016/800 des Europäischen Parlaments und des Rates vom 11.5.2016, die Fälle der notwendigen Verteidigung erfreulicherweise erweitert. So liegt nun etwa nach § 68 Nr. 5 JGG n.F. ein Fall der notwendigen Verteidigung bereits dann vor, wenn die Verhängung einer Jugendstrafe, die Aussetzung der Verhängung einer Jugendstrafe oder die Anordnung der Unterbringung in einem psychiatrischen Krankenhaus oder in einer Entziehungsanstalt zu erwarten ist.

892 Vgl. LG Bremen NJW 2003, 3646: „[…] extensive Auslegung geboten“; ebenso OLG Brandenburg NStZ-RR 2002, 184; OLG Hamm StraFo 2002, 293; OLG Saarbrücken StV 2007, 10 ff.; OLG Schleswig-Holstein StraFo 2009, 28 f.; OLG Hamm StV 2008, 120; OLG Saarbrücken NStZ-RR 2007, 282 [Ls.]. A.A. (aber nur bzgl. des Merkmals „Schwere der Tat“) OLG Hamm NJW 2004, 1338.

893 Vgl. *Eisenberg* § 68, Rn. 23; *Arbeitsgruppe DVJJ*, NJW 1989, 1024 [1025]; BeckOKJGG/*Noak* § 68, Rn. 27; NK-JGG/*Sommerfeld* § 68, Rn. 9.

zuzustimmen. Wurde nämlich bereits während der Zeit der Geltung des Wahlrechtsmittels im allgemeinen Strafverfahrensrecht vorgebracht, ein Angeklagter könne kaum je sinnvoll entscheiden, ob er Berufung oder Revision einlegen solle,[894] so muss dies heute im Jugendstrafrecht erst recht gelten. Die meisten Jugendlichen (wie jedenfalls in Detailfragen auch Erwachsene) werden die beiden zur Verfügung stehenden Rechtsmittel nicht sinnvoll unterscheiden können. Ein Jugendlicher ohne Verteidiger dürfte von einer Revision schon deshalb absehen, weil er diese dann zu Protokoll der Geschäftsstelle erklären müsste (§ 354 Abs. 2 StPO). Zudem dürfte es Jugendlichen mangels Kenntnis der obergerichtlichen Rechtsprechung zumeist unmöglich sein, im Falle des § 55 Abs. 1 JGG auf entsprechende Nachfragen des Gerichts zum Umfang der Urteilsanfechtung[895] sachgerecht zu antworten, so dass regelmäßig die Unzulässigkeit des Rechtsmittels riskiert wird. Nachdem sich diese Schwierigkeiten aber im Grunde nach *jeder* amtsgerichtlichen Verurteilung ergeben, die nicht mit einem Freispruch endet, wäre nach der geltenden Rechtslage einem Jugendlichen spätestens für das Rechtsmittelverfahren *stets* ein Pflichtverteidiger zu bestellen, um sich kompetent verteidigen zu können.[896] Obzwar eine entsprechende gerichtliche Praxis derzeit nicht erkennbar ist, würde dieses Erfordernis mit der Abschaffung der Rechtsmittelbeschränkung also spiegelbildlich deutlich reduziert werden, was die Justiz finanziell entlasten dürfte.

III. Folgen der Abschaffung von § 55 Abs. 1 JGG

Fraglich ist nun, welche Folgen sich voraussichtlich speziell aus der Abschaffung des § 55 Abs. 1 JGG ergeben würden.

1. Faktische Einführung der Strafmaßberufung

Im allgemeinen Strafverfahrensrecht verkörpert sie beinahe den Normalfall: die Anfechtung des Urteils lediglich im Hinblick auf das erstinstanzlich verhängte

---

894 S.o. C) V.; so zutreffend auch *Dahs*, NStZ 1999, 321 [325]; *Expertenkommission*, S. 154.

895 S.o. E) IV. 3.

896 *Meyer-Goßner*, JZ 1978, 329 [331], thematisiert diesen Punkt auch für die allgemeine Beschränkung der Rechtsmittel auf die Revision in allen Strafsachen und stellt fest, dass sogar schon eine anwaltliche Vertretung in der ersten Instanz notwendig wäre, weil ein Angeklagter ohne Verteidiger sonst seine Rechte nicht wahren und Fehler nicht rügen könne. Diese Gedanken sind auf das Wahlrechtsmittel ohne weiteres übertragbar. Denn ob später Revision eingelegt werden soll, entscheidet sich auch durch den Ablauf und das Verhalten in der Hauptverhandlung.

Strafmaß.[897] Gerade amtsgerichtliche Verurteilungen (und nur gegen diese kann Berufung eingelegt werden) haben häufig einfache Lebenssachverhalte zum Gegenstand, in denen die Täterschaft als solche nicht infrage steht. Man denke dabei nur an die unzähligen Fälle der Leistungserschleichung oder des Besitzes geringer Mengen an Betäubungsmitteln. Nachdem viele Angeklagte vor dem Amtsgericht auch ohne Verteidiger auftreten, wird außerdem oftmals ein Geständnis abgelegt, und das Gericht hat im Ergebnis nur noch zu entscheiden, wie die Tat zu ahnden sei. Diskussionsstoff bietet dann vielmehr die Frage, ob eine Freiheitsstrafe verhängt werden muss oder eine Geldstrafe, wie hoch die Geldstrafe sein soll und vor allem ob die Strafe (nochmals) zur Bewährung ausgesetzt werden kann oder nicht. Für den Angeklagten (oder die Staatsanwaltschaft) besteht für solche Fälle die Möglichkeit, die Berufung auf den Rechtsfolgenausspruch zu beschränken (§ 316 Satz 1 StPO). Die Beschränkung lässt alsdann den Schuldspruch in Rechtskraft erwachsen[898] und erspart dem Berufungsgericht eine u.U. zeitaufwändige, aber überflüssige Wiederholung der für den Schuldspruch erforderlichen Beweisaufnahme. Die Strafmaßberufung entlastet also die Gerichte und gibt dem Angeklagten dennoch die Chance auf eine Reduzierung der Rechtsfolge. Gleichzeitig kann es so vermieden werden, besonders unangenehme Sachverhalte (insbesondere Zeugen) abermals präsentieren zu müssen.[899]

Sofern lediglich Erziehungsmaßregeln oder Zuchtmittel im Urteil verhängt wurden, steht dem Jugendlichen die Möglichkeit der Rechtsmittelbeschränkung nicht zur Verfügung. Will er sich dagegen wenden, dass der Jugendrichter z.B. vier statt zwei Wochen Jugendarrest verhängt hat (was etwa daran liegen kann, dass er nur zwei Wochen Urlaub von seinem Arbeitgeber bekommt), oder erreichen, dass ihm anstelle des Arrests eine Arbeitsauflage auferlegt wird, so ist er erstens gezwungen, das Urteil insgesamt anzugreifen, und riskiert zweitens, dass das Berufungsgericht sein Rechtsmittel als unzulässig zurückweist. Beide Folgen vertragen sich schwerlich mit dem Gesetzeszweck: Durch die komplette Neuverhandlung entsteht nicht nur eine zusätzliche (vermeidbare) Verzögerung,[900] sondern sie kann auch dazu führen, dass das Tatopfer ohne Not ein weiteres Mal vor Gericht erscheinen muss. Die Gefahr der Zurückweisung wiederum mag Verteidiger dazu verleiten, im Rahmen des „sichersten Weges" den Jugendlichen

897 Vgl. *Sommer*, Rn. 2159.
898 Vgl. FA Strafrecht/*Brunner*, Kap. 9, Rn. 41.
899 *Sommer*, Rn. 2171.
900 Die freilich durch § 325 StPO etwas abgemildert werden kann.

in der ersten Instanz schweigen zu lassen, um die Statthaftigkeit der Berufung zu gewährleisten, was die Aufarbeitung des Tatvorwurfs ebenfalls erschwert. Diese „Fehler im System" würden durch die Abschaffung von § 55 Abs. 1 JGG beseitigt. Das führt in einem ersten Schritt dazu, dass für den Jugendlichen Klarheit herrscht: In der Regel dürfte er eine Zurückweisung wegen unzulässiger Beschränkung auf Art und Umfang der Rechtsfolge nach aktueller Rechtslage kaum verstehen, geschweige denn akzeptieren können. Eine solche Verkomplizierung des Rechtsmittelrechts (durch nach Richterrecht zulässige Nachfragen beim Angeklagten) verträgt sich ohnehin nicht mit dem Jugendstrafrecht. In einem zweiten Schritt wird die weitgehende Gleichstellung mit nach Erwachsenenstrafrecht Verurteilten hergestellt, nachdem die Sanktionen des JGG aufgrund der Kombinationsmöglichkeit und der Eingriffsintensität nicht etwa – wie landläufig angenommen – zwingend milder ausfallen müssen als die Rechtsfolgen im allgemeinen Strafrecht.[901] Überdies ist schon jetzt in all den Fällen eine Strafmaßberufung zulässig, in denen das Gericht Erziehungsmaßregeln und/oder Zuchtmittel neben sonstigen Rechtsfolgen ausspricht.[902] Deshalb ist auch das Gegenargument, wonach Gerichte bei Abschaffung des § 55 Abs. 1 JGG mit der Beurteilung der Frage, ob ein Verstoß gegen das Verschlechterungsverbot vorliege oder nicht, überfordert sein könnten, nur bedingt geeignet, eine andere Sichtweise zu rechtfertigen.

2. Stärkere Kontrolle des Jugendrichters

§ 55 Abs. 1 JGG räumt dem Jugendrichter relativ große Freiheit im Hinblick auf Art und Umfang der Sanktionen ein. Er ist „näher dran" am Jugendlichen und soll deswegen gleich eine individuelle Entscheidung mit dem richtigen Augenmaß treffen können. Nun kann große Freiheit aber bekanntlich auch zum Missbrauch verleiten – selbst beim tatsächlich erzieherisch befähigten und erfahrenen (§ 37 JGG)[903], aber evtl. allzu fantasievollen Jugendrichter. *Böhm* und *Feuerhelm* bezeichnen diese Autonomie treffend als *„verführerische Freiheit"*, die dazu führen könne, die eigenen pädagogischen Maßstäbe zu verabsolutieren.[904] *Beulke* und *Swoboda* referieren dazu gleich bedenkliche Beispiele aus der Praxis, wo Weisungen etwa darin bestanden haben sollen, regelmäßig das Grab

---

901 FA Strafrecht/*Apfel/Piel*, Kap. 23, Rn. 164.

902 Vgl. BeckOKJGG/*Kunkel* § 55, Rn. 73.

903 Kritisch zur gelebten Praxis des § 37 JGG *Helmken*, ZRP 2012, 209 [211]; und auch *Breymann*, ZJJ 2009, 379.

904 *Böhm/Feuerhelm*, S. 97; zustimmend *Scheffler*, StV 1995, 599 [600].

des fahrlässig getöteten Freundes zu schmücken oder die Insassen eines Altersheims allwöchentlich aus dem eigenen Arbeitsverdienst mit Wein und Kuchen zu versorgen.[905] Mögen diese Exempel zwar fragwürdig, aber noch zulässig sein, so ist die Grenze spätestens dort überschritten, wo Grundrechte verletzt werden, also der Jugendliche etwa angewiesen wird, jede Woche den Gottesdienst zu besuchen,[906] (k)ein Kopftuch zu tragen, eine ganz bestimmte Ausbildungsstelle an- oder aus einer nicht verbotenen politischen Partei auszutreten oder die Verbreitung einer durch Art. 5 GG geschützten Meinung zu unterlassen.[907] Neben nicht mehr nachvollziehbarem Jugendarrest wird in der Praxis desgleichen von bisweilen demütigenden[908] bzw. unverhältnismäßig hohen Arbeitsauflagen berichtet.[909] *Schady* weist in diesem Zusammenhang darauf hin, dass veröffentlichte Revisionsentscheidungen insgesamt belegten, dass gerade in der Sanktionszumessung häufiger über das gesetzlich erlaubte Maß hinausgegangen werde.[910] Auch die obergerichtliche Rechtsprechung im Erwachsenenstrafrecht zeigt, dass bestimmte Weisungen[911] höchst problematisch sein können und damit einer Überprüfung nicht entzogen werden sollten.[912] Gerade die Bereiche, die dem Jugendrichter den größten Ermessensspielraum zubilligen – ohne dass es dabei eine Höchstgrenze gäbe[913] –, sind damit in weiten Teilen der obergerichtlichen Kontrolle entzogen.[914] Die Abschaffung von § 55 Abs. 1 JGG kann daher dazu beitragen, dass bei einem Jugendrichter nicht der Eindruck entsteht, über ihm stehe nur noch der „blaue Himmel".[915] Allein dieses Wissen wird dazu führen, dass von erzieherisch nicht mehr wirksamen Maßregeln und

905 *Schaffstein/Beulke/Swoboda*, Rn. 308.

906 *Schaffstein/Beulke/Swoboda*, Rn. 312.

907 Vgl. mit weiteren Beispielen BeckOKJGG/*Nehring* § 10, Rn. 18; für eine generelle Zulässigkeit der Anfechtung mit dem Argument, eine angeordnete Maßnahme sei gesetzes- oder grundrechtswidrig, aber HK-JGG/*Laue* § 55, Rn. 25. Vgl. auch OLG Celle NStZ-RR 2001, 121.

908 So *Trenczek*, ZJJ 2009, 358 [359].

909 *Eisenberg* § 10, Rn. 20a; für eine Obergrenze v. 80 Std. *DVJJ*, ZJJ 2016, 419 [421]. Für eine Obergrenze v. 140 Std. für unter 15 Jährige, v. 160 Std. für über 15 Jährige u. v. 240 Std. für Heranwachsende BeckOKJGG/*Putzke* § 15, Rn. 55 f.

910 NK-JGG/*Schady* Grdl. z. §§ 55 und 56, Rn. 4.

911 Hier dann z.B. i.R.d. Führungsaufsicht.

912 S. etwa zur Abstinenzweisung bei einem langjährig Suchtkranken BVerfG NJW 2016, 2170.

913 *Ostendorf*, ZJJ 2016 120 [122].

914 *Momsen*, ZJJ 2004, 49 [50].

915 So schon *Scheffler*, StV 1995, 599 [600].

Zuchtmitteln eher abgesehen wird, so dass das Urteil unter Umständen gar keiner Nachprüfung mehr bedarf.

3. Vereinfachung des Verfahrens

Darüber hinaus entfallen die Unsicherheiten, die damit einhergehen, dass der Verurteilte zwar den Rechtsfolgenausspruch nicht angreifen darf, wohl aber den Schuldspruch. Mit der Abschaffung erübrigen sich sowohl Nachfragen des Berufungsgerichts[916] zum Umfang der Berufung wie auch spezielle Begründungserfordernisse für die Revision[917]. Dies schafft in gleicher Weise Klarheit für die Gerichte wie für die Angeklagten.

Des Weiteren kann nach geltendem Recht die Rechtsmittelbeschränkung gemäß § 55 Abs. 1 JGG – jedenfalls theoretisch – weiter greifen, als sie eigentlich sollte. In § 55 Abs. 1 Satz 2 JGG wird nämlich die Unterbringung in einem Heim nach § 12 Nr. 2 JGG als „härteste" Maßnahme[918] von der Rechtsmittelbeschränkung ausgenommen. Das heißt, der Jugendliche kann das Urteil dann auch mit dem Ziel angreifen, dass stattdessen eine andere Rechtsfolge angeordnet wird, ohne zugleich den Schuldspruch anzutasten. § 55 Abs. 1 Satz 2 JGG spricht aber lediglich von der Anordnung durch den (Jugend-)Richter. Denkbar wäre es nun, dass der Jugendrichter dem Familiengericht im Urteil die Auswahl und Anordnung von Erziehungsmaßregeln überlässt (§ 53 Satz 1 JGG), diesem aber die Hilfe zur Erziehung gemäß § 12 Nr. 2 JGG ausdrücklich nahelegt. Insofern würde die Rechtsmittelbeschränkung dann nach § 55 Abs. 1 Satz 1 JGG greifen und die Ausnahme in § 55 Abs. 1 Satz 2 JGG unterlaufen werden.[919] In der Literatur wird deshalb gefordert, dass die Anfechtbarkeit in diesem Falle dennoch uneingeschränkt gelten müsse.[920] Nun mag es sich bei dieser Konstellation um eine seltene Ausnahme handeln, und die wenigsten Richter werden zu solchen Mitteln greifen, nur um den Jugendlichen die Anfechtung des Urteils zu verwehren. Allerdings sind entsprechende Versehen nicht ausgeschlossen und begründet diese komplizierte Verweisungs- und Auslegungstechnik zusätzliche Fehlergefahr, die leicht vermieden werden könnte.

---

916 *Schäfer* spricht insofern von „erheblichen Schwierigkeiten" für die Praxis, NStZ 1998, 330 [335].

917 Zu dieser Frage etwa BGH NStZ 2013, 659.

918 So *Schäfer*, NStZ 1988, 330 [331].

919 *Eisenberg*, in: FS Weber, S. 511.

920 HK-JGG/*Laue* § 55, Rn. 23.

IV. Folgen der Abschaffung von § 55 Abs. 2 JGG

Nachdem nun die mit einer Abschaffung der sachlichen Rechtsmittelbeschränkung verbundenen Vorteile diskutiert wurden, soll in diesem Punkt erörtert werden, welche Folgen mit dem Wegfall der instanziellen Rechtsmittelbeschränkung einhergehen dürften.

1. Faktische Einführung der Revision

Die erste – und womöglich wichtigste – Konsequenz der Abschaffung des § 55 Abs. 2 JGG wäre die faktische Einführung der Revision. Wie bereits dargetan, hat nicht nur die Praxis in der Vergangenheit, als das Wahlrechtsmittel noch allgemein galt, sondern auch die gelebte Wirklichkeit im Jugendstrafrecht gezeigt, dass sich Verurteilte in der weit überwiegenden Anzahl der Fälle für die Berufung entscheiden, wenn ihnen die Wahl gelassen wird.[921] Zum einen ist die Berufung nämlich das „volksnähere", also vor allem verständlichere, Rechtsmittel.[922] Zum anderen wird freilich auch der Verteidiger fast immer zugunsten der Berufung auf die Revision verzichten.[923] Denn die Berufung greift weiter, birgt ein viel geringeres Risiko für den Angeklagten und ermöglicht – was gerade im Jugendstrafrecht von entscheidender Bedeutung sein kann – die Berücksichtigung neuer Entwicklungen.[924] Schädliche Neigungen etwa, die zur Verhängung von Jugendstrafe führen (§ 17 Abs. 2 JGG), müssen nicht nur zum Tatzeitpunkt, sondern auch noch beim Ergehen des tatrichterlichen Urteils vorliegen.[925] Der Jugendliche erhält folglich durch das Einlegen der Berufung die nötige Zeit, um z.B. seine persönlichen Lebensumstände so weit zu ordnen, dass das Landgericht anschließend zu einer positiveren Einschätzung gelangt.[926] Zwar besteht rein formell auch jetzt schon die Möglichkeit, dass die Staatsanwaltschaft gegen ein Berufungsurteil noch Revision einlegen kann, wenn nur der Jugendliche das erstinstanzliche Urteil angefochten hat. Diese dürfte allerdings praktisch keine entscheidende Rolle spielen und sonach an der These der faktischen Einführung

921 Vgl. BR-Drs. 438/07, Begr., S. 3 f., und auch schon BT-Drs. 13/4541, S. 24; *Momsen*, ZJJ 2004, 49 [50].
922 *Bode*, S. 83; *Dahs*, NStZ 1999, 321 [323].
923 *Dahs*, NStZ 1999, 321 [325].
924 So auch *Zieger*, Rn. 226.
925 BGH NStZ 2016, 682.
926 Vgl. dazu auch allgemein *Sommer*, Rn. 2120.

der Revision wenig ändern. Mit der Revision ergeben sich allerdings wesentliche neue Möglichkeiten im Jugendstrafrecht, die nun beleuchtet werden sollen.

a) *Einheitlichkeit der Rechtsprechung und Rechtsfortbildung*

Neben der Verwirklichung der Einzelfallgerechtigkeit erfüllt die Revisionsinstanz auch ganz grundsätzliche Aufgaben: Sie sichert einerseits die Einheitlichkeit der Rechtsprechung[927] und trägt andererseits auch zur Fortbildung des Rechts bei.[928] Diese Funktionen fallen im derzeitigen System des Jugendstrafrechts für einen erheblichen Teil der Straftaten, nämlich alle, die beim Amtsgericht angeklagt werden, faktisch weg, weil den Angeklagten mit der Berufungseinlegung ihr Revisionsrecht verlustig geht. Dadurch büßen die Oberlandesgerichte im Jugendstrafrecht erheblich an Bedeutung ein.[929]

Die „Einführung" der Revision im Jugendstrafrecht dient demgemäß auch übergeordneten Zielen. Wünschenswert wäre eine stärkere Einbindung der Revisionsgerichte schon deshalb, weil wegen der größeren Vielfalt der Sanktionen[930] im Jugendstrafrecht auch innerhalb der OLG-Bezirke grundsätzlich gravierendere Rechtsprechungsunterschiede vorherrschen als im Erwachsenenstrafrecht,[931] weshalb die Gefahr der Rechtszersplitterung droht. Da der Löwenanteil der Rechtsfragen aber bislang letztinstanzlich von den – eher publikationsunfreundlichen – Landgerichten entschieden wird, fehlt es allen Verfahrensbeteiligten an veröffentlichten Entscheidungen, die sie zur Orientierung heranziehen können.[932] Das beeinträchtigt auch die nötige Rechtssicherheit. Gleichzeitig ist das Jugendstrafrecht ein besonders dynamisches Rechtsgebiet, in das neue

927 KK-StPO/*Gericke* Vorb. § 333, Rn. 2; vgl. auch die Vorlagepflicht in § 121 Abs. 2 GVG.

928 Vgl. dazu schon den Gesetzestext in § 132 Abs. 4 GVG: „Der erkennende Senat kann eine Frage von grundsätzlicher Bedeutung dem Großen Senat zur Entscheidung vorlegen, wenn das nach seiner Auffassung zur Fortbildung des Rechts oder zur Sicherung einer einheitlichen Rechtsprechung erforderlich ist." *Meyer-Goßner/Schmitt*, vor 333, Rn. 4. Kritisch zu dieser Aufgabe allerdings *Kempf/Schilling*, NJW 2012, 1849 ff.

929 Vgl. zur Problematik bei Einführung eines Wahlrechtsmittels im Erwachsenenstrafrecht *Expertenkommission*, S. 154.

930 Dazu *Laubenthal/Baier/Nestler*, Rn. 416.

931 Vgl. etwa *Walter*, NStZ 1987, 481 [483 f.]: „[...] Rechtsfolgensystem [...], das überdies regional sehr unterschiedlich gehandhabt [...] wird. Der Bedarf an rechtsstaatlicher Flankierung ist deswegen größer als im allgemeinen Strafrecht." Vgl. zur Problematik bei Einführung des Wahlrechtsmittels ins allgemeine Strafverfahrensrecht auch *Meyer-Goßner*, ZRP 2004, 128 [129].

932 Vgl. *Beulke*, in: Walter, Strafverteidigung, S. 39.

gesellschaftliche Anschauungen und geänderte Erziehungsideale schneller einsickern und sich somit dramatischer auswirken können als im allgemeinen Strafverfahrensrecht.[933] Weil sich solche Innovationen im Jugendstrafrecht dann überdies häufig als „Schrittmacher“ für das Erwachsenenstrafrecht erweisen (sollen),[934] erscheint die Forderung, die Rechtsprechung auch im Jugendstrafrecht stärker zu vereinheitlichen und die Rechtsfortbildung im Wesentlichen den Obergerichten zu überlassen, jedenfalls nicht unberechtigt.

b) Lösung von drängenden Praxisproblemen

Soweit sich in der Praxis bislang offensichtlich „ungerechte“ Konstellationen dadurch ergeben, dass der Angeklagte nach der Berufung kein Rechtsmittel mehr hat, werden diese durch die Abschaffung des Wahlrechtsmittels beseitigt. Das betrifft insbesondere diejenigen Fälle, in denen das Berufungsgericht gegen das Verschlechterungsverbot verstößt oder in denen eine Revisionserstreckung gemäß § 357 StPO von der herrschenden Rechtsprechung (noch) abgelehnt wird.

c) Stärkere Belastung der Berufungsinstanz

Neben der Sicherung der Einheitlichkeit der Rechtsprechung und der Rechtsfortbildung wird allerdings auch eine weitere Funktion der Revision betont: Sie *disziplinere* die Instanzgerichte.[935] Wie oben dargestellt, ist die Verhandlungsatmosphäre vor den Amtsgerichten regelmäßig „lockerer“, weil sich Verteidiger das Potenzial der Strafprozessordnung häufig für die Berufung aufsparen, sofern das erstinstanzliche Ergebnis dem avisierten Ziel nicht entspricht. Fernerhin sind Sprungrevisionen auch vergleichsweise rar gesät, so dass mögliche Rechtsfehler in der zweiten Tatsacheninstanz ohnehin „geheilt“ würden. Es lohnt mithin zumeist nicht, rein formale Abweichungen von den Verfahrensvorschriften ohne Not zu rügen (und dadurch womöglich das Gericht zu verstimmen), nur um sich Ansatzpunkte für eine spätere Revision zu sichern.[936] Einen (förmlich) strengeren Anstrich erfährt das Verfahren deshalb durchschnittlich zum ersten Mal in der Berufungsinstanz.

---

933 S. dazu *Momsen*, ZJJ 2004, 49 [51]. *Weber*, DRiZ 1999, 42, begrüßt diese „enorm innovativ[en] Möglichkeiten außerhalb des Gesetzes“ ausdrücklich.

934 Vgl. nur *Kreuzer*, NJW 2002, 2345 [2347].

935 Darauf fokussiert sich insbesondere *Knauer*, NStZ 2016, 1 [9 f.]; vgl. auch *Tröndle*, GA 1967, 161 [181 f.]. Eher ablehnend dagegen *Meyer-Goßner/Schmitt* vor § 333, Rn. 4.

936 Vgl. BT-Drs. 13/4541, S. 24, und BR-Drs. 633/95, S 73, zur Vermeidung dieser Problematik durch Einführung des Wahlrechtsmittels ins allgemeine Strafverfahrensrecht.

Im Jugendstrafrecht wird dieses Stufenmodell hingegen auf den Kopf gestellt: Während der erstinstanzlich entscheidende Richter – jedenfalls theoretisch – seine Urteilsgründe noch revisionssicher abfassen, zumindest aber davon ausgehen muss, dass seine Ausführungen noch von einem Kollegen am Landgericht gelesen werden, hat sich die Gefahr eines Rechtsmittels für das Berufungsgericht häufig schon erledigt.[937] Tatsächlich konnte durch eine Analyse von *Becker* und *Lugan* belegt werden, dass im Jugendstrafverfahren allgemein längere Urteile geschrieben werden als im Erwachsenenstrafrecht, was auch mit dem Zwang, ein „revisionssicheres" Urteil abzufassen, zusammenhängen mag.[938] Das führt also zu dem kaum begründbaren Widerspruch, dass die erste Instanz – der grundsätzlich eher die Funktion eines Vorschaltverfahrens zukommt – unter größerem Druck steht als die zweite. Mit der Ausgestaltung des Rechtsmittelsystems verträgt sich das allerdings kaum: Denn dem Angeklagten bleibt zwar der Vorteil des (in Einzelrichtersachen) personell besser besetzten Spruchkörpers in der zweiten Instanz. Dass dieser dann aber aufgrund der faktisch geringen Kontrolle auch tatsächliche höhere Verfahrensgarantien bietet, bleibt mindestens zweifelhaft. Und das, obwohl die freie richterliche Beweiswürdigung tatsächlich erst durch den Zwang zur Beachtung der Verfahrensregeln legitimiert wird.[939] Diese Feststellung erscheint indessen umso bedenklicher, wenn man berücksichtigt, dass immer öfter erst in der Berufungsinstanz „unsaubere" Verfahrensabsprachen getroffen werden. Der Angeklagte sieht sich dann bei gleichzeitig eingelegter Berufung der Staatsanwaltschaft mitunter der Situation ausgesetzt, dass das Berufungsgericht ihm „droht", im Falle einer Verurteilung oder ohne geständige Einlassung ergehe möglicherweise eine härtere Strafe, und zwar ohne dass diese anschließend noch in der Revisionsinstanz nachgeprüft werden könnte. Es ist sonach davon auszugehen, dass die Abschaffung des Wahlrechtsmittels in einigen Fällen – analog zum Erwachsenenstrafverfahrensrecht – durchaus zu einer stärkeren Belastung der Berufungsinstanz führen wird, weil diese gezwungen ist, genauer zu arbeiten, und Verteidiger wieder um die Effektivität ihrer

---

937 U.a. mit diesem Argument forderte der Gesetzesentwurf des Bundesrats 2007 die Einführung eines Wahlrechtsmittels in die StPO, BR-Drs. 438/07, Begr., S. 4. Kritisch dazu auch *Frister*, StV 1997, 150 [156].

938 *Becker/Lugan*, in: Becker/Kinzig, S. 168. So sind auch im allgemeinen Strafverfahrensrecht Urteile von Landgerichten regelmäßig viel länger als Urteil von Amtsgerichten, vgl. *Becker/Lugan*, in: Becker/Kinzig, S. 170. Allerdings dürfte ein Teil des größeren Umfangs von Urteilen in JGG-Verfahren auch auf eine ausführlichere Schilderung des persönlichen Werdegangs bzw. der Entwicklung entfallen.

939 *Frister*, StV 1997, 150 [156].

Bemühungen wissen. Umgekehrt folgt daraus aber zum einen eine „sinnvolle" Hintereinanderschaltung von Instanzen im o.g. Verständnis. Und zum anderen wird die erste Instanz wieder „entformalisiert",[940] was eingedenk des Verhältnisses von erstinstanzlichen Hauptverhandlungen zu Berufungsverfahren erhebliche Auswirkungen haben dürfte.

d) Entlastung des Bundesverfassungsgerichts

Das Bundesverfassungsgericht gehört nicht zu dem Instanzenzug. Vielmehr legt es als *„Hüterin der Verfassung"* im Streitfall die Normen des Grundgesetzes verbindlich aus und bewirkt mit seinen Entscheidungen, dass das Zusammenspiel der Verfassungsorgane im Bund und zwischen Bund und Ländern den Regeln der Verfassung entspricht, dass die Staatsgewalt die ihr formell und materiell gezogenen Grenzen nicht überschreitet und dass die obersten Rechtswerte des Grundgesetzes in der Tätigkeit aller Staatsorgane verwirklicht werden.[941] Sein Aufgabenbereich ist in Art. 93 GG klar definiert. Gleichwohl sieht sich das Bundesverfassungsgericht immer wieder bemüßigt, darauf hinweisen, dass es keine *„Superrevisionsinstanz"* sei.[942] Das mag daran liegen, dass mit der Urteilsverfassungsbeschwerde faktisch doch eine gewisse Hierarchisierung der Gerichte geschaffen wird und sich auch die Entscheidungskompetenz des Bundesverfassungsgerichts wie bei einem Revisionsgericht verhält:[943] Gemäß § 95 Abs. 2 BVerfGG kann es nämlich Entscheidungen der Fachgerichte aufheben und die Sache an ein zuständiges Gericht zurückverweisen. Wenn selbst das Revisionsverfahren erfolglos bleibt, erwägen Verurteilte dementsprechend häufig eine Verfassungsbeschwerde als letzten Rettungsanker. Das Bundesverfassungsgericht erhebt deshalb in Einzelfällen sogar eine sog. Missbrauchsgebühr mit Sanktionscharakter für „Uneinsichtige"[944] (wenngleich diese kaum eine abschreckende Wirkung zu haben scheint[945]).

---

940 Zu den Verteidigerstrategien im Falle der Einführung des Wahlrechtsmittels im allgemeinen Strafverfahrensrecht *Scheffler*, StV 1995, 599 [601].

941 BeckOKGG/*Morgenthaler* Art. 93 Rn. 3.

942 Vgl. etwa BVerfG BeckRS 1999, 23087.

943 Maunz/Dürig/*Walter* Art. 93 Rn. 149.

944 Vgl. *Küchenhoff*, NJ 2011, 92 [94].

945 Statistiken zu den Missbrauchsgebühren seit 1962 abrufbar unter http://www.bundesverfassungsgericht.de/DE/Verfahren/Jahresstatistiken/2016/gb2016/A-VIII-1.pdf?__blob=publicationFile&v=2 (zuletzt abgerufen am 27.4.2018).

Im Jugendstrafverfahren verschärft sich diese Problematik dadurch, dass Angeklagten generell nur ein Rechtsmittel zusteht, dessen Einlegung in aller Regel die Revision ausschließt. Zudem hat das Bundesverfassungsgericht selbst ausgeführt, dass es in Ausnahmefällen doch zur Durchführung eines Berufungs- oder Revisionsverfahrens kommen könne,[946] worauf sich entsprechende Urteilsverfassungsbeschwerden stützen könnten. Da bislang auch nicht ersichtlich ist, dass die ordentlichen Rechtsmittelgerichte etwa einen sehr großzügigen Maßstab anlegten oder gar Ausnahmen von der Rechtsmittelbeschränkung zuließen, dürften sich Verurteilte, bei denen ein Verstoß gegen das Verschlechterungsverbot vorliegt oder die nicht in den Genuss einer Revisionserstreckung kommen, durch diese Anmerkung geradezu herausgefordert fühlen, das Bundesverfassungsgericht anzurufen.[947] Auch wenn alleine durch die Abschaffung des Wahlrechtsmittels im Jugendstrafverfahren sicherlich nicht ausgeschlossen werden kann, dass das Bundesverfassungsgericht gelegentlich als *„Superrevisionsinstanz"* missbraucht wird, dürfte die faktische Einführung der Revision dennoch dazu beitragen, dass viele besonders problematische Fälle schon von den Oberlandesgerichten befriedigend gelöst werden, so dass das Bundesverfassungsgericht insoweit entlastet würde.[948]

e) Verlängerung des Strafverfahrens

Freilich darf nicht verschwiegen werden, dass in all den Fällen, in denen weder in der ersten noch in der zweiten Instanz ein weitgehender Konsens im Sinne einer Akzeptanz des Urteilsspruchs erreicht werden kann, eine Ausweitung der Verfahren droht: Anders als bislang kann der Verteidiger nach Abschaffung des Wahlrechtsmittels zunächst in Ruhe das Ergebnis der ersten Instanz abwarten, dann das volle Potenzial der Berufungshauptverhandlung ausschöpfen, was

946 BVerfG NStZ 1988, 34.

947 So auch die Empfehlung von *Scheffler*, StV 1995, 599 [601 f.], an die Verteidiger, sollte das Wahlrechtsmittel im Erwachsenenstrafrecht eingeführt werden. *Ostendorf* vermutet dagegen eher eine Resignation und daher Verringerung der Zahl der eingelegten Rechtsmittel, NStZ 1989, 194 [196].

948 Vgl. zur Problematik bei Einführung des Wahlrechtsmittels im allgemeinen Strafverfahrensrecht *Expertenkommission*, S. 154: „Wegen der fehlenden Kontrollmöglichkeiten von Berufungsentscheidungen wäre mit einer steigenden Zahl von Verfassungsbeschwerden zu rechnen." Vgl. auch *Sowada*, S. 219: Insoweit wäre ein Absehen von weiteren Rechtsbehelfsbeschränkungen zugleich ein erster Beitrag zur Entlastung des BVerfG."

für sich schon geeignet ist, die Hauptverhandlung deutlich zu verlängern, und schließlich Revision einlegen und Rechtsfehler rügen. Im (seltenen) Erfolgsfalle wird die Sache dann regelmäßig zu erneuter Verhandlung und Entscheidung an eine andere Berufungskammer zurückverwiesen, was im Einzelfall insgesamt so lange dauern mag, dass der Jugendliche keiner mehr ist. Zu bedenken ist allerdings, dass ein so gestrecktes Verfahren sicher nicht den Regelfall darstellen dürfte: Wie gesehen, steht in Jugendstrafverfahren häufig die Tatbegehung selbst nicht infrage und drehen sich die Streitpunkte nur höchst selten um komplexe Rechtsprobleme. Auch der Verteidiger wird sich vor allem im Interesse des Mandanten gut überlegen, ob er das Verfahren unnötig in die Länge zieht. Fernerhin dürfte es sich bei jenen konfliktträchtigen Verfahren auch oftmals um solche Fälle handeln, in denen entweder eine hohe (Jugend-)Strafe im Raum steht oder ohnedies keine große erzieherische Wirkung auf den Jugendlichen mehr zu erwarten ist. Die tatsächliche Zahl der „gestreckten" Verfahren dürfte daher überschaubar bleiben.

2. Benachteiligung Erwachsener

Oben wurde bereits die gegenüber dem Erwachsenenrecht verschiedene Gerichtszuständigkeit im Jugendstrafverfahren beleuchtet: Viele Anklagen, die nach allgemeinem Strafverfahrensrecht zum Landgericht erhoben werden, gehören in Jugendstrafsachen zur Zuständigkeit des Schöffengerichts, gegen dessen Urteil dann die Berufung zulässig ist. Insoweit scheint die Situation bei Abschaffung des Wahlrechtsmittels sogar annähernd mit der Zeit nach dem Erlass der Emminger Verordnung vergleichbar. Auch damals war die Zahl der mit der Berufung anfechtbaren Urteile durch die Zuständigkeitsverschiebung plötzlich dramatisch erhöht worden. Obgleich die zahlenmäßigen Auswirkungen im heutigen Jugendstrafrecht sehr viel geringer ausfallen würden, weil im Wesentlichen nur das zusätzliche – und erheblich seltenere – Rechtsmittel der Revision gewährt würde, wäre mit dem Wegfall der Rechtsmittelbeschränkung auch der Einwand der Schlechterstellung Erwachsener verbunden. Immerhin könnten Jugendliche dann nicht nur öfter als nach Erwachsenenstrafrecht Verurteilte Berufung einlegen, sondern bekämen auch noch ein zusätzliches Rechtsmittel „geschenkt".

Fraglich ist indessen, ob diese Benachteiligung nicht gerechtfertigt wäre. Gegen das Argument einer vermeintlich ungerechtfertigten Benachteiligung ist nämlich zu erinnern, dass zwischen Jugendlichen und Erwachsenen durchaus Unterschiede von grundsätzlicher Natur bestehen. Andernfalls wäre schließlich schon der Bestand eines eigenen Jugendgerichtsgesetzes in Zweifel zu ziehen.

Jugendliche befinden sich allgemein in einer deutlich schwächeren Rechtsposition. Sie begehen durchschnittlich weniger komplexe Taten, werden häufiger erwischt, legen öfter Geständnisse ab und mandatieren seltener Verteidiger. Fernerhin besteht bei Jugendlichen die realistische Gefahr, dass sie aufgrund ihres Alters von den Gerichten eher Kindern gleichgeordnet und deshalb weniger ernstgenommen werden. Anträge mögen mithin leichter übergangen, an den Tatnachweis weniger strenge Anforderungen gestellt oder Strafen aus fragwürdigen pädagogischen Erwägungen verhängt werden. Fehlurteile sind dem Auftrag gemäß § 2 Abs. 1 JGG überdies in besonderer Weise abträglich und wirken auf den Jugendlichen letztlich zerstörend.[949] Im Übrigen wurde bereits aufgezeigt, dass alleine die Verhandlung vor dem Jugendschöffengericht mit der anschließenden Berufungsmöglichkeit statt vor der Strafkammer des Landgerichts nur einen scheinbaren Vorteil bietet. Denn einerseits wird damit zwar die Zahl der Rechtsmittel formal erhöht, andererseits erhält der Jugendliche in der Erstinstanz aber auch nur die Verfahrensgarantien eines Amtsgerichtsprozesses und im Berufungsverfahren einen (Berufs-)Richter weniger als vor der großen Strafkammer.[950] Sonach fügt sich auch diese Regelung wieder in das oben skizzierte Schema des Rechtsmittelsystems ein: Im Jugendstrafrecht, wo auch schwerere Strafsachen in der Regel schneller verhandelt werden können als in Verfahren gegen Erwachsene, hat der Gesetzgeber schlichtweg dem Modell „schwache erste, starke zweite Instanz“ für eine größere Anzahl an Verfahren den Vorzug gegeben. Tatsächlich handelt es sich somit allenfalls um eine marginale – indes berechtigte – Besserstellung Jugendlicher, zumal die eigentliche „Schlechterstellung“ Erwachsener, nämlich eine umfassendere Zuständigkeit des Landgerichts ohne Berufungsmöglichkeit, schon heute besteht, ohne dass dies in der Literatur bislang diskutiert worden wäre.

3. Vorbeugung einer Übernahme ins Erwachsenenstrafrecht

Ein Vorteil der Abschaffung der Rechtsmittelbeschränkung im Jugendstrafrecht wäre darüber hinaus ein deutliches Signal für die Befürworter eines Wahlrechtsmittels im allgemeinen Strafverfahrensrecht. Wie bereits gesehen, wird die angebliche „*Bewährung*“[951] im Jugendstrafrecht nämlich seit jeher gerne

---

949 So jedenfalls *Eisenberg* Einl., Rn. 22.
950 Vgl. *Momsen*, ZJJ 2004, 49 [50].
951 So u.a. *Röttgen*, ZRP 2003, 345 [347].

als (Schein-)Argument[952] für ein angeblich vortreffliches Rollenmodell missbraucht. Dabei wäre eine Einführung des Wahlrechtsmittels im Erwachsenstrafrecht – wie *Bode* dargestellt hat[953] – fatal: Die Probleme, die sich schon heute im Jugendstrafrecht zeigen, würden sich noch potenzieren. Die Revision und damit die obergerichtliche Rechtsprechung im Bereich der kleinen und mittleren Kriminalität würde nahezu abgeschafft, die Belastung an den Amtsgerichten würde steigen, ingleichen die Zahl der Fälle der notwendigen Verteidigung.[954] Weil die Befürworter jedoch neben der vermeintlichen Kostenersparnis und Beschleunigung keine Argumente mehr für das Wahlrechtsmittel vorbringen könnten, wenn es sogar im Jugendstrafrecht abgeschafft würde, dürfte diese Debatte damit endgültig begraben werden. Jedenfalls aber wäre die Behauptung, das Wahlrechtsmittel habe sich angeblich im Jugendstrafrecht *„bewährt"*, augenscheinlich widerlegt. Da das Wahlrechtsmittel im Erwachsenenstrafrecht aber bis heute gefordert wird,[955] wäre dies eine so klare wie wünschenswerte Positionierung des Gesetzgebers in der Reformdebatte.

V. Kosten

Nachdem das Wahlrechtsmittel im Erwachsenenstrafrecht in der Vergangenheit vor allem auch zu Sparzwecken gefordert wurde, fragt sich, ob im Jugendstrafrecht spiegelbildlich mit einer *Kostenexplosion* zu rechnen wäre, würde die Rechtsmittelbeschränkung plötzlich abgeschafft. Mit letzter Sicherheit können zukünftige Entwicklungen naturgemäß nicht vorausgesagt werden. Doch bestehen ausreichend Anhaltspunkte, um zumindest eine begründete Prognose zu treffen.

Nach Jugendstrafrecht Verurteilte sind im Rahmen der aktuellen Gesetzeslage weniger rechtsmittelfreudiger als Erwachsene.[956] 2013 wurden von 81.737 Verurteilungen nach Jugendstrafrecht nur 5.000 Berufungen gegen Urteile des Jugendrichters oder des Jugendschöffengerichts eingelegt und 206 Revisionen gegen Urteil des Jugendrichters, des Jugendschöffengerichts oder der Jugendkammer.[957] Das

952 *Frister*, StV 1997, 150 [156]; *Meyer-Goßner*, ZRP 2004, 128 [129]; *Scheffler*, StV 1995, 599 [600].
953 *Bode*, S. 158.
954 Vgl. *Expertenkommission*, S. 153 f.
955 So etwa *Ring*, ZRP 2017, 24 [25].
956 *Becker/Lugan*, in: Becker/Kinzig, S. 166.
957 Vgl. die Tabelle bei NK-JGG/*Schady* Grdl. z. §§ 55 und 56, Rn. 5; und bei *Ostendorf*, ZJJ 2016, 120 [123].

entspricht einer Rechtsmittelquote von 6,4 %.[958] Des Weiteren werden die eingelegten Berufungen von Jugendlichen anschließend viel häufiger als Rechtsmittel Erwachsender wieder zurückgenommen und sind obendrein seltener erfolgreich.[959]

1. § 55 Abs. 1 JGG

Werden in dem amtsgerichtlichen Urteil lediglich die in § 55 Abs. 1 JGG genannten Rechtsfolgen verhängt, so fehlt bislang eine Anfechtungsmöglichkeit im Hinblick auf deren Auswahl und den Umfang völlig. Insofern wäre mithin eine Zunahme der eingelegten Berufungen zu befürchten. Allerdings muss berücksichtigt werden, dass Berufungen gegen jene Urteile schon heute nicht per se unzulässig sind, sondern nur dann, wenn der Rechtsmittelführer die Berufung ausdrücklich auf die Rechtsfolgen beschränkt. Über die Zahl der als unzulässig verworfenen Berufungen existiert – soweit ersichtlich – leider kein gesondertes statistisches Material.[960] Bedenkt man jedoch, dass die Berufung überhaupt nicht begründet zu werden braucht und in der Praxis zumeist auch nicht begründet wird, so schrumpft die Zahl der Fälle, in denen der Verurteilte durch § 55 Abs. 1 JGG tatsächlich an einer Anfechtung gehindert wird, gewaltig. Regelmäßig wird es nämlich zu einer der zwei folgenden Situationen kommen: Entweder vertritt sich der Jugendliche selbst vor Gericht, dann wird er sein Rechtsmittel – vorbehaltlich „gefährlicher Nachfragen" durch den Vorsitzenden des Berufungsgerichts – in der Regel unbeschränkt einlegen und das Urteil insgesamt zur „Überprüfung" stellen. Oder der Jugendliche hat einen Verteidiger, der (hoffentlich) um § 55 Abs. 1 JGG weiß und der deshalb selbst in Fällen, in denen es ersichtlich nur um die Rechtsfolge geht, den Schuldspruch von der Anfechtung nicht ausnimmt. Für § 55 Abs. 1 JGG bleibt somit schon heute nur ein ganz enger Anwendungsbereich, so dass sich die Zahl der (zulässigen) Berufungen kaum merklich erhöhen dürfte, zumal sich die Berufungsgerichte ja auch dann schon mit der Sache befassen müssen, wenn sie das Rechtsmittel wegen eines Verstoßes

958 Die geringere Rechtsmittelfreudigkeit betrifft jedoch im Wesentlichen nur die Revision, vgl. etwa BRAK-Stellungnahme Nr. 18/2005, S. 5, wo die Rechtmittelquote gegen amtsgerichtliche Urteile für das Jahr 2003 allgemein mit 6,3 % angegeben wird. Vgl. auch *Becker/Lugan*, in: Becker/Kinzig, S. 166 f.

959 Vgl. *Becker/Lugan*, in: Becker/Kinzig, S. 167.

960 Selbst wenn dies in einer Statistik erfasst würde, wäre damit aber auch noch nichts über die Fälle der unzulässigen Beschränkung auf den Rechtsfolgenausspruch gesagt, denn dann müssten erst noch andere Gründe für die Unzulässigkeit (insbesondere die Versäumung der Frist) herausgerechnet werden.

gegen die qualitative Rechtsmittelbeschränkung verwerfen. Die zusätzlich anfallenden Kosten erscheinen demzufolge marginal.

An dieser Stelle darf die Prognose freilich nicht stehenbleiben. Immerhin könnte sich auf der anderen Seite der Waagschale sogar eine *Entlastung* für die Berufungsgerichte ergeben. Das betrifft zum einen die von der Rechtsprechung aufgezeigten Nachfragen des Gerichts im Hinblick auf das Rechtsschutzziel. Sofern der Rechtsmittelführer seine Berufung nicht schriftlich begründet und das Gericht daher nur (etwa aufgrund des Plädoyers oder eines Geständnisses) vermutet, dass möglicherweise ein Verstoß gegen § 55 Abs. 1 JGG vorliegt, muss es zumindest eine Hauptverhandlung anberaumen und den Jugendlichen dazu befragen. Diese Fragen würden künftig wegfallen, was indessen eher die Nerven als die Kosten schonen dürfte. Zum anderen aber würde dem Berufungsgericht auch spürbar weitere unnötige Arbeit erspart. Denn hat der Jugendliche heutzutage einen Verteidiger und ist er z.B. mit einer Erziehungsmaßregel nicht einverstanden, so wird der Verteidiger das Urteil insgesamt anfechten (womöglich dem Mandanten sogar aus diesem Grund zum Schweigen raten). Das bedeutet aber zugleich, dass in der Berufungshauptverhandlung theoretisch die komplette Beweisaufnahme erneut durchgeführt werden muss, obwohl man für die Entscheidung eigentlich nur den Angeklagten selbst bräuchte. Dadurch kann sich die Hauptverhandlung – wenn etwa ein wichtiger Zeuge nicht erscheint[961] – durchaus merklich verlängern. Ohne die Rechtsmittelbeschränkung aber wäre es dem Verteidiger künftig möglich, die Berufung, wie im Erwachsenenstrafrecht auch, gefahrlos auf den Rechtsmittelausspruch zu beschränken, womit der Schuldspruch sofort rechtskräftig würde.

Der Wegfall von § 55 Abs. 1 JGG beträfe erwartungsgemäß also nur einen Bruchteil der Verfahren, wobei die zusätzliche Belastung der Berufungsgerichte vermutlich durch straffere und zügigere Berufungshauptverhandlungen kompensiert würde. Überdies ist ohnehin fraglich, ob die gegenüber dem Erwachsenenstrafrecht geringeren Rechtsmittelquoten im Jugendstrafrecht tatsächlich an der Rechtsmittelbeschränkung liegen oder aus anderen Gründen (etwa dem Geständnisverhalten) herrühren.[962] Immerhin haben Jugendliche seltener Verteidiger,[963] geringere finanzielle Mittel und mag es schließlich für einen

961 Wobei hier natürlich die Möglichkeit des § 325 StPO berücksichtigt werden muss.

962 So *Becker/Lugan*, in: Becker/Kinzig, S. 169.

963 Was sich durch die Ausweitung der Fälle notwendiger Verteidigung durch das „*Gesetz zur Stärkung der Verfahrensrechte von Beschuldigten im Jugendstrafverfahren*“ vom 9.12.2019, BGBl. I S. 2146, aber zumindest etwas entschärfen dürfte.

Erwachsenen wichtiger sein, wie hoch die Geldstrafe ausfällt oder ob eine Freiheitsstrafe zur Bewährung ausgesetzt wird, als für einen Jugendlichen die Anzahl der verhängten Arbeitsstunden. Endlich ist freilich auch zu sehen, dass im Jahre 2016 im allgemeinen Strafverfahrensrecht ebenfalls nur 6,8 % der amtsgerichtlichen Urteile mit der Berufung angefochten wurden.[964] Selbst im schlimmsten Fall – also bei vollständiger Angleichung an das Erwachsenenstrafrecht – wäre der zusätzliche Aufwand angesichts der zahlenmäßig viel selteneren Verfahren vor den Jugendgerichten sonach noch verkraftbar. 2016 wurden beispielsweise nur 29.620 Jugendliche und 52.874 Heranwachsende rechtskräftig verurteilt – gegenüber 655.379 Verurteilungen im Erwachsenenstrafrecht.[965]

2. § 55 Abs. 2 JGG

Im Hinblick auf das in § 55 Abs. 2 JGG geregelte Wahlrechtsmittel wurde schon gezeigt, dass dieses in der Regel zur Durchführung der Berufung führt. Würde die Beschränkung abgeschafft, könnten nach Jugendstrafrecht Verurteilte folglich auch gegen das zunächst ergangene Berufungsurteil wiederum Revision einlegen. Eine Revision kann die Verfahrensdauer allerdings mitunter erheblich verlängern. Ist sie erfolgreich, kommt es in der überwiegenden Zahl der Fälle nicht zu einer eigenen Sachentscheidung des Revisionsgerichts. Vielmehr wird die Sache bei ordnungsgemäßer Rüge eines Rechtsfehlers zur erneuten Verhandlung und Entscheidung an das Gericht, das die angefochtene Entscheidung getroffen hat, zurückverwiesen. Dort wird mit dem ganzen Verfahren dann wieder von vorne begonnen. Dieses Procedere führt fraglos zu einer zusätzlichen Belastung der Justiz. Aber selbst wenn die Revision vom Oberlandesgericht verworfen wird, muss zunächst eine Gegenerklärung von der Staatsanwaltschaft gefertigt (§ 347 Abs. 1 Satz 3 StPO) und die Sache dann noch vom Senat (bei erhobener Sachrüge umfassend) rechtlich geprüft werden. Hinzu kommt, dass nicht ausgeschlossen werden kann, dass es die Berufungsgerichte in Jugendsachen heute bisweilen nicht übergenau mit der Beachtung sämtlicher Verfahrensvorschriften nehmen und Verteidiger weniger Hürden als im allgemeinen Strafverfahren

---

964 *Statistisches Bundesamt*, https://www.destatis.de/DE/ZahlenFakten/GesellschaftStaat/Rechtspflege/Tabellen/Gerichtsverfahren.html (zuletzt abgerufen am 27.4.2018). Diese Zahl ist trotz einiger Schwankungen relativ konstant. So führt etwa *Dahs*, NStZ 1999, 321 [322], aus, dass die Zahl der Berufungen im Jahre 1997 bei 6,3 % lag.

965 *Statistisches Bundesamt*, https://www.destatis.de/DE/ZahlenFakten/GesellschaftStaat/Rechtspflege/Tabellen/RechtskraeftigveurteiltePersonen.html (zuletzt abgerufen am 27.4.2018).

schaffen, weil nach einer Berufung des Angeklagten allenfalls noch die Staatsanwaltschaft rechtmittelberechtigt wäre. Auch insoweit wäre demnach damit zu rechnen, dass sich die Belastung für die Berufungsgerichte auch dann erhöhte, wenn die absolute Zahl an Revisionsverfahren nicht beträchtlich stiege.

Allerdings offenbart ein Blick in das Erwachsenenstrafrecht, dass die Möglichkeit, das Verfahren durch drei Instanzen zu führen, selbst dort nur ganz selten genutzt wird, wo sie den Verfahrensbeteiligten zur Verfügung steht. Im Jahr 2016 etwa erledigten die Oberlandesgerichte als Rechtsmittelgerichte in Strafsachen insgesamt nur 5.844 Verfahren.[966] Das entspricht 0,9 % der von den Amtsgerichten erledigten Strafsachen.[967] In – den insgesamt rückläufigen[968] – Verfahren gegen nach Jugendstrafrecht Verurteilte wurden 2013 übrigens in toto lediglich 111 Revisionen gegen Urteile des Jugendrichters oder des Jugendschöffengerichts eingelegt.[969] Zahlreiche Stimmen bezweifeln daher sogar eine entlastende Wirkung des Wahlrechtsmittels im allgemeinen Strafverfahrensrecht.[970] Dann müssen diese Zweifel im Jugendstrafrecht aber erst recht Platz greifen. Die pauschale Annahme, mehr Rechtsmittelmöglichkeiten würden Angeklagte wie Verteidiger nahezu herausfordern, das Strafverfahren so in die Länge zu ziehen, dass am Ende weder ein Tatnachweis möglich noch eine (erzieherische) Wirkung zu erwarten sei, verkennt nämlich einen wesentlichen Punkt: Das Strafverfahren als solches ist für den Beschuldigten in den meisten Fällen bereits eine denkbar große Belastung. Nicht selten hängen das soziale Ansehen und der Bestand des Arbeitsplatzes davon ab. Zudem sind die wenigsten Beschuldigten daran interessiert, sich der „Prangerwirkung“ der Hauptverhandlung länger als notwendig auszusetzen, zumal wenn das Verfahren unter der Aufmerksamkeit der Medienöffentlichkeit steht. Des Weiteren bedeutet ein „Erfolg“ in der Revisionsinstanz

---

966 *Statistisches Bundesamt*, https://www.destatis.de/DE/ZahlenFakten/GesellschaftStaat/Rechtspflege/Tabellen/Gerichtsverfahren.html#Fussnote1 (zuletzt abgerufen am 27.4.2018).

967 S. dazu auch BT-Drs. 13/4541, S. 35, wo von 9% der Berufungsverfahren die Rede ist, die zusätzlich mit der Revision angegriffen werden.

968 Vgl. ausführlich *Albrecht*, RdJB 2016, 395 ff.

969 Vgl. die Tabelle bei NK-JGG/*Schady* Grdl. z. §§ 55 und 56, Rn. 5.

970 *Bode*, S. 157; *Kintzi*, DRiZ 1994, 325 [334]; *Frister*, StV 1997, 150 [156]; *Fornoff*, S. 194; BRAK-Stellungnahme-Nr. 18/2005, S. 7 f.; *STRAUDA*, BRAK-Mitt. 1995, 233 [236]; *Dahs*, NStZ 1999, 321 [325]; *Becker/Lugan*, in: Becker/Kinzig, S. 166; BT-Drs. 13/4541, S. 35; a.A.: *Expertenkommission* 2015, S. 153; Für die Einführung eines Wahlrechtsmittels in der Übergangszeit bis zur vollständigen Abschaffung der Berufung zur Entlastung der Justiz *Günter*, DRiZ 1994, 303 [305].

regelmäßig noch nicht, dass das Verfahren auch zufriedenstellend beendet wird. Zahlreich sind die Fälle, in denen das Urteil aufgehoben oder sogar der Schuldspruch vom Revisionsgericht abgeändert wird und die Kammer, an die die Sache zurückverwiesen wurde, dann beinahe dieselbe Strafe nur mit anderer rechtlicher Begründung verhängt. Nicht umsonst ist es deshalb häufig das erklärte Ziel der Verteidigung, schon das Ermittlungsverfahren „geräuschlos" zu erledigen, selbst wenn dies mit einer Auflage nach § 153a StPO/§ 45 JGG verbunden sein sollte oder zu einem Strafbefehl führt, der dann akzeptiert wird. Bei bereits (anderweitig) inhaftierten Beschuldigten kommt hinzu, dass diesen meist Lockerungen in der JVA versagt werden, solange noch ein Verfahren anhängig ist, insbesondere wenn sie sich deshalb noch in Untersuchungshaft befinden. In Nr. 147 Abs. 1 Satz 2 RiStBV heißt es folglich für die Staatsanwaltschaft: *„Entspricht eine Entscheidung der Sachlage, so kann sie in der Regel auch dann unangefochten bleiben, wenn eine Rechtsnorm nicht oder nicht richtig angewendet worden ist."* Der Angeklagte wird es zumeist ähnlich sehen. Es spricht demzufolge auf beiden Seiten viel dafür, das Verfahren nicht durch alle Instanzen zu treiben. Die angeführten Zahlen belegen dies eindrücklich.

VI. Zusammenfassung

Das Rechtsmittelsystem im allgemeinen Strafverfahrensrecht ist also relativ gut durchdacht, ausbalanciert und hat in der heutigen Form nach wie vor seine Berechtigung. Die historisch viel weitergehende Zuständigkeit der gut besetzten Strafkammern – ohne anschließende Berufungsmöglichkeit – ist mit der stückweisen Besetzungsreduktion einem *„summarischen"* Verfahren mit umfassender, doch fakultativer Nachprüfung gewichen. Trotz aller Reformvorschläge beschränkt sich die meiste Kritik demnach auf Detail- statt auf Grundsatzfragen. Beanstandet werden etwa die Besetzung der Spruchkörper oder auch die konkrete Ausgestaltung der Revisionsinstanz. Abgesehen hiervon kann dem deutschen Rechtsmittelsystem aber bescheinigt werden, dass es in sich schlüssig aufgebaut sowie – jedenfalls hinsichtlich der Berufung – allgemein verständlich ist und die Verfahren im Großteil der Fälle nicht unerträglich verlängert. Die Mehrheit der Verfahren wird vom Strafrichter summarisch erledigt, dessen Urteile zumeist gleichwohl von allen Beteiligten akzeptiert werden. Dadurch wird der Rechtsfrieden schnell und effizient hergestellt. Ist eine Seite mit dem Urteilsspruch nicht einverstanden, kann sie ohne Begründung Berufung dagegen einlegen und eröffnet damit die Möglichkeiten für eine gründlichere Prüfung. Spätestens die Berufungsinstanz regelt die Angelegenheit dann abschließend. Nur in den seltensten Fällen kommt es darüber hinaus zur Revision, mit der alleine Rechtsfehler gerügt werden können. Noch einmal viel seltener ist diese Revision dann tatsächlich erfolgreich und führt zur Zurückverweisung und einem *„Rechtsmittelkarussell"*.

Die Regelungen in § 55 JGG bringen dagegen Unordnung ist dieses System. Obwohl Jugendliche offenbar schon von „Natur aus" weniger dazu neigen, ein gegen sie verhängtes Urteil anzufechten, nimmt man ihnen im Ergebnis die Strafmaßberufung in weniger gravierenden Fällen und die Revision immer dann, wenn erstinstanzlich vor dem Amtsgericht verhandelt wird. Das führt zu dem merkwürdigen Ergebnis, dass das Rechtsmittelsystem, das auch schon auf die Instanz ausstrahlt, im Jugendstrafrecht de facto komplizierter ist als im Erwachsenenstrafrecht. Zu allem Überfluss haben Jugendliche indes auch noch seltener Verteidiger, um in diesem Dickicht den nötigen Überblick zu bewahren. So ist das Berufungsgericht gehalten, detaillierte Nachfragen zu stellen. Für eine qualifizierte Wahl des Rechtsmittels wäre meist ein Pflichtverteidiger zu bestellen. Jugendliche müssen ins Auge stechende Ungerechtigkeiten, wie den Verstoß gegen das Verschlechterungsverbot oder die Versagung einer Revisionserstreckung, erdulden. Und die Gerichte sollen in der eigentlichen „Vorschaltinstanz" förmlicher verhandeln als im Berufungsverfahren. Diese Probleme und Widersprüche würden sich mit einer Abschaffung der Rechtsmittelbeschränkung von selbst erledigen, ohne dass zugleich mit einer erheblichen Belastungs- und Kostensteigerung zu rechnen wäre. Zwar würde sich das Jugendstrafverfahren in einzelnen Fällen zeitlich durchaus nicht unerheblich ausdehnen. Etwa dort, wo bisher mit einer kurzen (Fang-)Frage die Voraussetzungen des § 55 Abs. 1 JGG als erfüllt angesehen werden konnten, oder wenn dem Berufungsgericht versehentlich ein Formfehler unterlaufen ist, der dann zum Erfolg der Revision führt. Umgekehrt kämen den Gerichten allerdings auch Entlastungstendenzen zugute, nachdem vor allem die erste Instanz entformalisiert werden dürfte.

Letztendlich wäre bezüglich der Kosten für die Jugendstrafverfahren am wahrscheinlichsten überhaupt keine spürbare Veränderung zu erwarten: *Erstens* spielen die nach Jugendstrafverfahrensrecht geführten Verfahren schon in absoluten Zahlen betrachtet nur eine untergeordnete Rolle. Was § 55 Abs. 1 JGG angeht, so steht *zweitens* zu vermuten, dass diese Regelung schon heute in der Praxis häufig umgangen wird und daher aktuell zu keinem besonderen Entlastungseffekt führt. *Drittens* fällt im Rahmen der ohnehin schon viel selteneren Jugendstrafverfahren auch die Zahl der eingelegten Rechtsmittel geringer aus. *Viertens* werden die dennoch eingelegten Rechtsmittel weitaus häufiger wieder zurückgenommen. Und *fünftens* offenbart ein Blick auf das Erwachsenenstrafrecht, dass heute selbst dort, wo dies schon möglich ist, nur die allerwenigsten Rechtsmittelführer auch tatsächlich die Urteile zweier Gerichte hintereinander angreifen. Folgerichtig thematisiert bislang keine Stimme im Jugendstrafrecht eine angebliche „Kostenexplosion“ bei Abschaffung der Rechtsmittelbeschränkung. Überdies kann das bewusste Unterlassen eines Rechtsmittels freilich das Gefühl des Mit-Entscheidens und der Gleichwertigkeit bei dem Jugendlichen erzeugen. Jedenfalls würde der Eindruck der Fairness im Verfahren wohl allgemein in zweierlei Hinsicht erhöht: Einmal mittelbar dadurch, dass der erstinstanzlich entscheidende Richter formal weniger streng agieren muss, und zum anderen dadurch, dass der Jugendliche in gleicher Weise wie ein Erwachsener die Möglichkeit erhält, gegen ungerechte Entscheidungen anzugehen.

Die Abschaffung der Rechtsmittelbeschränkung hielte nach alledem mehrere „Rechtswohltaten“ bereit, und zwar sowohl für die nach dem Jugendstrafrecht Verurteilten als auch für die Richter, welche nicht nur – falls angezeigt – „lockerer“ verhandeln könnten, sondern die insofern mitunter auch keine aus ihrer Sicht unbilligen Entscheidungen mehr treffen müssten.

J) Abschließende Stellungnahme

Verfahrensrechtliche Beschränkungen können nur dann akzeptiert werden, wenn damit kein Verlust von Rechtsstaatlichkeit einhergeht.[971] Bestimmte Fixkosten sind schlichtweg nicht einsparungsfähig.[972] Es darf daher nicht hingenommen werden, dass Politiker im „Schwitzkasten ihres Finanzministers"[973] unter dem eingangs erwähnten Leitmotiv „Einsparung und Beschleunigung" grundlegende Verfahrensrechte abbauen und sich dabei auch noch auf angeblich *„bewährte"* Regelungen berufen können. Eingriffe in das Strafverfahrensrecht führten in der Vergangenheit meist ohnehin nur zu einer Mehrbelastung der Justizangehörigen.[974] Eine solche Mehrbelastung liegt bei der derzeitigen Rechtsmittelbeschränkung im Jugendstrafrecht durch die Verkomplizierung gewachsener Strukturen mindestens nahe und wäre bei einer Einführung des Wahlrechtsmittels im Erwachsenenstrafrecht wohl ebenfalls zu erwarten. Selbst wenn man aber durch eine Abschaffung des § 55 JGG steigende Kosten befürchtete, wäre deren Ausmaß weit entfernt von einem ernsthaften Problem, wurden für das Jahr 2017 doch *insgesamt* nur etwa 0,25 % der Ausgaben im Bundeshaushalt für die Justiz verplant. Und dabei stellen im Rahmen dieser Ausgaben zunächst die Strafjustiz, darunter die Jugendstrafverfahren und innerhalb dieser wiederum die Kosten speziell für die Rechtsmittelverfahren jeweils nur ganz untergeordnete Positionen dar, so dass der Fiskus durch eine Rückkehr zum allgemeinen Rechtsmittelrecht ganz offensichtlich nicht ernsthaft gefährdet würde. Steigende Kosten könnten überdies durch sinnvollere Maßnahmen, wie etwa eine Ausweitung der Diversionsvorschriften, ohne weiteres wieder eingespart werden.

Jedenfalls führt an einer Streichung der Rechtsmittelbeschränkung kein Weg mehr vorbei. *„Bewährt"* hat sich § 55 JGG nämlich unter keinem denkbaren Gesichtspunkt: Für die allgemein geringeren Rechtsmittelquoten im Jugendstrafrecht ist sie offenbar nicht kausal, tatsächlich verkürzt wird das Strafverfahren hierdurch nur in den seltensten Fällen, die Beschränkung ist pädagogisch kontraproduktiv und führt auch nicht zu einer Senkung des Rückfallrisikos. Hinzu kommt, dass bei einer rechtstaatswidrigen Regelung ohnehin nicht von

971 Vgl. *Gössel*, GA 1979, 241.
972 *Freund*, ZRP 1996, 168 [269].
973 *Dury*, DRiZ 1999, 160 [161].
974 *Dury*, DRiZ 1999, 160 [161].

„Bewährung" gesprochen werden darf. Vielmehr handelt es sich – ganz im Jargon der Staatsanwaltschaft – letztlich um eine „Bewährungsversagerin". Überdies wäre es längst an der Zeit, die Wirksamkeit gesetzgeberischer Schöpfungen nicht mehr an bloßen Erledigungszahlen, sondern an der Qualität zu messen.[975] Die Abschaffung der Rechtsmittelbeschränkung im Jugendstrafrecht wäre dabei ein erster Schritt in die richtige Richtung. Dem längst vollzogenen Wandel in der Gesellschaft – weg von einem überholten autoritären Verständnis von Erziehung als Dressur – würde endlich Rechnung getragen. Freilich ginge damit nicht nur eine Verbesserung des Jugendstrafrechts einher. Sondern auch das negative Rollenmodell für das Erwachsenenstrafrecht würde ein für alle Mal beseitigt. Das Wahlrechtsmittel könnte in der Reformdiskussion dann endgültig in der Versenkung verschwinden, wie *Bode* es an sich schon vor 18 Jahren gehofft hatte.[976] Möchte man statt dieses radikalen Schnittes lieber einen „Ausstieg auf Raten" vollziehen, sollte de lege lata mit einer Korrektur der Rechtsprechung begonnen werden, die die Problematik noch verschärft. Alsdann wäre zumindest der einschneidende Jugendarrest aus dem Katalog des § 55 Abs. 1 Satz 1 JGG schnellstens zu entfernen. Nachdem eine Abschaffung höchstwahrscheinlich überhaupt keine gravierenden Auswirkungen, z.B. auf die erforderlichen Richterzahlen, hätte, wäre indessen die sinnvollste und folgerichtige Lösung eine sofortige Abschaffung der Rechtsmittelbeschränkung im Jugendstrafrecht noch vor ihrem hundertsten Geburtstag.

975 Vgl. *Eisenberg* Einl., Rn. 36.
976 *Bode*, S. 171.

K) Zusammenfassung

Die Diskussion um die Ausgestaltung der Rechtsmittel im Strafprozess blickt auf eine lange Geschichte zurück. Kaum war man sich darüber einig, wie das Verfahren grundsätzlich ausgestaltet sein sollte, und dass es hierfür Kontrollmöglichkeiten bedurfte, begann auch schon das Tauziehen der politischen Reformer. In der Strafprozessordnung von 1877 verwirklichte man schließlich einen scheinbaren Kompromiss zwischen den widerstreitenden Interessen, der die Gemüter indes kaum befriedigte. In Zeiten großer wirtschaftlicher Not und daraus resultierender Sparzwänge konnten sich deshalb diejenigen Stimmen durchsetzen, denen die Anfechtungsmöglichkeiten zu weit reichten. Als Mittel der ersten Wahl geeignet erschienen dabei zum einen eine Verringerung der Zahl der entscheidenden Richter, zum anderen das Wahlrechtsmittel. Freilich betrafen diese Maßnahmen ohne Unterschiede Jungtäter genauso wie erwachsene Angeklagte. Lediglich die Erziehungsmaßnahmen klammerte man in gewissem Umfang bereits seit dem ersten Jugendgerichtsgesetz von 1923 von der Anfechtungsmöglichkeit aus. Das hing allerdings weder mit Sparmaßnahmen noch mit einer Rechtsmittelflut zusammen. Vielmehr sah man Erziehungsmaßregeln nicht als Strafen an und wollte das Verfahren insofern wohl auch weniger formell gestalten. Zudem versprach man sich schon damals von der raschen Vollstreckung eine möglichst große Wirkung der Strafe auf den Jugendlichen. Indes blieb es dem Verurteilten unbenommen, das Urteil wegen des Schuldspruchs anzugreifen. Erst die Nationalsozialisten schufen dann den Jugendarrest und unterwarfen ihn denselben Rechtsmittelbeschränkungen wie die Erziehungsmaßregeln. In der Bundesrepublik übernahm man die These von der Effektivität einer der *Tat auf dem Fuße folgenden Strafe* sodann kritiklos in das Jugendgerichtsgesetz. Die Beschränkung behielt man somit auch für den Jugendarrest bei und implementierte nun auch das Wahlrechtsmittel aus der Notverordnung in die besonderen Verfahrensvorschriften. Insbesondere konservative Stimmen nahmen sich diese Einschränkung im Jugendstrafrecht bald zum Vorbild und forderten eine Ausdehnung auf das Erwachsenenstrafrecht.

Im Rahmen des für jeden Beschuldigten belastenden Strafverfahrens sind die Justizbehörden angehalten, zügig zu arbeiten. Dies gilt umso mehr, wenn der Beschuldigte in Untersuchungshaft sitzt. Dauert ein Verfahren aus Gründen, die das Gericht zu verantworten hat, zu lange, kann der Haftbefehl aufgehoben werden, oder es gilt, einen Teil der später verhängten Strafe als vollstreckt zu erklären. Daneben dient ein rascher Verfahrensabschluss freilich auch allgemeinen

Interessen, denn jedes Verfahren bindet Ressourcen, die anderswo benötigt werden, und der zunehmende Zeitablauf erschwert die Wahrheitsfindung. Dabei leitet man aus verschiedenen Einzelaspekten einen allgemeinen Beschleunigungsgrundsatz ab, der indessen in keine starren Fristen gegossen wurde. Vielmehr richten sich die konkreten Erfordernisse nach dem individuellen Fall, so dass eine rechtsstaatswidrige Verfahrensverzögerung meist erst retrospektiv festgestellt werden kann. Nachdem der Beschleunigungsgrundsatz allerdings in erster Linie dem Schutz des Beschuldigten dient, sind Meinungen, die den Abbau von Beschuldigtenrechten mit dem Bedürfnis nach Beschleunigung begründen, besonders kritisch zu betrachten. Im Jugendstrafrecht wird weitergehend sogar ein *besonderer* Beschleunigungsgrundsatz angenommen. Diese Annahme hat freilich nur dort eine Berechtigung, wo sie unter Verweis auf die noch stärkeren Belastungen auf den Jugendlichen erfolgt. Die These von der größeren Wirksamkeit einer raschen Bestrafung wird indes nur selten überhaupt begründet, zumal die Vorschriften im Jugendgerichtsgesetz die Ermittlungsbehörden und Gerichte zum Teil auch erklärtermaßen „bremsen". Eine genauere Hinterfragung dieser „Binsenweisheit" offenbart, dass sie vor allem auf den (tier-)experimentellen Erkenntnissen des Behaviorismus gründet. Aus diesem entnimmt man zwar die Forderung einer möglichst kurzen Spanne zwischen Reiz und Reaktion. Allerdings bleibt man auf halber Strecke stehen, weil man nicht gleichzeitig zur Kenntnis nimmt, dass diese Verknüpfung nur dann entsteht, wenn die Reaktion innerhalb von Sekunden oder Minuten erfolgt. Zudem blendet man damit die komplexen menschlichen Lernprozesse, über die schon Jugendlichen verfügen, völlig aus. Auch moralisch erscheint es bedenklich, junge Menschen gewissermaßen „dressieren" zu wollen. Was die theoretischen Einwände nahelegen, beweisen im Übrigen die zahlreichen Studien, die regelmäßig keinen Zusammenhang zwischen der Geschwindigkeit der Bestrafung und der anschließenden Rückfallhäufigkeit belegen konnten. Dass dies nicht auf eine allgemeine Wirkungslosigkeit staatlicher Maßnahmen zurückzuführen ist, zeigen dagegen Untersuchungen mit individuellen und zeitintensiveren Programmen zur Reaktion auf Jugenddelinquenz, denen beachtliche Erfolge beschieden sind. Das Bedürfnis nach *besonderer* Beschleunigung im Jugendstrafverfahren findet demgemäß keine wissenschaftliche Grundlage.

Der Blick auf die Handhabung der Rechtsmittelbeschränkung in der Praxis stimmt bedenklich. Ohne größere Diskussion hat das Bundesverfassungsgericht die Vereinbarkeit mit dem Grundgesetz festgestellt. Obwohl Jugendliche weniger Rechtsmittel einlegen und auch seltener professionell verteidigt sind, wird § 55 JGG überdies vergleichsweise rigide gehandhabt. Statt die Jugendlichen in ihrer unterlegenen Verfahrensstellung zu unterstützen und den Gesetzeszweck stärker in den Vordergrund zu rücken, dehnen die Gerichte den Anwendungsbereich der Rechtsmittelbeschränkung aus und führen dazu teilweise kaum mehr nachvollziehbare Begründungen an. So wird eine zweifellos falsche Verurteilung sicher nicht besser auf den Jugendlichen wirken, nur weil sie schnell vollstreckt wird. Allerdings führt die obergerichtliche Rechtsprechung nicht nur zu strengeren Maßstäben, sondern auch zu größeren Unsicherheiten für die jungen Beschuldigten, die etwa damit rechnen müssen, dass ihre Berufung durch eine „unvorsichtige" Begründung unzulässig wird, oder die als Heranwachsende nach der ersten Hauptverhandlung nicht wissen, ob sie auch in der Berufungsinstanz nach Jugend- oder Erwachsenenstrafrecht verurteilt werden und ob ihnen dann überhaupt noch ein weiteres Rechtsmittel zusteht.

Auf der Suche nach einleuchtenden Gründen für eine Differenzierung im Rechtsmittelrecht nach dem Alter der Beschuldigten zeigt zwar der Blick in die deutsche Geschichte, dass man dies seit dem Jahr 1923, freilich in unterschiedlichem Umfange, schon immer so gehandhabt hat. Ein natürlicher Automatismus lässt sich damit aber noch nicht belegen – was nicht zuletzt der Vergleich mit Jugendgesetzen anderer europäischer Länder unterstreicht. Diese kennen größtenteils überhaupt keine vergleichbaren Vorschriften oder haben sich bestehender Beschränkungen längst entledigt. Fernerhin eröffnet die Zuständigkeitsverschiebung hin zum Amtsgericht im Jugendstrafrecht zwar tatsächlich in mehr Fällen die Berufung als im Erwachsenenstrafrecht, wo häufiger die Strafkammer zuständig ist. Allerdings ist damit zum einen auch eine „schwächere" erste Instanz verbunden. Zum anderen können rein verfahrensökonomische Erwägungen eine Schlechterstellung Jugendlicher von vornherein nicht begründen. Sofern darüber hinaus ein richterlicher Autoritätsverlust durch eine gegenläufige Entscheidung in der höheren Instanz befürchtet wird, lässt sich eine solche Sichtweise mit einem modernen Verständnis des Erziehungsgedankens nicht mehr vereinbaren.

Bereits kurz nach Inkrafttreten des Jugendgerichtsgesetzes hat das BayObLG entschieden, dass die Rechtsmittelbeschränkung im Jugendstrafrecht den Gleichheitsgrundsatz nicht verletze. 1988 hat das Bundesverfassungsgericht diese Ansicht bestätigt und ergänzend angeführt, dass auch kein Recht auf einen Instanzenzug bestehe. Tatsächlich lässt sich jedenfalls ein Recht auf ein bestimmtes Rechtsmittelsystem nicht aus dem Grundgesetz herleiten. Im Hinblick auf den allgemeinen Gleichheitsgrundsatz ist das Bundesverfassungsgericht inzwischen jedoch selbst zu einem strengeren Prüfungsmaßstab übergegangen, den es je nach Fall flexibel handhabt. Insbesondere vor dem Hintergrund, dass eine wissenschaftliche Legitimation für den besonderen Beschleunigungsgrundsatz und vor allem die Wirksamkeit der Rechtsmittelbeschränkung fehlen, lässt sich eine Unterscheidung daher nicht mehr rechtfertigen. Damit verstößt § 55 JGG gegen deutsches Verfassungsrecht. Darüber hinaus ist die Rechtsmittelbeschränkung aber auch mit internationalen Übereinkommen nicht zu vereinbaren, die die Schlechterstellung Jugendlicher verbieten. Verstöße ergeben sich namentlich gegen Nr. 13 Satz 2 ERJOSSM, Art. 40 Abs. 2 lit. b) v) KRK sowie gegen Art. 14 Abs. 1 und Art. 48 Abs. 1 MLJJ. Bereits aus diesem Grund ist die Rechtsmittelbeschränkung im Jugendstrafrecht abzuschaffen.

Die Abschaffung der Rechtsmittelbeschränkung führt zu Änderungen im Gefüge des Rechtsmittelsystems. Dieses ist im deutschen Strafverfahrensrecht derzeit zweigleisig aufgebaut: Für schwere Straftaten ist das Landgericht zuständig, das als mit mehreren Personen besetzte Kammer nach einer gründlichen Hauptverhandlung entscheidet. Gegen die Urteile der großen Strafkammer ist dann nur mehr eine Rechtskontrolle in Form der Revision zum Bundesgerichtshof statthaft. Demgegenüber werden die leichteren und mittelschweren Straftaten vor dem Amtsgericht als Eingangsinstanz verhandelt. Dessen Urteile können anschließend sowohl mit der Berufung, die eine zweite Tatsacheninstanz eröffnet, als auch mit Revision angefochten werden. Zwar nicht prozessrechtlich, doch faktisch hat sich die Verhandlung vor dem Einzelrichter oder dem Schöffengericht in diesem System zur schnellen „Vorschaltinstanz" gewandelt. Erst die Berufung eröffnet mithin eine „vollwertige" Überprüfung des Prozessstoffs. Das wird dadurch unterstrichen, dass die Urteile des Berufungsrichters viel häufiger als diejenigen des Erstrichters mit der Revision angegriffen und seine Entscheidung damit „kontrolliert" wird. Eine Streichung des § 55 JGG würde dieses in sich stimmige System auch im Jugendstrafrecht einführen. Damit gingen verschiedene Vorteile einher: Jugendlichen, denen nach der ersten Instanz die Wahl zwischen den beiden Rechtsmitteln kaum zugemutet werden kann, wäre seltener ein Pflichtverteidiger zu bestellen. Ferner wäre eine größere pädagogische Wirksamkeit zu erwarten, wenn der Verurteilte selbstständig auf eine weitere Rechtsmittelmöglichkeit verzichten kann, anstatt dass der Gesetzgeber sie ihm nimmt. Mit der Abschaffung der sachlichen Rechtsmittelbeschränkung in § 55 Abs. 1 JGG würde dem Jugendlichen alsdann die Möglichkeit an die Hand gegeben, ohne Gefahr der Verwerfung das „Strafmaß" anzufechten. Dies würde wohl gleichsam die Verhängung zweifelhafter Erziehungsmaßregeln eindämmen. Darüber hinaus wird dem Berufungsgericht erspart, beim Rechtsmittelführer umständlich nachzufragen oder gar durch Auslegung seines bisherigen Prozessverhaltens auszulegen, was Ziel der Berufung sei. Umgekehrt wäre der verurteilte Jugendliche nicht länger gezwungen, in Bezug auf sein tatsächliches Begehren ohne Not lügen zu müssen. Das hätte zur Folge, dass in Fällen, in denen es lediglich um die Art oder das Maß der Rechtsfolge geht, häufig auf eine Beweisaufnahme in der Berufungsinstanz verzichtet werden könnte. Nachdem das Wahlrechtsmittel in § 55 Abs. 2 JGG in aller Regel dazu führt, dass Berufung gegen das Urteil eingelegt wird, würde durch dessen Abschaffung faktisch die Revision gegen die hiervon betroffenen Urteile eingeführt. Dies hätte einerseits wohl eine stärkere Belastung der Berufungsgerichte zur Folge, die wegen der Kontrollmöglichkeit gründlicher verhandeln „müssten" und häufiger mit aktiver Verteidigerarbeit konfrontiert wären. Andererseits könnten dadurch auch die Eingangsgerichte wieder weniger „streng" verfahren, weil in aller Regel erst die Berufungsurteile vom Revisionsgericht überprüft werden würden. Eine weitere Folge der Revisionsmöglichkeit wäre eine bessere Vereinheitlichung der Anwendung der vielfältigeren und unterschiedlich gehandhabten Rechtsfolgen im Jugendstrafrecht. Des Weiteren würden bestimmte Probleme, wie die fehlende Rügemöglichkeit eines Verstoßes gegen das Verschlechterungsverbot oder die Unanwendbarkeit von § 357 StPO, obsolet. Zu rechnen wäre allerdings damit, dass Verfahren sich zum Teil erheblich verlängern könnten, sofern die Revision zur Aufhebung des angefochtenen Urteils führt und dann ein weiteres (möglicherweise drittes) Mal in der Tatsacheninstanz verhandelt werden muss. Schließlich erführen erwachsene Verurteilte auch eine gewisse Schlechterstellung gegenüber Jugendlichen dadurch, dass sie wegen der erweiterten Zuständigkeit des Amtsgerichts in Jugendsachen seltener die Möglichkeit hätten, Berufung einzulegen. Im Grunde besteht diese Ungleichbehandlung freilich schon heute. Im Übrigen haben Jugendliche umgekehrt den Nachteil einer schlechter besetzten Erstinstanz, der durch die Berufungsmöglichkeit also eher ausgeglichen wird. Aufgrund ihrer grundsätzlichen Unterlegenheit sind Jugendliche darüber hinaus auch in größerem Maße schutzbedürftig. Eine Entlastung wäre wohl auch für das Bundesverfassungsgericht zu erwarten, das sich wieder seltener die Rolle einer „Superrevisionsinstanz" gefallen lassen müsste, wenn Rechtsprobleme wieder von den eigentlichen Revisionsgerichten geklärt werden könnten. Rechtspolitisch hätte sich endlich auch das Argument erledigt, dass sich das Wahlrechtsmittel im Jugendstrafrecht *„bewährt"* habe. Kostenmäßig sind gravierendere Auswirkungen allerdings nicht absehbar. Diese Prognose ergibt sich vor allem angesichts der Rechtsmittelzahlen im allgemeinen Strafverfahrensrecht. Dass hier ein Verfahren tatsächlich drei Instanzen verläuft, stellt den absoluten Ausnahmefall dar. Jugendliche legen durchschnittlich noch seltener Rechtsmittel ein, wobei zu vermuten steht, dass dies primär nicht mit der Rechtsmittelbeschränkung zusammenhängt, sondern eher mit ihrem generellen Verhalten im Prozess. Soweit in wenigen Ausnahmefällen dennoch eine längere Verfahrensdauer zu befürchten wäre, würden diese durch entlastend wirkende Folgen mindestens kompensiert.

Literaturverzeichnis

Abramowitz, Ann J./*O'Leary*, Susan G.: Effectiveness of Delayed Punishment in an Apllied Setting, Behavior Therapy 21 [1990], 231-239H

Altenhain, Karsten: Anm. zu BGH, Urteil vom 17. 6. 2010 – 4 StR 126/10, NStZ 2011, 272

Albrecht, Hans-Jörg: Der Rückgang der Jugendkriminalität setzt sich fort, RdJB 2016, 395

Albrecht, Peter-Alexis (Hrsg.): Informalisierung des Rechts, Empirische Untersuchungen zur Handhabung und zu den Grenzen der Opportunität im Jugendstrafrecht, Berlin/New York, 1990 (zit.: *Autor*, in: Albrecht, S.)

ders.: Spezialprävention angesichts neuer Tätergruppen, ZStW 97 [1985], 830

ders.: Jugendstrafrecht, 3. Aufl., München, 2000

Andoor, George: Laien in der Strafrechtsprechung. Eine vergleichende Betrachtung der Laienbeteiligung an deutschen und englischen Strafgerichten, Berlin, 2013

Arbeitsgruppe DVJJ: „Kölner Richtlinien" zur notwendigen Verteidigung in Jugendstrafverfahren – Erläuterungen des geltenden Rechts, NJW 1989, 1024

Arbeitsgruppe „Zukunft des Strafprozesses": Gemeinsame Pressemitteilung vom 26.9.2017, https://www.justiz.bayern.de/media/images/behoerden-und-gerichte/oberlandesgerichte/bamberg/pressemitteilung_15_2017_-_strafkammertag_am_26._september_2017_in_wuerzburg.pdf (zuletzt abgerufen am 3.4.2018)

Arbeitsstelle Kinder- und Jugendkriminalitätsprävention (Hrsg.): Schnelle Reaktion. Tatverdächtigte Kinder und Jugendliche im Spannungsfeld zwischen beschleunigtem Verfahren und pädagogischer Hilfe, München, 2001 (zit.: *Autor*, in: Arbeitsstelle, S.)

Asbrock, Bernd: Grundzüge und Besonderheiten eines Strafverfahrens und einer Gerichtsverfassung für Jungerwachsene im Rahmen eines zukünftigen Jungtäterrechts nach Herabsetzung des Volljährigkeitsalters auf 18 Jahre, Göttingen, 1975

Azrin, N. H./*Holz*, W.C./*Hake*, D.F.: Fixed-ratio Punishment, Journal of the Experimental Analysis of Behavior, Vol. 6 [1963], S. 141

Azrin, N.H./*Holz*, W.C.: Punishment, in: In W.K. Honig (Ed.), Operant behavior: areas of research and application (pp. 380-447). New York, 1966

Bamberger, Heinz Georg/*Roth*, Herbert/*Hau*, Wolfgang/*Poseck*, Roman (Hrsg.): BeckOK BGB, 45. Edition, Stand: 01.03.2018, München, 2018 (zit.: BeckOKBGB/*Autor* §, Rn.)

Bandura, Albert: Social Lerning Theory, 1971, New York

Baron, A./*Kaufmann*, A./*Fazzini*, D.: Density and delay of punishment of freeoperant advoidance. Journal of the Experimental Analysis of Behavior, 61 [1969], 11-18

Bartsch, Tillmann: Die Rechtsmittel im Jugendstrafverfahren, ZJJ 2016, 112

Baumanns, Silke: Der Beschleunigungsgrundsatz im Strafverfahren. Die Verfahrensüberlänge und ihre Rechtsfolgen, Baden-Baden, 2011

Baumbach, Adolf: Die Neuordnung des Strafverfahrens, DJZ 1924, 89 ff.

ders.: Die neue Notverordnung und die Rechtspflege, DJZ 1932, 829

Bayerisches Staatsministerium der Justiz: Pressemitteilung 40/2006 v. 2. Juni 2006

Beccaria, Cesare: Ueber Verbrechen und Strafe, übersetzt von Dr. Julius Glaser, Wien, 1851

Becker, Monika/*Kinzig*, Jörg (Hrsg.): Rechtsmittel im Strafrecht, Eine international vergleichende Untersuchung zur Rechtswirklichkeit und Effizienz von Rechtsmitteln, Band 2: Empirischer Teil, Freiburg i. Br., 2000 (zit.: *Autor*, in: Becker/Kinzig, S.)

Behr, Herbert: Die Rechtsmittel gegen Strafurteile in der Reformdiskussion und der Partikulargesetzgebung des 19. Jahrhunderts, Göttingen, 1984

Bender: Zur Wertung der VO. vom 4. Januar 1924, JW 1924, 1651

Benninghoven, Ingo: Revisionserstreckung auf Mitverurteilte, Frankfurt a.M., 2002

Bergmann, Jan/*Dienelt*, Klaus (Hrsg.): Ausländerrecht Kommentar, 12. Aufl., München, 2018 (zit.: *Autor*, in: Bergmann/Dienelt §, Rn.)

Berk, Laura E.: Entwicklungspsychologie, 3. Aufl., München, 2010

dies.: Entwicklungspsychologie, 5. Aufl., München, 2011

Bernsmann, Klaus: Wider eine Vereinfachung der Hauptverhandlung. Einige Anmerkungen zum Thema der strafrechtlichen Abteilung des 60. Juristentages, ZRP 1994, 329

Bertschinger, Heinz: Die Bestrafung im Jugendstrafrecht, Zürich, 1949

Berz, Ulrich: Möglichkeiten und Grenzen einer Beschleunigung des Strafverfahrens, NJW 1982, 729

Beulke, Werner: Ernstes Beruferaten – „linker Sozialromantiker“ oder „opferorientierter Hardliner“?, in: *Rotsch*, Thomas/*Brüning*, Janique/*Schady*, Jan

(Hrsg.): Festschrift für Heribert Ostendorf zum 70. Geburtstag am 7. Dezember 2015, 2015, S. 57

ders.: Verurteilte ohne Rechtsschutz? – Neue Ausjustierung des § 55 Abs. 2 S. 1 JGG, in: *Goeckenjan*, Ingke/*Puschke*, Jens/*Singelnstein*, Tobias (Hrsg.): Festschrift für Ulrich Eisenberg zum 80. Geburtstag, 2019, Berlin (zit.: *Beulke*, in: FS Eisenberg II, S.)

Bliesener, Thomas/*Thomas*, Jana: Wirkt Strafe, wenn sie der Tat auf dem Fuße folgt?, ZJJ 2012, 382

dies.: Ist eine Strafverschärfung nach Rückfall sinnvoll und notwendig?, in: *Rotsch*, Thomas/*Brüning*, Janique/*Schady*, Jan (Hrsg.): Festschrift für Heribert Ostendorf zum 70. Geburtstag am 7. Dezember 2015, 2015, S. 73

Bockemühl, Jan (Hrsg.): Handbuch des Fachanwalts Strafrecht, 7. Aufl., Köln, 2018 (zit.: FA Strafrecht/*Autor*, Kap., Rn.)

Bode, Karl-Christoph: Das Wahlrechtsmittel im Strafverfahren, Frankfurt a.M., 2000

Bodenmann, Guy/*Perrez*, Meinrad/*Schär*, Marcel: Klassische Lerntheorien, 2. Aufl., Bern, 2011

Böhm: Zur Einstellung von Privatklageverfahren auf Grund der Notverordnung v. 6. Oktober 1931., JW 1932, 3040

Böhm, Alexander/*Feuerhelm*, Wolfgang: Einführung in das Jugendstrafrecht, München, 2004

Böttcher, Reinhard: Die Rechtsmittelreform in Strafsachen als Thema Deutscher Juristentage, in: *Hanack*, Ernst-Walter/*Hilger*, Hans/*Mehle*, Volkmaer/*Widmaier*, Gunter (Hrsg.): Festschrift für Peter Rieß zum 70. Geburtstag am 4. Juni 2002, 2002, S. 31

Bottke, Wilfried: Zur Ideologie und Teleologie des Jugendstrafverfahrens, ZStW 95 [1983], 69

Bouffard, Jeffrey A./*Bouffard*, Lena A.: What works (or doesn't) in a DUI court? An example of expedited case processing, Journal of Criminal Justice, 39 [2011], 320

Breymann, Klaus: Fachliche Qualifikation von Jugendrichter/innen und Jugendstaatsanwälte/innen, ZJJ 2009, 379

Britz, Gabriele: Der allgemeine Gleichheitssatz in der Rechtsprechung des BVerfG, NJW 2014, 346

Brumlik, Micha: Pädagogik des Strafens, ZJJ 2013, 244

Brunner, Rudolf/*Dölling*, Dieter: Jugendgerichtsgesetz, 13. Aufl., Berlin, 2018 (zit.: *Brunner/Dölling* §, Rn.)

Budelmann, Hannes: Jugendstrafrecht für Erwachsene? Zur Anwendbarkeit von Jugendstrafrecht auf sich zum Verfahrenszeitpunkt im Erwachsenenalter befindliche Personen, Frankfurt a.M., 2005

Bundesministerium der Justiz Berlin, Bundesministerium der Justiz Wien, Eidgenössisches Justiz- und Polizeidepartement Bern (Hrsg.): Freiheitsentzug. Die Empfehlungen des Europarates REC(2006)13 und REC(2008)11, Godesberg, 2009 (zit.: Ministerkomitee, S.)

Bundesministerium der Justiz und für Verbraucherschutz: Referentenentwurf: Entwurf eines Gesetzes zur Stärkung der Verfahrensrechte von Beschuldigten im Jugendstrafverfahren vom 11. Oktober 2018 (zit.: *BMJ*, Referentenentwurf, S.)

Bundesrechtsanwaltskammer (Hrsg.): BRAK-Mittl. 1995, 233

dies.: Stellungnahme der Bundesrechtsanwaltskammer, „BRAK-Papier zur Großen Justizreform", 2005, https://www.brak.de/w/files/stellungnahmen/BRAKPapierGrosseJustizreform-2005.pdf (zuletzt abgerufen am 7.4.2018; zit.: BRAK-Stellungnahme Nr. 18/2005, S.)

Burscheidt, Ulrike: Das Verbot der Schlechterstellung Jugendlicher und Heranwachsender gegenüber Erwachsenen in vergleichbaren Verfahrenslagen, Baden-Baden, 2000

Cipani, Ennio/*Brendlinger*, Janet/*McDowell*, Linda/*Usher*, Stacey: Continuous vs. Intermittend Punishment: A Case Study, Journal of Developmental and Physical Disabilities, Vol. 3, No. 2 [1991], S. 147-156.

Dahs, Hans: Rechtsmittelreform im Strafprozeß?, NStZ 1999, 321

Dallinger, Wilhelm: § 357 StPO und die Rechtsmittelbeschränkung des § 55 Abs. 2 JGG, MDR 1963, 539

ders./Lackner, Karl: Jugendgerichtsgesetz, 2. Aufl., München und Berlin, 1965

von Danwitz, Klaus-Stephan: „Die Strafe folgt der Tat auf dem Fuße" – eine kriminalpolitische Analyse, in: *Müller*, Henning Ernst/*Sander*, Günther M./*Válková*, Helena (Hrsg.): Festschrift für Ulrich Eisenberg zum 70. Geburtstag, 2009, S. 3 (zit.: *von Danwitz*, in: FS Eisenberg I, S.)

Degener, Wilhelm: Zur so genannten Ambivalenz des strafprozessualen Beschleunigungsgebots, ZJJ 2015, 4

Deutscher Anwaltverein: Zur VO. vom 4. Januar 1924 über Gerichtsverfassung und Strafrechtspflege. A. Entschließungen des Deutschen Anwaltvereins zur Reform des materiellen Strafrechts und des Strafprozesses, JW 1924, 1641

ders.: Stellungnahme des Deutschen Anwaltvereins zu den Vorschlägen des Preußischen Richtervereins zu Sparmaßnahmen in der Rechtspflege, JW 1932, 918

Deutscher Richterbund: Große Justizreform und Strafsachen (Beschluß des Gesamtvorstandes des DRB vom 24.2.1967), DRiZ 1967, 105

ders.: Aus Präsidium, Bundesvorstand und Bundesvertreterversammlung, DRiZ 1987, 284

ders.: Informationen, Straffung der Justizstrukturen, DRiZ 1997, 192

Deutsche Vereinigung für Jugendgerichte und Jugendgerichtshilfen e.V.: Diskussionspapier der DVJJ zum Thema Arbeitsleistungen, ZJJ 2016, 419

Diemer, Herbert/*Schatz*, Holger/*Sonnen*, Bernd Rüdeger: Jugendgerichtsgesetz mit Jugendstrafvollzugsgesetzen, 6. Aufl., Heidelberg, München [u.a.], 2011 (zit.: D/S/S/*Autor*, §, Rn.)

Diestelkamp, Bernhard: Rechts- und verfassungsgeschichtliche Probleme zur Frühgeschichte der Bundesrepublik Deutschland, JuS 1980, 401 (Beitrag fortgesetzt auf S. 481 u. 790)

Dölling, Dieter: Über die Beschleunigung des Strafverfahrens, in: *Eser*, Albin/*Goydke*, Jürgen/*Maatz*, Kurt Rüdiger/*Meurer*, Dieter (Hrsg.): Festschrift für Lutz Meyer-Goßner zum 65. Geburtstag, 2001, S. 101

Dörffler, Fritz: Die Notverordnung vom 6. Oktober 1931. 1. Die Vorschriften über Vereinfachungen und Ersparnisse auf dem Gebiete der Rechtspflege. Teil VI Kap. 1. B. Strafrechtspflege, JW 1931, 2892

ders.: Die Rechtsmittel im künftigen Strafverfahren!, DS 1935, 275

Doerr, Karl: Über die Beschränkung der Rechtsmittel gegen Strafurteile, Darmstadt, 1931

Graf zu Dohna, Alexander: Verordnung des Reichspräsidenten über Maßnahmen auf dem Gebiete der Rechtspflege und Verwaltung vom 14. Juni 1932, JW 1932, 2669

Dollinger, Bernd: Warum die Forderung nach beschleunigten Maßnahmen bei Delinquenz so plausibel wie ambivalent ist, ZJJ 2015, 192

Drews, Kai Holger: Die historische Entwicklung der Berufung im Strafverfahren, Göttingen, 1997

Dünkel, Frieder: Die Europäischen Grundsätze für die von Sanktionen oder Maßnahmen betroffenen jugendlichen Straftäter und Straftäterinnen, ZJJ 2011, 140

ders.: Der Beschleunigungsgrundsatz im Jugendstrafverfahrensrecht im europäischen Vergleich, ZJJ 2015, 19

ders.: Rechtsvergleichende Aspekte des Beschleunigungsgrundsatzes im Jugendstrafverfahrensrecht, in: *Rotsch*, Thomas/*Brüning*, Janique/*Schady*, Jan (Hrsg.): Festschrift für Heribert Ostendorf zum 70. Geburtstag am 7. Dezember 2015, 2015, S. 271

ders.: Internationale Perspektiven des Jugendstrafrechts – Das „Model Law on Juvenile Justice“, in: *Safferling*, Christoph/*Kett-Straub*, Gabriele/*Jäger*, Christian/*Kudlich*, Hans (Hrsg.): Festschrift für Franz Streng zum 70. Geburtstag, 2017, S. 417

Dury, Walter: „Justiz vor dem Kollaps?“, DRiZ 1999, 160

DVJJ-Kommission: Vorschläge der DVJJ-Kommission zur Reform des Jugendkriminalrechts, DVJJ 1992, 4

DVJJ-Vorstand: Stellungnahme zum Referentenentwurf eines Gesetzes zur Stärkung der Verfahrensrechte von Beschuldigten im Jugendstrafverfahren sowie zu den das Jugendstrafverfahren betreffende Teilen des Entwurfs eines Gesetzes zur Neuregelung des Rechts der notwendigen Verteidigung vom 30. November 2018, https://www.dvjj.de/wp-content/uploads/2019/05/stellungnahme_dvjj_verfahrensrechte_jgg.pdf (zuletzt abgerufen am 30.7.2020, zit.: *DVJJ-Vorstand*, Stellungnahme, S.)

E*bermayer*, L.: (ohne Titel), JW 1924, 249

ders.: Zur Kritik der Verordnung vom 4. Januar 1924 über Gerichtsverfassung und Strafrechtspflege, LZ 1924, 49

Ebert, Katharina: Beschleunigung im Jugendstrafverfahren durch örtliche Zuständigkeiten bei der Staatsanwaltschaft?, ZJJ 2015, 32

Eckl, Peter: Zur Reform des Rechtsmittelsystems im Strafprozeß, BayVbl 1975, 212

Edelmann, Walter/*Wittmann*, Simone: Lernpsychologie, 7. Aufl, Weinheim und Basel, 2012

Eisenberg, Ulrich: Bestrebungen zur Änderung des Jugendgerichtsgesetzes

Vortrag gehalten vor der Juristischen Gesellschaft zu Berlin am 19. Oktober 1983; Berlin [u.a.], 1984

ders.: Der Verteidiger im Jugendstrafverfahren, NJW 1984, 2913

ders.: Anwendungsmodifizierung bzw. Sperrung von Normen der StPO durch Grundsätze des JGG, NStZ 1999, 281

ders.: Zur Begrenzung der Nichtanfechtbarkeit jugendgerichtlicher Entscheidungen gemäß § 55 Abs. 2 S. 1 JGG, in: *Heinrich*, Bernd/*Hilgendorf*, Eric/*Mitsch*, Wolfgang/*Sternberg-Lieben*, Detlev (Hrsg.): Festschrift für Ulrich Weber zum 70. Geburtstag, 2004, S. 505

ders.: Praxiskommentar zu OLG Hamm, Beschl. v. 2.7.2013 – 3 Ws 139/13, NStZ 2014, 410

ders.: Jugendgerichtsgesetz, 19. Aufl., München, 2017 (zit.: *Eisenberg* §, Rn.)

ders./*Kölbel*, Ralf: Jugendgerichtsgesetz, 21. Aufl., München, 2020 (zit.: *Eisenberg/Kölbl* §, Rn.)

ders./Kölbel, Ralf: Kriminologie, 7. Aufl., 2017, Tübingen

Epping, Volker/*Hillgruber*, Christian (Hrsg.): BeckOK Grundgesetz, 36. Edition, Stand: 15.02.2018, München, 2018 (zit.: BeckOKGG/*Autor* Art., Rn.)

Erb, Volker/*Esser*, Robert/*Franke*, Ulrich/*Graalmann-Scheerer*, Kirsten/*Hilger*, Hans/*Ignor*, Alexander (Hrsg.): Löwe-Rosenberg, Die Strafprozeßordnung und das Gerichtsverfassungsgesetz, Großkommentar, 26. Aufl., Berlin und Boston, 2012 (zit.: LR/*Autor* §, Rn.)

Eysenck, Hans Jürgen: Kriminalität und Persönlichkeit, 3. Aufl., Wien, 1977

Feisenberger: (ohne Titel), DJZ 1924, 7

Fend, Helmut: Entwicklungspsychologie des Jugendalters, Opladen, 2000

Fezer, Gerhard: in: *Bundesministerium der Justiz* (Hrsg.), Reform der Rechtsmittel in Strafsachen. Bericht über die Entstehung der gegenwärtigen Rechtsmittelvorschriften und die Bemühungen um ihre Reform, Bonn, 1974 (zit.: *Fezer*, in: BMJ, S.)

ders.: Möglichkeiten einer Reform der Revision in Strafsachen, Tübingen, 1975

ders.: Die Rechtsprechung des Bundesgerichtshofs zum Strafverfahrensrecht seit 1995 – Teil 2, JZ 2007, 723

ders.: Der Beschleunigungsgrundsatz als allgemeine Auslegungsmaxime im Strafverfahrensrecht?, in: *Schöch*, Heinz/*Satzger*, Helmut/*Schäfer*, Gerhard/*Ignor*, Alexander/*Knauer*, Chrostoph (Hrsg.): Festschrift für Gunter Widmaier zum 70. Geburtstag, 2008, S. 177

Fischer, Wilhelm: Berufungsausschluß, Ersatzrevision und Sprungrevision gegen Urteile des Amtsgerichts, Breslau, 1930

Fitzek, Herbert: Gestaltpsychologie kompakt, Wiesbaden, 2014

Fornoff, Rainer: Die Annahmeberufung nach § 313 StPO, Aachen, 2009

Fortmüller, Richard: Lernpsychologie. Grundkonzeptionen, Theorien, Forschungsergebnisse, Wien, 1991

Francke, Herbert: Zum Entwurf eines Jugendgerichtsgesetzes III., Zbl. 1922/23, 211

ders.: Das Jugendgerichtsgesetz vom 16. Februar 1923, 2. Aufl., Berlin und München, 1926

Freisler, Roland: Die Vereinfachungsverordnung als Mittel der Schlagkraftsteigerung der Strafrechtspflege und ihr Stand in der Strafverfahrenserneuerung, DJ 1939, 1537

Freund, Georg: Bericht, Stellungnahme zum Vorentwurf eines 2. Rechtspflegeentlastungsgesetzes, ZRP 1995, 268

Firauf, Karl Heinrich/*Höfling*, Wolfram (Hrsg.): Berliner Kommentar zum Grundgesetz, Band 2, Berlin, 2016 (zit.: *Autor*, in: Berliner Kommentar zum GG, Art., Rn.)

Frister, Helmut: Die Einschränkung von Verteidigungsrechten im Bundesratsentwurf eines „Zweiten Gesetzes zur Entlastung der Rechtspflege", StV 1997, 150

Fuhrer, Urs: Lehrbuch Erziehungspsychologie, 2. Aufl., Bern, 2009

Geißler, Erich E.: Erziehungsmittel, 6. Aufl., Bad Heilbrunn/Obb., 1982

Gensing, Andrea: Jugendgerichtsbarkeit und Jugendstrafverfahren im europäischen Vergleich, Mönchengladbach, 2014

Gerland, Heinrich: Der deutsche Strafprozeß und das Notverordnungsrecht der Gegenwart, DJZ 1932, 1182

Gerner, Erich: Rechtseinheit im Verfahrensrecht. Zur Neufassung des GVG, der ZPO und der StPO, NJW 1950, 722

Gertler, Fabian/*Kunkel*, Volker/*Putzke*, Holm (Hrsg.): BeckOK JGG, 14. Edition, Stand: 01.08.2019, München (zit.: BeckOKJGG/*Autor* §, Rn.)

Goeckenjan, Ingke: Jugendstrafverfahrensrechtliche Sonderbehandlung von so genannten Mehrfach- und Intensivtätern: Effizienzsteigerung oder Aktionismus?, ZJJ 2015, 26

Göppinger, Hans (Begr.): Kriminologie, 6. Aufl., München, 2008 (zit.: Göppinger/*Autor*, S.)

Gössel, Karl Heinz: Überlegungen zur Beschleunigung des Strafverfahrens, GA 1979, 241

Gollwitzer, Walter: Menschenrechte im Strafverfahren, MRK und IPBPR, Kommentar, Berlin, 2005 (zit.: *Gollwitzer* Art., Rn.)

Graf, Hans-Jürgen (Hrsg.): BeckOK StPO mit RiStBV und MiStra, 29. Edition, Stand 1.1.2018, München, 2018 (zit.: BeckOKStPO/*Autor* §, Rn.)

Grünhut, Max: Zwei Vorträge über Jugendgerichtsbarkeit: gehalten vor thüringischen Jugendrichtern und Jugendstaatsanwälten in Eisenach, Ichtershausen, 1927

Grunewald, Ralph: Der Individualisierungsauftrag des Jugendstrafrechts
– Über die Reformbedürftigkeit des JGG –, NStZ 2002, 452

Gsell, Beate/*Krüger*, Wolfgang/*Lorenz*, Stephan/*Reymann*, Christoph (Hrsg.): beck-online.GROSSKOMMENTAR BGB, München, 2018 (zit.: BeckOGK/*Autor* §, Rn.)

Günter, Hans-Helmut: DRB-Vorschläge zu Änderungen des Strafverfahrensrechtes, DRiZ 1994, 303

Günzel, Stefanie: Die geschichtliche Entwicklung des Jugendstrafrechts und des Erziehungsgedankens mit besonderer Berücksichtigung der „Erziehung in einer Einrichtung über Tag und Nacht" gem. § 12 Nr. 2 JGG, Marburg, 2001

Gürtner, Franz (Hrsg.): Das kommende deutsche Strafverfahren, Berlin, 1938 (zit.: *Autor*, in: Gürtner, S.)

Guss, Kurt: Lohn und Strafe. Ansätze und Ergebnisse psychologischer Forschung, Bad Heilbrunn und Obb., 1979

Häberle, Peter (Hrsg.): Beck'scher Kurz-Kommentar, Erbs/Kohlhaas, Strafrechtliche Nebengesetze, 217. Ergänzungslieferung, München, 2017 (zit.: Erbs/Kohlhaas/*Autor* §, Rn.)

Hahn, Carl (Hrsg.): Die gesamten Materialien zu den Reichs-Justizgesetzen. Dritter Band. Materialien zur Strafprozeßordnung. Erste Abteilung, 1. Aufl., Berlin, 1880 (zit.: Hahn, III 1, S.)

Hannich, Rolf (Hrsg.): Karlsruher Kommentar zur Strafprozessordnung, 7. Aufl., München, 2013 (zit.: KK-StPO/*Autor* §, Rn.)

Heinz, Wolfgang: Rückfallverhütung mit strafrechtlichen Mitteln: Diversion – eine wirksame Alternative zu „klassischen" Sanktionen?, in: Soziale Probleme 17 (2006), 2, S. 174

Heisig, Kirsten: Das Ende der Geduld : konsequent gegen jugendliche Gewalttäter, 2. Aufl., Freiburg i. Br., 2010

Held, Robert: Notverordnung – Rechtspflege – Anwaltschaft!, JW 1931, 3053

Hellwig, Albert: Sparmaßnahmen in der Strafrechtspflege, JW 1932, 2672

Helmken, Kai: Rechtspolitische Überlegungen zu § 37 JGG unter besonderer Berücksichtigung des Jugendstaatsanwalts, ZRP 2012, 209

Hettinger, Michael: Entwicklungen im Strafrecht und Strafverfahrensrecht der Gegenwart, Heidelberg, 1997

Hillenkamp, Thomas: Verwirkung des Strafanspruches durch Verfahrensverzögerung?, JR 1975, 133

von Hippel, Robert: Die Strafprozeßordnung vom 4. Januar 1924, MKrimPsych Bd. 15 (1924), 129

Höynck, Theresia/*Leuschner*, Fredericke: Das Jugendgerichtsbarometer. Ergebnisse einer bundesweiten Befragung von Jugendrichtern und Jugendstaatsanwälten, Kassel, 2014

Hoffelner, Wiebke: Das vorrangige Jugendverfahren in Schleswig-Holstein: Ziele und Stand der Umsetzung, ZSS 2009, 47

Hofmann, Rainer/Boldt, Nicki: Nomos-Kommentar zu dem Internationalen Pakt über bürgerliche und politische Rechte, Baden-Baden, 2005 (zit.: NK-IPBPR Art., Rn.)

Hohmann-Fricke, Sabine/*Jehle*, Jörg-Martin/*Palmowski*, Nina: Rückfallkriminalität nach jugendstrafrechtlichen Entscheidungen, RdJB 2014, 313

Hollin, Clive R.: Psychology and Crime. An introduction to criminological psychology, 2. Aufl., New York, 2013

Isensee, Josef/*Kirchhof*, Paul (Hrsg.): Handbuch des Staatsrechts der Bundesrepublik Deutschland, Band V, 3. Aufl., Heidelberg, 2007 (zit.: *Autor*, HStR V, §, Rn.)

dies.: Handbuch des Staatsrechts der Bundesrepublik Deutschland, Band VIII, 3. Aufl, Heidelberg, 2010 (*Autor*, HStR VIII, §, Rn.)

Jarass, Hans D./*Pieroth*, Bodo: Grundgesetz Kommentar, 14. Aufl., München, 2016

Jung, Heike: Die jugendrichterlichen Entscheidungen – Anspruch und Wirklichkeit, ZRP 1981, 36

Kahn, Ulrich: Zur Wahl des Rechtsmittels nach der Notverordnung vom 14. Juni 1932 (RGBl. I, S. 285), GA 1933, 187

Kaiser, Eberhard: Zur Reform der Rechtsmittel im Strafverfahren, ZRP 1972, 275

Kaufmann, Arthur: Zur Rechtsmittelbeschränkung in Jugendsachen, JZ 1958, 8

Keilani, Fatina: Brandbrief aus dem Berliner Landgericht. „Wir sind am Ende. Wir können nicht mehr", https://www.tagesspiegel.de/berlin/brandbrief-aus-dem-berliner-landgericht-wir-sind-am-ende-wir-koennen-nicht-mehr/20482300.html (zuletzt abgerufen am 3.4.2018)

Kempf, Eberhard/*Schilling*, Hellen: Revisionsrichterliche Rechtsfortbildung in Strafsachen, NJW 2012, 1849

Kern, Eduard: Neuordnung des Strafverfahrensrechts, Denkschrift des NS-Rechtswahrerbundes, Berlin, Deutscher Rechts-Verlag, 1937, GS Bd. 110 (1938), S. 406

ders.: Geschichte des Gerichtsverfassungsrechts, München und Berlin, 1954

Khostevan, Alireza: Zügiges Strafverfahren bei jugendlichen Mehrfach- und Intensivtätern : das Münsteraner Modellprojekt „B-Verfahren", Münster [u.a.], 2008

Kiesow, Wilhelm: Zum Entwurf eines Jugendgerichtsgesetzes, III., Zbl. 1922/23, 205

ders.: Kommentar zum Jugendgerichtsgesetz 1923, Mannheim 1923 (zit.: *Kiesow*, §, Rn.)

Killias, Martin: „Kriminelles Verhalten wird gelernt" – Aber wie?, Zur Rezeption der Sozialisationsforschung in der Kriminologie, MSchrKrim 64 [1981], 329

Kintzi, Heinrich: Möglichkeiten der Vereinfachung und Beschleunigung von Strafverfahren de lege ferenda, DRiZ 1994, 325 *ders.*: Rechtsmittelreform in Strafsachen – eine unendliche Geschichte?, in: *Hanack*, Ernst-Walter/*Hilger*, Hans/*Mehle*, Volkmaer/*Widmaier*, Gunter (Hrsg.): Festschrift für Peter Rieß zum 70. Geburtstag am 4. Juni 2002, 2002, S. 225 ff.

Klann, Heinz: Die Vorschläge zur Reform der Strafgerichtsverfassung im Lichte der bisherigen Entwicklung, GA 1929, 327

Klee, K.: Der Umfang der Beweisaufnahme im Strafprozeß, insbesondere nach den Notverordnungen von 1932-1933, GA 1933, 81

Kloepfer, Michael: Verfahrensdauer und Verfassungsrecht. Verfassungsrechtliche Grenzen der Dauer von Gerichtsverfahren, JZ 1979, 209

ders.: Verfassungsrecht Bd. I, München, 2011 (zit.: *Kloepfer*, I, §, Rn.)

ders.: Verfassungsrecht Bd. II, München, 2010 (zit.: *Kloepfer*, II, §, Rn.)

Knauer, Christoph/*Kudlich*, Hans/*Schneider*, Hartmut (Hrsg.): Münchener Kommentar zur StPO, 1. Aufl., München, 2014 (zit.: MüKoStGB/*Autor* §, Rn.)

Knauer, Christoph: Vom Wesen und Zweck der Revision, NStZ 2016, 1

Koch, Wolf-Peter: Die Reform des Strafverfahrensrechts im Dritten Reich unter besonderer Berücksichtigung des StVO-Entwurfs 1939. Ein Beitrag zur Strafrechtsgeschichte, Erlangen, 1972

Koffka, Johannes: Die Notverordnungen vom 14. Juni 1932. A. Verordnung des Reichspräsidenten über Maßnahmen auf dem Gebiete der Rechtspflege und Verwaltung. Erster Teil: Vereinfach und Ersparnisse, Kap. I: Strafrechtspflege, JW 1932, 1930.

ders.: Zu den strafprozessualen Vorschriften der Verordnung v. 14. Juni 1932, DJZ 1932, 1256

ders./*Schäfer*, Karl: Die Vorschriften über die Strafrechtspflege in der Verordnung des Reichspräsidenten über Maßnahmen auf dem Gebiete der Rechtspflege und Verwaltung vom 14. Juni 1932, Berlin, 1932

Kohlberg, Lawrence: Die Psychologie der Moralentwicklung, 1. Aufl., Frankfurt a.M., 1995

Kohlrausch, Eduard: Verordnung des Reichspräsidenten über Maßnahmen auf dem Gebiete der Rechtspflege und Verwaltung vom 14. Juni 1932, V., JW 1932, 2672.

Krapp, Andreas/*Weidenmann*, Bernd (Hrsg.): Pädagogische Psychologie. Ein Lehrbuch, 4. Aufl., Weinheim, 2001 (zit.: *Autor*, in: Krapp/Weidenmann, S.)

Krehl, Christoph/*Eidam*, Lutz: Die überlange Dauer von Strafverfahren, NStZ 2006, 1

Kreuzer, Arthur: Ist das deutsche Jugendstrafrecht noch zeitgemäß?, NJW 2002, 2345 *ders.*: „Warnschussarrest“: Ein kriminalpolitischer Irrweg, ZRP 2012, 101

Krugmann, Michael: Die Rechtsweggarantie des GG – Zum Gebot eines qualitativen Rechtsschutzes, ZRP 2001, 306

Krumdiek, Nicole: Unzulässige Einlegung von Berufungen (sog. Sperrberufungen), StRR 2010, 84

Kudlich, Hans: Erfordert das Beschleunigungsgebot eine Umgestaltung des Strafverfahrens? – Verständigung im Strafverfahren – Fristsetzung für Beweisanträge – Beschränkung der Geltendmachung von Verfahrensgarantien, NJW-Beil. 2010, 86

ders.: Strafprozess – noch mehr Reformbedarf?, ZRP 2018, 9

Küchenhoff, Benjamin: Die Missbrauchsgebühr des Bundesverfassungsgerichts. Ausnahme von der Kostenfreiheit des Verfahrens nach § 34 Abs. 2 BVerfGG, NJ 2011, 92

Rabe von Kühlewein, Malte: Der Vorrang des Kindeswohls im deutschen Jugendstrafrecht, ZJJ 2011, 134

Kümmerlein, Heinz: Reichsjugendgerichtsgesetz mit den ergänzenden Rechts- und Verwaltungsvorschriften auf dem Gebiet des Jugendstrafrechts, Jugendhilferechts und des strafrechtlichen Jugendschutzes, München und Berlin, 1944 (zit.: *Kümmerlein*, §)

Lackner, Karl: Das Jugendgerichtsgesetz, JZ 1953, 527

Landau, Herbert: Strafrecht nach Lissabon, NStZ 2011, 537

Laubenthal, Klaus/*Baier*, Helmut/*Nestler*, Nina: Jugendstrafrecht, Berlin [u.a.], 2015

Laue, Christian: Das öffentliche Interesse an der Beschleunigung des Strafverfahrens, GA 2005, 648

Laufhütte, Wilhelm: Überlegungen zur Diskussion über die Reform des Instanzenzuges in Strafsachen, NStZ 2000, 449

Lefrancois, Guy R.: Psychologie des Lernens, 5. Aufl, Heidelberg, 2015

Legge, Jerome S. Jr./*Park*, Joonghoon: Policies to Reduce Alcohol-Impaired Driving: Evaluating Elements of Deterrence, Social Science Quarterly, 75 [1994], 594

Liebhart, Christian: Das Beschleunigungsgebot in Strafsachen – Grundlagen und Auswirkungen, NStZ 2017, 254

Lipsey, Mark W.: The Primary Factors that Characterize Effective Interventions with Juvenile Offenders: A Meta-Analytic Overview, Victims and Offenders, 4 [2009], 124

Lösel, Friedrich: Erziehen – Strafen – Helfen: Was brauchen straffällig gewordene Jugendliche?, ZJJ 2013, 260

M*ann*, Holger: Beschleunigungspotential im Jugendstrafverfahren, Frankfurt a.M., 2004

Margraf, Jürgen/*Schneider*, Siliva (Hrsg.): Lehrbuch der Verhaltenstherapie, Band 1, Grundlagen, Diagnostik, Verfahren und Rahmenbedingungen psychologischer Therapie, 4. Aufl., Berlin, 2018 (zit.: *Autor*, in: Margraf/Schneider, S.)

Marsch, Hans-Peter: Entlastung der Strafgerichte, ZRP 1998, 340

Maunz, Theodor/*Dürig*, Günter (Begr.): Grundgesetz Kommentar, 81. Lieferung, München, 2017 (zit.: Maunz/Dürig/*Autor* Art., Rn.)

Mazur, James E.: Lernen und Verhalten, 6. Aufl., München, 2006

McArthur, David L./*Kraus*, Jess F.: The Specific Deterrence of Administrative Per Se Laws in Reducing Drunk Driving Recidivism, American Journal of Preventive Medicine 1999, 68

Meier, Bernd-Dieter/*Rössner*, Dieter/*Trüg*, Gerson/*Wulf*, Rüdiger (Hrsg.): Jugendgerichtsgesetz Handkommentar, 2. Aufl., Baden-Baden, 2014 (zit.: HK-JGG/*Autor* §, Rn.)

Mertens, Andreas: Schnell oder gut? Die Bedeutung des Beschleunigungsgrundsatzes im Jugendstrafverfahren, Frankfurt am Main [u.a.], Lang, 2003

ders./Murges-Kemper, Kerstin: Muss schnell auch immer gut sein?, ZJJ 2008, 356

Meyer-Goßner, Lutz: Empfiehlt es sich, das Rechtsmittel in Strafsachen grundlegend, insbesondere durch Einführung eines Einheitsrechtsmittels, zu ändern?, JZ 1978, 329

ders.: Strafverfolgung und Gerechtigkeit – ist der Strafprozeß noch zu retten?, DRiZ 1996, 180

ders./Ströber, Hubert: Reform des Rechtsmittelsystems in Strafsachen, ZRP 1996, 354

ders.: Fortschritt durch Rückschritt um 100 Jahre?, DRiZ 1997, 471

ders.: Annahmefreie Revision in Bagatellstrafsachen?, NJW 2003, 1369

ders.: Beschleunigte Justiz, ZRP 2004, 128

ders.: Verteidigung aus Sicht der Justiz, in: *Nelles*, Ursula/*Vormbaum*, Thomas (Hrsg.): Strafverteidigung in Forschung und Praxis: Kriminalwissenschaftliches Kolloquium aus Anlaß des 70. Geburtstages von Jürgen Welp, 2006, S. 81 (zit.: *Meyer-Goßner*, in: FS Welp, S.)

ders.: Revisionserstreckung und Jugendstrafrecht. § 357 StPO und § 55 Abs. 2 Satz 1 JGG: Über das Zusammentreffen zweier verfehlter Vorschriften, in: *Müller*, Henning Ernst/*Sander*, Günther M./*Válková*, Helena (Hrsg.): Festschrift für Ulrich Eisenberg zum 70. Geburtstag, 2009, S. 399 (zit.: *Meyer-Goßner*, in: FS Eisenberg I, S.)

ders./Schmitt, Bertram: Beck'scher Kurz-Kommentar Strafprozessordnung, 60. Aufl., 2017

Middendorf, Wolf: Rechtsmittel im Jugendstrafverfahren, Zbl 1952, 70

Mörsdorf, Oliver: Diskriminierung jüngerer Arbeitnehmer – Unanwendbarkeit von § 622 II 2 BGB wegen Verstoßes gegen das Unionsrecht, NJW 2010, 1046

Mogt: Wahlweise Beschränkung der Rechtsmittel in minderwichtigen Strafsachen, DRiZ 1928, 392

Mohr, Christian: Zur Problematik der Verbindung von Jugend- und Erwachsenenstrafverfahren – zugleich Anmerkung zum BGH-Beschluss – 1 StR 57/06 – vom 9.5.2006, in diesem Heft S. 523 –, JR 2006, 499

Momsen, Carsten: Die Rechtsmittel in Jugendstrafsachen – Beschränkung oder Vereinheitlichung?, ZJJ 2004, 49

Montada, Leo/*Setter to Bulte*, Ursula: Strafwirkung als Funktion der Strafbewertung, Zeitschrift für Entwicklungspsychologie und Pädagogische Psychologie, VI [1974], 75

Mower, Hobart O.: Learning Theory And Personality Dynamics, New York, 1950

Müller, Andreas: Schluss mit der Sozialromantik! : Ein Jugendrichter zieht Bilanz, 4. Aufl., Freiburg, 2013

Müller, Ines: Die Mindeststrafe im Jugendstrafrecht im vergleich zum allgemeinen Strafrecht, in: *Müller*, Henning Ernst/*Sander*, Günther M./*Válková*, Helena (Hrsg.): Festschrift für Ulrich Eisenberg zum 70. Geburtstag, 2009, S. 415 (zit.: *Müller*, in: FS Eisenberg I, S.)

Mumme, Helmut: Das neue, aus Anlaß des Krieges erlassene zivile Straf- und Strafverfahrensrecht Deutschlands, MKrimBiol Bd. 31 [1940], 9

Nagler, J.: Zur Einschätzung der Vorordnung über Gerichtsverfassung und Strafrechtspflege vom 4. Januar 1924, GS Bd. 90 [1924], 398

Neuhaus, Ralf: Anm. zu OLG Hamm, Beschl. v. 28.07.1989 – 2 Ss 724/89, NStZ 1990, 140

Niedersächsisches Justizministerium (Hrsg.): Herbstkonferenz der Justizministerinnen und Justizmnister am 25. November 2004, Einleitung, http://www.mj.niedersachsen.de/download/7810/Einleitung.pdf (zuletzt abgerufen am 6.4.2018; zit.: JuMiKo, Einleitung, S.)

dass.: Herbstkonferenz der Justizministerinnen und Justizmnister am 25. November 2004, Beschlüsse, www.mj.niedersachsen.de/download/7809/1._Deregulierung.pdf (zuletzt abgerufen am 6.4.2018, zit.: JuMiKo, TOP 1, S.)

Niesing, Jochen: Die Bedeutung der Lerntheorien für die Kriminalätiologie, Verbrechensprävention und -sanktionierung, Münster, 1996

Nix, Christoph: Anm. zu OLG Celle, Beschl. v. 1.9.1992 – 1 Ws 257/92, NStZ 1993, 401

Nobis, Frank: Die Strafprozeßgesetzgebung der späten Weimarer Republik (1930-1932), Insbesondere die Notverordnung vom 14. Juni 1932, Baden-Baden, 1999

Nothacker, Gerhard: Zur besonderen Beschränkung der Rechtsmittel im Jugendstrafverfahren (§ 55 JGG), GA 1982, 451

NS-Rechtswahrerbund: Neuordnung des Strafverfahrensrechts, Denkschrift des NS-Rechtswahrerbundes zum Entwurf einer Strafverfahrensordnung, einer Friedensrichter- und Schiedsmannsordnung und eines Gerichtsverfassungsgesetzes der amtlichen Strafprozeßkommission des Reichsjustizministeriums, Berlin, 1937

Oerter, Rolf/*Montada*, Leo (Hrsg.): Entwicklungspsychologie, 5. Aufl., 2002, Weinheim (zit.: *Autor*, in: Oerter/Montada, S.)

Oetker, F.: Die Strafgerichtsverfassung nach der Verordnung vom 4. Januar 1924, GS Bd. 90 (1924), 341

Ohder, Claudius: Genügen Jugendliche und Heranwachsende nicht mehr den Anforderungen des Jugendstrafverfahrens?, in: *Müller*, Henning Ernst/*Sander*, Günther M./*Válková*, Helena (Hrsg.): Festschrift für Ulrich Eisenberg zum 70. Geburtstag, 2009, S. 427 (zit.: *Ohder*, in: FS Eisenberg I, S.)

Ostendorf, Heribert: Anm. zu BayObLG, Beschl. v. 9.8.1988 – RReg. 4 St 96/88, NStZ 1989, 194

ders.: Reform des Ordnungswidrigkeitenrechts, ZRP 1994, 335

ders.: Kurzer Prozess im Jugendstrafverfahren? 10 Thesen, DVJJ-Journal 1998, 240

ders.: Anm. zu BGH, Beschl. v. 3.12.2002 – 3 StR 417/02, StV 2003, 389

ders.: Anm. zu BGH, Beschl. v. 26.10.2006 – 3 StR 326/06, StV 2008, 114

ders.: Beschleunigung im Jugendstrafverfahren – notwendiges Postulat oder Eröffnung des „kurzen Prozesses", ZJJ 2014, 253

ders.: Die gesetzlichen Grundlagen für den Jugendstrafvollzug, ZJJ 2015, 112

ders. (Hrsg.): Jugendgerichtsgesetz, Kommentar 10. Aufl., Baden-Baden, 2016 (zit.: NK-JGG/*Autor* §, Rn.)

ders.: Der Ausschluss eines Rechtsmittels in Jugendstrafsachen gemäß § 55 Abs. 1 JGG – rechtsstaatswidrig und dementsprechend reformbedürftig, ZJJ 2016, 120

ders./Drenkhahn, Kirstin: Jugendstrafrecht, 9. Aufl., Baden-Baden, 2017

Paeffgen, Hans-Ullrich: Zur historischen Entwicklung des „Beschleunigungsdenkens" im Straf(prozeß)recht, GA 2014, 275

ders.: Zur historischen Entwicklung des „Beschleunigungsdenkens“ im Straf(prozeß)recht, ZJJ 2015, 9

Penkuhn, Christopher: Ist die Rechtsmittelbeschränkung im Jugendstrafrecht noch zeitgemäß?, ZJJ 2014, 371

Graf von Pestalozza, Anton: (ohne Titel), JW 1932, 2675

Petersen, Aiko: Sanktionsmaßstäbe im Jugendstrafrecht, Baden-Baden, 2008

Pfeiffer, Gerd: Kommentar zur Strafprozessordnung, 5. Aufl., München, 2005

Piel, Hannah Milena: Beschleunigungsgebot und wirksame Verteidigung, in: *Schöch*, Heinz/*Satzger*, Helmut/*Schäfer*, Gerhard/*Ignor*, Alexander/*Knauer*, Chrostoph (Hrsg.): Festschrift für Gunter Widmaier zum 70. Geburtstag, 2008, S. 429

Pieplow, Lukas: Verteidigung, ZJJ 2009, 381

Pitsela, Angelika: Die neuesten Entwicklungen des Jugendstrafrechts in Griechenland, in: *Hilgendorf*, Eric/*Rengier*, Rudolf (Hrsg.): Festschrift für Wolfgang Heinz zum 70. Geburtstag, 2002, S. 478

Plewig, Hans-Joachim: Das Strafproblem in der Erziehung, ZJJ 2013, 240

ders.: Die Maxime der „Beschleunigung“ im Jugendstrafrecht aus interdisziplinärer Perspektive – Kriterien nachhaltig wirksamer Jugendstrafverfahren, in: *Rotsch*, Thomas/*Brüning*, Janique/*Schady*, Jan (Hrsg.): Festschrift für Heribert Ostendorf zum 70. Geburtstag am 7. Dezember 2015, 2015, S. 669

Posser, Herbert/*Wolff*, Heinrich Amadeus (Hrsg.): BeckOK VwGO, 44. Edition, Stand: 01.01.2018, München, 2018 (zit.: BeckOKVwGO/*Autor* §, Rn.)

Potrykus, Gerhard: Anm. zu OLG Stuttgart, Urt. v. 19.8.1955 – Ss 285/55, NJW 1956, 35

Preußischer Richterverein: Sparmaßnahmen in der Rechtspflege. Vorschläge des Preußischen Richtervereins, JW 1932, 916

Prittwitz, Cornelius: Scheinbegünstigung und Scheinfürsorge, StV 2007, 52

Prütting, Hanns: Rechtsmittelreform 2000 oder: der Staat spart und der Rechtsstaat leidet, Köln, 2000

Pruin, Ineke Regina: Die Heranwachsendenregelung im deutschen Jugendstrafrecht, Mönchengladbach 2007

Pütz, Edwin: „Lesen! Darüber sprechen!“, Ein Jugendrichter über Strafen, die tatsächlich etwas bewirken, Interview, in: Süddeutsche Zeitung v. 30.12.2017 (Interviewer: Ronen Steinke; zit.: Pütz, in: SZ v. 30.12.2017)

Putzke, Holm: Beschleunigtes Verfahren bei Heranwachsenden, Holzkirchen/Obb. 2004

ders.: Anm. zu LG Neubrandenburg, Urt. v. 5.2.2016 – 90 Ns 75/15, ZJS 2016, 391

R_adbruch_, Gustav: Jugendgerichtsgesetz vom 16. Februar 1923 (RGBl. I S. 135), Zbl. 1922/23, 249

Ramm, Joachim: Eugen Schiffer und die Reform der deutschen Justiz, Neuwied [u.a.], 1987

Reusch, Roman: Rechtspolitische Vorhaben der AfD-Bundestagsfraktion in der 19. Wahlperiode, ZRP 2018, 65

Rieß, Peter: Der Hauptinhalt des Ersten Gesetzes zur Reform des Strafverfahrensrechts (1. StVRG), NJW 1975, 81

ders.: Zur Revisibilität der freien tatrichterlichen Überzeugung, GA 1978, 257

ders.: Dreigliedriger Aufbau der Strafjustiz und Rechtsmittelreform in Strafsachen – empfehlenswert, möglich oder abzulehnen?, JZ 2000, 813

ders.: Reflexionen zur Lage der Strafjustiz – Ein Beitrag zu den Beratungen der strafrechtlichen Abteilung des 60. Deutschen Juristentages –, NStZ 1994, 409

Ring, Bernhard J.L.: Vereinfachung und Beschleunigung von Zivil- und Strafverfahren, ZRP 2017, 24

Röhling, Katja: Übertragbarkeit der Rechtsmittelbeschränkung des § 55 II JGG auf das Erwachsenenstrafrecht?, ZRP 2009, 17

Rössner, Dieter: Normlernen und Kriminalität, in: _Feltes_, Thomas/_Pfeiffer_, Christian/_Steinhilper_, Gernot (Hrsg.): Festschrift für Hans-Dieter Schwind zum 70. Geburtstag, 2006, S. 1129

Röttgen, Norbert: Beschleunigte Justiz, ZRP 2003, 345

Roider, Ahmos/_van Houten_, Ron: Suppressing Tantrum Behavior in Public Places Through the Use of Delayed Punishment Mediated by Audio Recordings, Behavior Therapy 16 [1985], 181

Rolider, Ahmos/_van Houten_, Ron: Suppressing Tantrum Behavior in Public Places Through the Use of Delayed Punishment Mediated by Audio Recordings, BEHAVIOR THERAPY 16 [1985], 181-194

Rose, Guido: Wenn die (Jugend-)Strafe der Tat nicht auf dem Fuße folgt: Die Auswirkung von Verfahrensverzögerungen im Jugendstrafverfahren, NStZ 2013, 315

Roxin, Claus/_Schünemann_, Bernd: Strafverfahrensrecht, Ein Studienbuch, 29. Aufl., München, 2017

Rudolphi/Frisch/Paeffgen/Rogall/Schlüchter/Wolter (Hrsg.): Systematischer Kommentar zur StPO (Loseblatt), 64. Lfg., Okt. 2009 (zit.: SK-StPO/Bearbeiter §, Rn.)

S_achs_, Walter: Der Angeklagte in der Verordnung des Reichspräsidenten über Maßnahmen auf dem Gebiete der Rechtspflege und Verwaltung vom 14. Juni 1932, Berlin, 1932

Sack, Fritz/*König* René (Hrsg.): Kriminalsoziologie, Frankfurt a. M., 1968 (zit.: Autor, in: Sack/König, S.)

Satzger, Helmut: Überlegungen zur Anwendbarkeit des § 357 StPO auf nach Jugendstrafrecht Verurteilte, in: *Schöch*, Heinz/*Dölling*, Dieter/*Helgerth*, Roland/*König*, Peter (Hrsg.): Festschrift für Reinhard Böttcher zum 70. Geburtstag, 2007, S. 175

v. Scanzoni, G.: Verringerung der Verfahrensgarantien im neuen Strafprozeß, JW 1924, 1642

Schäfer, Herbert: Das Berufungsverfahren in Jugendsachen, NStZ 1998, 330

Schaffstein, Friedrich: Revision und Berufung im künftigen Strafverfahren, DS 1935, 465

ders.: Das vereinfachte Jugendverfahren, MSchrKrim 61 [1978], 313

ders./Beulke, Werner/*Swoboda*, Sabine: Jugendstrafrecht eine systematische Darstellung, Stuttgart, Kohlhammer, 2014

Schatz, Holger: Der Beschleunigungsggrundsatz im Jugenstrafrecht, in: *Rotsch*, Thomas/*Brüning*, Janique/*Schady*, Jan (Hrsg.): Festschrift für Heribert Ostendorf zum 70. Geburtstag am 7. Dezember 2015, 2015, S. 797

Schaumann, Verena: Die Rechtsmittelbeschränkung des § 55 JGG, Frankfurt a.M. [u.a.], 2001

Scheffler, Uwe: Legitimation und Funktion des Beschleunigungsprinzips im Jugendstrafrecht, RdJB 1981, 451

ders.: Strafprozeßrecht, quo vadis?, GA 1995, 449

ders.: Das Wahlrechtsmittel kommt!, StV 1995, 599

ders.: Ist das deutsche Jugendstrafrecht noch zeitgemäß?, NJ 2002, 449

Schenke, Wolf-Rüdiger: Verfassungsrechtliche Garantie eines Rechtsschutzes gegen Rechtsprechungsakte?, JZ 2005, 116

Schiffer, Eugen: Die deutsche Justiz, Grundzüge einer durchgreifenden Reform, 1. Aufl., Berlin, 1928

Schlegelberger, Franz: Die Notverordnung vom 14. Juni 1932. A. Verordnung des Reichspräsidenten über Maßnahmen auf dem Gebiete der Rechtspflege und Verwaltung., JW 1932, 1929.

Schlosky: Kann es im Strafverfahren so bleiben?, DRiZ 1933, 42

Schmahl, Stefanie: Auswirkungen der UN-Kinderrechtskonvention auf die deutsche Rechtsordnung – Eine Analyse jüngster gesetzgeberischer und judikativer Entwicklungen, RdJB 2014, 125

dies.: Nomos-Kommentar Kinderrechtkonvention, 2. Aufl., Baden-Baden, 2017 (zit.: NK-KRK Art., Rn.)

Schmidt, Anja: Die Personalunion des Jugend- und Familienrichters. Historische Hintergründe, Entwicklungen in der heutigen Praxis und aktuelle Alternativen, Hamburg, 2014

Schubert, Werner/*Regge*, Jürgern (Hrsg.): Entstehung und Quellen der Strafprozeßordnung von 1877, Frankfurt a.M., 1989

Schubert, Werner/*Regge*, Jürgen/*Rieß*, Peter/*Schmid*, Werner (Hrsg.): Quellen zur Reform des Straf- und Strafprozeßrechts, I. Abteilung Weimarer Republik (1918-1932), Bd. 4, Berlin und New York, 1999 (zit.: *Schubert/Regge/Rieß/Schmid*, I, Bd. 4, S.)

dies.: Quellen zur Reform des Straf- und Strafprozeßrechts, III. Abteilung NS-Zeit (1933-1939), Bd. 1, Berlin und New York, 1991 (zit.: *Schubert/Regge/Rieß/Schmid*, III, Bd. 1, S.)

dies.: Quellen zur Reform des Straf- und Strafprozeßrechts, III. Abteilung NS-Zeit (1933-1939), Bd. 2.1, Berlin und New York, 1991 (zit.: *Schubert/Regge/Rieß/Schmid*, III, Bd. 2.1, S.)

dies.: Quellen zur Reform des Straf- und Strafprozeßrechts, III. Abteilung NS-Zeit (1933-1939), Bd. 2.3, Berlin und New York, 1993 (zit.: *Schubert/Regge/Rieß/Schmid*, III, Bd. 2.3, S.)

Schünemann, Bernd: Gedanken zur zweiten Instanz in Strafsachen, in: *Geisler*, Claudius/*Kraatz*, Erik/*Kretschmer*, Joachim/*Schneider*, Hartmut/*Sowada*, Christoph (Hrsg.): Festschrift für Klaus Geppert zum 70. Geburtstag am 10. März 2011, 2011, S. 649

Schulz, Joachim: Zur Berufung in Strafsachen, in: *Feltes*, Thomas/*Pfeiffer*, Christian/*Steinhilper*, Gernot (Hrsg.): Festschrift für Hans-Dieter Schwind zum 70. Geburtstag, 2006, S. 431

Senge, Lothar: Missbräuchliche Inanspruchnahme verfahrensrechtlicher Gestaltungsmöglichkeiten – wesentliches Merkmal der Konfliktverteidigung? Abwehr der Konfliktverteidigung, NStZ 2002, 225

Sherman, Lawrence W./*Farrington*, David P./*Welsh*, Brandon C./*MacKenzie*, Doris Layton (Hrsg.): Evidence-Based Crime Prevention, London und New York, 2002 (zit.: *Autor*, in: Sherman/Farrington/Welsh/MacKenzie, S.)

Siegler, Robert/*Eisenberg*, Nancy/*De Loache*, Judy/*Saffran*, Jenny: Entwicklungspsychologie im Kindes- und Jugendalter, 4. Aufl., Berlin und Heidelberg, 2016

Simon, Hans-Joachim: Einwirkung der NotV. v. 6. Okt. 1931 auf anhängige Privatklagerevisionen, DJZ 1932, 288

ders.: Die Rechtsmittel in der Deutschen Strafprozessordnung seit 1877 unter besonderer Berücksichtigung ihrer Einschränkungen, Freiburg i. B., 1935

Solomon, Richard L.: Punishment, American Psychologist 19 [1964], 239

Solomon, P.R./*Blanchard*, S./*Levine*, E./*Velazquez*, E./*Groccia-Ellision*, M.: Attenuation of age-related conditioning deficits in humans by extension of the interstimulus interval, Psychology and Aging, 6 [1991], 36-42

Sommer, Ulrich: Effektive Strafverteidigung. Recht – Psychologie – Überzeugungsarbeit der Verteidigung, 3. Aufl., Köln, 2016

Sowada, Christoph: Der gesetzliche Richter im Strafverfahren, Berlin und New York, 2002

Spieß, Gerhard: Wie bewährt sich die Strafaussetzung? Strafaussetzung zur Bewährung und Fragen der prognostischen Beurteilung bei jungen Straftätern, MSchrKrim 64 [1981], 296

Ständige Deputation des Deutschen Juristentages (Hrsg.): Verhandlungen des Zweiundfünfzigsten Deutschen Juristentages, München, 1978 (zit.: *Autor*, 52. DJT, Bd., S.)

dies.: Verhandlungen des Sechzigsten Deutschen Juristentages, München, 1994 (zit.: *Autor*, 60. DJT, Bd., S.)

dies.: 60. Deutscher Juristentag: Die Beschlüsse, NJW 1994, 3075

Steinberg, Laurence: Adolescence, 11. Aufl., New York, 2017

Steinmetz, Joseph E.: A Renewed Interest in Human Classical Eyeblink Conditioning, Psychological Science 1999 (10), 24

Stolp, Inga: Die geschichtliche Entwicklung des Jugendstrafrechts von 1923 bis heute: eine systematische Analyse der Geschichte des Jugendstrafrechts unter besonderer Berücksichtigung des Erziehungsgedankens, Baden-Baden, 2015

Strafrechtsausschuss der Bundesrechtsanwaltskammer: Denkschrift zur Reform des Rechtsmittelrechts und der Wiederaufnahme des Verfahrens im Strafprozeß, Tübingen, 1971 (zit.: *STRAUDA*, Denkschrift, S.)

ders.: Stellungnahme zu den Gesetzesvorschlägen im Bericht des JuMiKo-Strafrechtsausschusses für die 65. Konferenz der Justizministerinnen und Justizminister am 22./23.11.1994 zur Vorbereitung eines weiteren Rechtspflegeentlastungsgesetzes, BRAK-Mitt. 1995, 233 (zit.: *STRAUDA*, BRAK-Mitt. 1995, 233 [S.])

ders.: Stellungnahme zu den Empfehlungen der vom BMJV gebildeten Expertenkommission zur „effektiveren und praxistauglicheren Ausgestaltung des allgemeinen Strafverfahrens und jugendgerichtlichen Verfahrens", Berlin, 2015 (zit.: *STRUADA*, Stellungnahme, S.)

Streng, Franz: Jugendstrafrecht, 4. Aufl., Heidelberg [u.a.], 2016

Stumpf, Michael: Die Berufung im deutschen Strafprozeß Geschichte, gegenwärtiger Stand, Reformvorschläge, Würzburg, 1988

Swoboda, Sabine: Zur Frage einer Revisionserstreckung trotz Revisionsausschlusses im Jugendstrafverfahren, Anm. zu BGH 1 StR 57/06 – Beschluss v. 9.5.2006, HRRS 2006, 376

Tavares, António F./*Mendes*, Sílvia M./*Costa*, Cláudia S.: The Impact of Deterrence Policies on Reckless Driving: The Case of Portugal, European Journal on Criminal Policy and Research 2008, 417

Tepperwien, Ingeborg: Beschleunigung über alles? Das Beschleunigungsgebot im Straf- und Ordnungswidrigkeitenverfahren, NStZ 2009, 1

Tibbetts, Stephen G.: Criminological Theory: The Essentials, Los Angeles [u.a.], 2013

Töwe, Wilhelm: Die strafrechtlichen Bestimmungen der NotVO vom 14. Juni 1932, DRiZ 1932, 198

Trenczek, Thomas: Arbeitsweisung, ZJJ 2009, 358

Trenholme, Irene A./*Baron*, Alan: Immediate and Delayed Punishment of Human Behavior by Loss of Reinforcement, Learning and Motivation 6 [1975], 62

Tröndle, Herbert: Zur Frage der Berufung in Strafsachen – Rückschau und Ausblick, GA 1967, 161

United Nations Office on Drugs and Crime (Hrsg.): Justice matters involving children in conflict with the law. Model Law on Juvenile Justice and Related Commentary, New York, 2013 (zit.: UN, S.)

Ventzke, Klaus-Ulrich: Die Widerspruchslösung des Bundesgerichtshofs – viel Getu um nichts?, StV 1997, 543

Vereinigung der Preußischen Staatsanwälte: Sparmaßnahmen in der Rechtspflege, Anregungen zu Ersparnissen auf dem Gebiete der Justizverwaltung und Rechtsprechung – im Anschluß an die Ersparnisvorschläge des Preußischen Richtervereins, JW 1932, 917

Verrel, Thorsten: Zur (Un)Wirksamkeit schnellerer Reaktionen auf Jugendstraftaten – Erkenntnisse aus der Begleitforschung zum nordrhein-westfälischen „Staatsanwalt vor/für den Ort", in: *Hilgendorf*, Eric/*Rengier*, Rudolf (Hrsg.): Festschrift für Wolfgang Heinz zum 70. Geburtstag, 2002, S. 521

Vorbaum, Thomas: Die Lex Emminger vom 4. Januar 1924, Vorgeschichte, Inhalt und Auswirkungen, Berlin, 1988

Voßkuhle, Andreas: Rechtsschutz gegen den Richter. Zur Integration der Dritten Gewalt in das verfassungsrechtliche Kontrollsystem vor dem Hintergrund des Art. 19 Abs. 4 GG, München, 1993

ders.: Erosionserscheinungen des zivilprozessualen Rechtsmittelsystems, NJW 1995, 1377 *ders.*: Bruch mit einem Dogma: Die Verfassung garantiert Rechtsschutz gegen den Richter, NJW 2003, 2193

Walter, Michael: Stellung und Bedeutung des Strafverteidigers im jugendkriminalrechtlichen Verfahren, NStZ 1987, 481

ders. (Hrsg.): Beiträge zur Erziehung im Jugendkriminalrecht, Köln, 1989 (zit.: *Autor*, in: Walter, Erziehung, S.)

ders. (Hrsg.): Strafverteidigung für junge Bechuldigte: Versuch einer Bestandsaufnahme und einer Bilanz der „Kölner Richtlinien", Pfaffenweiler, 1997 (zit.: *Autor*, in: Walter, Strafverteidigung, S.)

Waßmer, Martin Paul: Rechtsstaatswidrige Verfahrensverzögerungen im Strafverfahren als Verfahrenshindernis von Verfassungs wegen, ZWSt 118 [2006], 159

Weber, Victor: Brauchen wir eine Reform des Jugendstrafrechts?, DRiZ 1999, 44

Welsh, Brandon C./*Farrington*, David P. (Hrsg.): Preventin Crime. What Works for Children, Offenders, Victims and Places, New York, 2007 (zit.: *Autor*, in: Welsh/Farrington, S.)

Welsh, Maria: Der Umgang mit jungen Intensivtätern im Deutschen Justizsystem, RdJB 2014, 347

Widenmann, Guastav: Die Vorschriften über Gerichtsverfassung und Strafverfahren in den Notverordnungen von 1931 und 1932, Schwenningen am Neckar, 1939

Wilhelmi: Notverordnung und Privatklage, DJZ 1932, 330

Wohlers, Wolfgang/*Gaede*, Karsten: Die Revisionserstreckung auf Mitangeklagte – Plädoyer für eine konventionskonforme Auslegung des § 357 StPO, NStZ 2004, 9

Wohlers, Wolfgang: Das Strafverfahren in den Zeiten der „Eilkrankheit", NJW 2010, 2470

Wolff, Jörg: Das Jugendstrafrecht zwischen Nationalsozialismus und Rechtsstaat, in: *Ostendorf*, Heribert/*Danker*, Uwe (Hrsg.), Die NS-Strafjustiz und ihre Nachwirkungen, Baden-Baden, 2003

Woolfolk, Anita: Pädagogische Psychologie, 12. Aufl., Hallbergmoos, 2014

Wunderer, C.: Die Rechstmittel der VO. v. 4. Jan. 1924 in der Praxis, LZ 1924, 777

Yu, Jiang: Punishment Celerity and Severity: Testing a Specific Deterrence Model on Drunk Driving Recidivism, Journal of Criminal Justice, 22 [1994], 355

Zieger, Matthias: Verteidigung in Jugendstrafsachen, 5. Aufl., Heidelberg [u.a.], 2008

Zimbardo, Philip G./*Gerrig*, Richard J.: Psychologie, 16. Aufl., München, 2004

Zweite Jugendstrafrechtsreform-Kommission der DVJJ: Vorschläge für eine Reform des Jugendstrafrechts, DVJJ-Journal 2001, 345 (zit.: *DVJJ-Kommission*, DVJJ-Journal 2001, S.)

www.ingramcontent.com/pod-product-compliance
Ingram Content Group UK Ltd.
Pitfield, Milton Keynes, MK11 3LW, UK
UKHW021936290926
8980IPUK00016B/1659

9 783631 837085